Schnelleinstieg SAP®-Berechtigungen für Anwender und Einsteiger

2., erweiterte Auflage

Andreas Prieß
Manfred Sprenger

Willkommen bei Espresso Tutorials!

Unser Ziel ist es, SAP-Wissen wie einen Espresso zu servieren: Auf das Wesentliche verdichtete Informationen anstelle langatmiger Kompendien – für ein effektives Lernen an konkreten Fallbeispielen. Viele unserer Bücher enthalten zusätzlich Videos, mit denen Sie Schritt für Schritt die vermittelten Inhalte nachvollziehen können. Besuchen Sie unseren YouTube-Kanal mit einer umfangreichen Auswahl frei zugänglicher Videos: *https://www.youtube.com/user/EspressoTutorials*.

Kennen Sie schon unser Forum? Hier erhalten Sie stets aktuelle Informationen zu Entwicklungen der SAP-Software, Hilfe zu Ihren Fragen und die Gelegenheit, mit anderen Anwendern zu diskutieren:

http://www.fico-forum.de.

Eine Auswahl weiterer Bücher von Espresso Tutorials:

- Maxim Chuprunov:
  SAP® GRC. Governance, Risk und Compliance im Dienste der Korruptions- und Betrugsbekämpfung
  http://5113.espresso-tutorials.de
- Martin Metz & Sebastian Mayer:
  Schnelleinstieg in SAP® GRC Access Control
  http://5164.espresso-tutorials.de
- Julian Harfmann Sabrina Heim Andreas Dietrich
  Compliant Identity Management mit SAP® IdM und GRC AC
  http://5222.espresso-tutorials.de
- Bianca Folkerts:
  Praxishandbuch für die Risikoanalyse mit SAP® GRC Access Control
  http://5292.espresso-tutorials.de

Bibliografische Information der Deutschen Nationalbibliothek
Die Deutsche Nationalbibliothek verzeichnet diese Publikation in der Deutschen Nationalbibliografie; detaillierte bibliografische Daten sind im Internet über https://portal.dnb.de abrufbar.

Andreas Prieß, Manfred Sprenger
Schnelleinstieg SAP®-Berechtigungen für Anwender und Einsteiger –
2., erweiterte Auflage

ISBN: 978-3-96012-129-9

Lektorat: Anja Achilles

Korrektorat: Stefan Marschner

Coverdesign: Philip Esch

Coverfoto: iStockphoto.com | FroYo_92 No. 683716072

Satz & Layout: Johann-Christian Hanke

2. Auflage 2022

URL: *www.espresso-tutorials.de*

Feedback:
Wir freuen uns über Fragen und Anmerkungen jeglicher Art. Bitte senden Sie diese an: *info@espresso-tutorials.com*.

Inhaltsverzeichnis

Vorwort

SAP-Berechtigungen – gibt es dazu nicht schon genug gute Bücher auf dem Markt? Generell ist man es im SAP-Umfeld gewohnt, auf der Suche nach entsprechender Fachliteratur eine nennenswerte Auswahl vorzufinden, und auch im Internet mangelt es nicht an öffentlich zugänglichen Seiten, auf denen SAP-Themen umfassend dokumentiert und diskutiert werden – selbstverständlich auch zum Thema »SAP-Berechtigungswesen«.

Dieses Buch soll dazu beitragen, eine dennoch vorhandene Lücke zu schließen: Es richtet sich gleichermaßen an erfahrene SAP-Anwender in unterschiedlichen Fachabteilungen, die sich bisher noch nicht umfassend mit den technischen Hintergründen der immer wieder auftretenden Berechtigungsthemen beschäftigen konnten oder wollten, wie auch an Neueinsteiger in der Unternehmungs-IT bzw. im SAP-Support, die sich mit dem Thema »Berechtigungen« grundlegend vertraut machen möchten. Die gängigen und in IT-Kreisen beliebten Fachbücher zum Thema enthalten oft eine schwer überschaubare Fülle an technischen Details und setzen zugleich umfangreiche Kenntnisse voraus.

Dieses Buch, das nun in zweiter Auflage vorliegt, soll Anwendern und Einsteigern durch eine andere Herangehensweise eine Hilfestellung für Fragen rund um SAP-Berechtigungsthemen sein und passendes Basiswissen anschaulich vermitteln.

Mit der zweiten Auflage legen wir an verschiedenen Stellen den Fokus auf Themen, die mit dem aktuellen Produkt SAP S/4HANA im Vergleich zum Vorgänger SAP ERP neu sind oder eine größere Bedeutung bekommen haben. Gleichzeitig bleibt auch unter S/4HANA, trotz aller Innovationen und technischen Neuerungen, sehr vieles erhalten, was erfahrenen Anwendern aus SAP ERP lange und gut vertraut ist – entsprechend haben wir dieses Einsteigerbuch ergänzt, statt es komplett neu zu schreiben.

Es liegt in der Natur der Sache, dass man für einen Schnelleinstieg ins Thema an vielen Stellen auf Details verzichten muss. Wenn Sie nach der Lektüre dieses Buches weitergehendes Interesse am Thema haben, finden Sie in Kapitel 7 einige Hinweise. Mit den bis dahin erworbenen Kenntnissen sollten Sie sich auch in umfangreicheren Fachbüchern gut zurechtfinden und darin die für Sie interessanten Informationen leichter ausmachen. Um grundlegende Zusammenhänge zu erläutern, greifen wir an mehreren Stellen Beispiele aus dem Finanzwesen auf – diese Auswahl ist nicht zufällig, aber grundsätzlich einigermaßen beliebig. Die Erläuterungen sind entsprechend auf Beispiele aus anderen Bereichen übertragbar.

Wenn Sie zu den Lesern gehören, die das vorliegende Werk chronologisch lesen, folgen Sie diesem gedanklichen »roten Faden«:

- In Kapitel 1 werden Ihnen zunächst einige Begriffe aus dem Kontext SAP bzw. IT erläutert, die von grundlegender Natur sind und in den späteren Kapiteln benötigt werden. Wenn Sie sich bereits länger mit SAP beschäftigen, wird Ihnen vieles sicherlich bekannt vorkommen – idealerweise vielleicht ergänzt um neue, berechtigungsbezogen interessante Aspekte. In diesem Kapitel erfahren Sie zudem, wie sich SAP S/4HANA und SAP ERP unterscheiden.
- Kapitel 2 wird Ihnen die Voraussetzungen für eine individuelle Vergabe von Berechtigungen im SAP-System näherbringen: Das System muss Ihre Identität kennen, und Ihre Berechtigungen müssen im System benutzerbezogen hinterlegt sein.
- Bei der Lektüre von Kapitel 3 werden Sie verstehen, warum das Berechtigungswesen in SAP so ein komplexes Thema ist – und wie verwirrend es werden kann, wenn die (unvermeidlichen) Fachvokabeln ungenau verwendet werden. Der Begriff »Berechtigungen« beschreibt nämlich sowohl das »große Ganze«, um das es hier geht, als auch gleichzeitig ein sehr differenziertes technisches Detail. Außerdem lernen Sie, zwischen »Berechtigungsobjekten«, »Berechtigungsfeldern« und »Berechtigungswerten« zu unterscheiden.
- Nachdem Sie die zentralen Elemente kennengelernt haben, erfahren Sie in Kapitel 4 die technischen Hintergründe der Prüfung von Berechtigungen im System, die für ein Verständnis

der Zusammenhänge wichtig sind. Sie finden hier Hinweise, wie Berechtigungsprüfungen ablaufen, warum sie fehlschlagen und wie man im Fehlerfall wichtige Informationen zu den Ursachen bekommen kann.

- In Kapitel 5 dieser aktualisierten Auflage finden Sie mit dem Thema »Berechtigungen für das Fiori Launchpad« eine logische Erweiterung zu diesem Buch. Unter S/4HANA hat dieses Thema eine deutlich größere Bedeutung als unter SAP ERP erlangt.
- Kapitel 6 dient dazu, auf einige Rahmenbedingungen für das Berechtigungswesen hinzuweisen. Dazu gehören neben rechtlichen Anforderungen und unternehmungsbezogenen Vorgaben auch die verschiedenen Akteure im SAP-Umfeld, von denen die meisten in der einen oder anderen Form an Berechtigungsprozessen beteiligt sein können.
- Einige weiterführende Hintergrundinformationen in Kapitel 7 sowie das kurze Fazit in Kapitel 8 runden diesen kompakten Einstieg in das Thema SAP-Berechtigungen ab.

Wenn Sie das Buch nicht von vorn bis hinten lesen möchten, beachten Sie bitte neben dem Inhaltsverzeichnis den umfangreichen Index im Anhang.

Last but not least: Neben allen inhaltlichen Erweiterungen und Aktualisierungen gibt es mit der zweiten Auflage nun auch einen Co-Autor. Wir haben unsere Erfahrungen und Erkenntnisse aus vielen Berufsjahren in unterschiedlichen Kontexten einfließen lassen, die wir in SAP-Projekten in der Beratung bzw. als »Übersetzer« zwischen Fachabteilungen und klassischer IT gewinnen konnten.

Wir wünschen Ihnen viel Spaß bei der Lektüre und viel Erfolg im künftigen Umgang mit SAP-Berechtigungsfragen.

Andreas Prieß und *Manfred Sprenger*
Hannover und Georgsmarienhütte, im November 2022

In den Text sind Kästen eingefügt, um wichtige Informationen besonders hervorzuheben. Jeder Kasten ist zusätzlich mit einem Piktogramm versehen, das diesen genauer klassifiziert:

Hinweis

Hinweise bieten praktische Tipps zum Umgang mit dem jeweiligen Thema.

Beispiel

Beispiele dienen dazu, ein Thema besser zu illustrieren.

! Achtung

Warnungen weisen auf mögliche Fehlerquellen oder Stolpersteine im Zusammenhang mit einem Thema hin.

Die Form der Anrede

Um den Lesefluss nicht zu beeinträchtigen, verwenden wir im vorliegenden Buch bei personenbezogenen Substantiven und Pronomen zwar nur die gewohnte männliche Sprachform, meinen aber gleichermaßen Personen weiblichen und diversen Geschlechts.

Hinweis zum Urheberrecht

Sämtliche in diesem Buch abgedruckten Screenshots unterliegen dem Copyright der SAP SE. Alle Rechte an den Screenshots hält die SAP SE. Der Einfachheit halber haben wir im Rest des Buches darauf verzichtet, dies unter jedem Screenshot gesondert auszuweisen.

1 Grundlagen für SAP-Anwender

Am Anfang dieses Buches erhalten Sie einen kompakten Überblick über einige wichtige Fachbegriffe und Abkürzungen aus der »SAP-Technik«, die zwar nicht speziell zum Kernthema dieses Buches gehören, aber an verschiedenen Stellen Bezüge zu Berechtigungsaspekten haben.

SAP-Experten und erfahrene SAP-Anwender beherrschen eine Vielzahl technischer Fachbegriffe und Abkürzungen und benutzen sie ausgiebig und gern – in aller Regel völlig selbstverständlich und unbewusst. Dieses wirkt auf Neueinsteiger und Außenstehende manchmal etwas befremdlich, und es erschwert mitunter den Austausch zwischen SAP-Kennern und -Neueinsteigern.

Letztere verfügen stattdessen meist über ausgeprägtes Fachwissen aus ihrem jeweiligen Arbeitsbereich, in dem sie dienstliche Aufgaben mit Unterstützung von SAP-Software bearbeiten sollen – und sie kennen sich, sofern sie nicht gerade neu in eine Unternehmung kommen, mit den organisatorischen Abläufen sehr gut aus. Anwendungsbezogene Fachkenntnisse und das Wissen um organisatorische Details sind wiederum oft nicht die Stärke von Technikexperten »aus der IT« – ein weiteres mögliches Hemmnis für eine einfache Kommunikation zwischen Anwendern und Systembetreuern.

Natürlich gibt es Lösungsansätze: Gefragt sind vielfach »Übersetzer«, die sich in beiden Sphären gut auskennen. Spezialisierte SAP-Betreuer erwerben im Idealfall fachliches **und** organisatorisches Know-how, um die Fragen und Probleme ihrer Gesprächspartner in den Fachabteilungen besser verstehen und einschätzen zu können. Und ebenso schadet es nicht, wenn umgekehrt technisch interessierte Anwender in bestimmte Bereiche der IT-Welt eintauchen, um die Denkweise und Lösungsansätze der Experten ein Stück weit nachvollziehen zu können. Bezogen auf das Spezialthema »SAP-Berechtigungen« soll dieses Buch den Anwendern ein paar Schritte in Richtung IT ermöglichen.

Nach einem Überblick über grundlegende Begriffe im ersten Abschnitt dieses Kapitels finden Sie anschließend eine prozessbezogene Sicht auf das Thema des Buches: Typische Abläufe und Fragen rund um Berechtigungsprobleme im SAP-Kontext werden kurz beschrieben, und Sie erhalten einige Ansatzpunkte für einen spontanen Quereinstieg in das komplexe Thema »Berechtigungen im SAP-System« – für den Fall, dass Sie das Buch nicht mehr oder weniger chronologisch von vorne nach hinten durchlesen möchten.

1.1 Überblick für Einsteiger

1.1.1 Was bedeutet S/4HANA, und was ist SAP ERP bzw. ECC?

SAP S/4HANA ist eine betriebswirtschaftliche Anwendungssoftware der größten europäischen Softwarefirma SAP SE mit Sitz in Walldorf. S/4HANA gehört zu den sogenannten ERP-Systemen und dient der Unterstützung von Geschäftsprozessen in Unternehmungen. Die Vorgängerversion von S/4HANA hieß noch »SAP ERP (ECC)« und war zur Veröffentlichung der ersten Auflage dieses Buches im Jahr 2017 das am weitesten verbreitete SAP-Produkt mit den meisten Anwendern.

Die Erfolgsgeschichte der Firma SAP begann in den 1970er-Jahren. Bereits seit Jahrzehnten ist sie das größte europäische Softwarehaus und im Geschäftsfeld der betriebswirtschaftlichen Anwendungssoftware sogar weltweit Marktführer. Abbildung 1.1 zeigt einen groben Überblick über die Entwicklungsstufen des wichtigsten SAP-Produktes vom ersten System RF (erstes Modul und Grundstein des späteren SAP R/1) bis heute. Anzumerken ist, dass auch nach Veröffentlichung eines Nachfolgeproduktes die Vorgängerversionen der Software bei vielen Kunden noch jahrelang im Einsatz bleiben: Die Standardwartung für SAP ERP läuft beispielsweise (Stand November 2022) noch bis zum Jahr 2027 – und selbst danach ist eine weitere Nutzung der Software in Unternehmungen keineswegs ausgeschlossen.

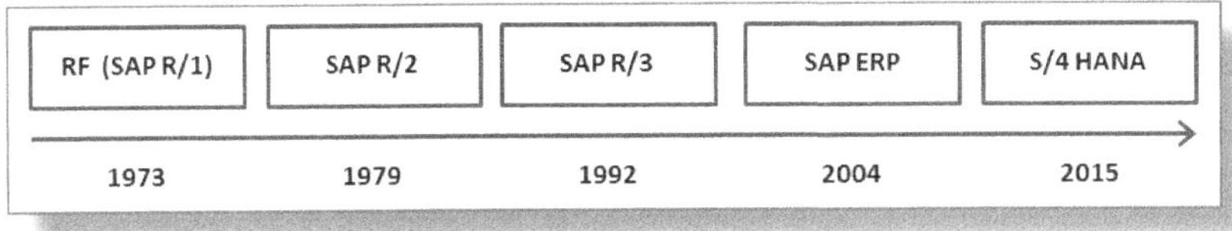

Abbildung 1.1: SAP ERP mit Vorgängern und Nachfolgeprodukt

Grundlegendes Ziel betriebswirtschaftlicher Anwendungssoftware ist die Unterstützung sogenannter *Geschäftsprozesse*. Diese beziehen sich sowohl auf alle Geschäftsfelder einer Unternehmung als auch auf alle unterstützenden Aktivitäten wie etwa die klassischen Unternehmungsbereiche Einkauf, Fertigung, Vertrieb, Rechnungswesen, Personalwesen usw.

Unternehmung oder Unternehmen?

Der Begriff *Unternehmen* wird häufig mit privatwirtschaftlichen Betrieben assoziiert. Die Vorgängerversionen von S/4HANA und SAP ERP wurden zwar ursprünglich für diesen Bereich entwickelt, der Einsatz betriebswirtschaftlicher Anwendungssoftware erfolgt heute jedoch in Unternehmungen aller Art, z. B. auch im öffentlichen Bereich wie in Verwaltungen, in Hochschulen oder in anderen Non-Profit-Organisationen. Da sich das Thema dieses Buches nicht auf branchenbezogene Geschäftsprozesse bezieht, sondern grundsätzlich alle SAP-Systeme betrifft, sind die Ausführungen gleichermaßen für alle Organisationsformen zutreffend bzw. können auf jede Organisationsform übertragen werden. Um falschen Assoziationen vorzubeugen, vermeiden wir hier folglich den Begriff »Unternehmen«. Da uns mögliche begriffliche Alternativen wie z. B. Gesellschaft, Betrieb oder gar Organisation nicht besser geeignet scheinen, verwenden wir stattdessen durchgängig den Begriff *Unternehmung*, der explizit alle Organisationsformen umfassen soll.

Als *ERP-Systeme* bezeichnet man ganz allgemein Softwaresysteme, die die Geschäftsprozesse von Unternehmungen unterstützen. *ERP* bedeutet dabei »Enterprise Resource Planning« und verweist auf den historischen Ursprung betriebswirtschaftlicher Anwendungssoftware in den 1970er-Jahren: Damals stand die softwareunterstützte Optimierung der Planung des Ressourceneinsatzes einer Unternehmung noch stärker im Mittelpunkt als heute.

Um die Geschäftsprozesse in allen Unternehmungsbereichen unterstützen zu können, wird im Rahmen der ERP-Software die *Organisationsstruktur* der Unternehmung abgebildet. Dabei werden beide klassischen Sichtweisen auf deren Organisation berücksichtigt:

- Die *Aufbauorganisation* bezieht sich auf statische Strukturen der Organisation, die die Unternehmung in kleinere Einheiten bzw. Bereiche gliedern und z. B. in Organigrammen abgebildet werden. Sie wird über Objekte oder Merkmale von Objekten in einem ERP-System repräsentiert. In SAP-Systemen sind dies beispielsweise Buchungskreise, Geschäftsbereiche, Sparten, Kostenstellen usw. Diese werden auch als »Strukturparameter« bezeichnet. Eine Erläuterung der Begriffe finden Sie jeweils passend zum Kontext in späteren Abschnitten.
- Die *Ablauforganisation* bezieht sich auf Prozesse (bzw. Geschäftsprozesse). Diese werden durch Funktionen der Software abgebildet bzw. unterstützt. In SAP-Systemen können solche Funktionen z. B. in Form von Transaktionen, Workflows oder Jobs bereitgestellt werden.

Im folgenden Abschnitt erläutern wir Ihnen den Begriff »Geschäftsprozess« bzw. den allgemeinen Prozessbegriff sowie die drei typischen Prozesseigenschaften:

- Prozessauslöser
- Prozessschritte
- Prozessergebnisse

1.1.2 Was sind Geschäftsprozesse?

Geschäftsprozesse bezeichnen in diesem Buch ganz allgemein betriebswirtschaftliche Prozesse in einer Unternehmung. Dabei kann es sich sowohl um Abläufe innerhalb von Unternehmungsbereichen als auch um bereichsübergreifende Abläufe handeln.

Geschäftsprozessdefinitionen

Eine allgemein gültige Definition des Begriffs »Geschäftsprozess« gibt es nicht. Neben der hier zugrunde gelegten sehr weiten Begriffsauffassung, für die es viele gute Gründe gibt, finden sich in der Literatur auch wesentlich engere Lesarten, die Geschäftsprozesse z. B. auf die Kernaktivitäten der Unternehmung in ihrer jeweiligen Branche beschränken.

Geschäftsprozesse lassen sich in kleinere Einheiten zerlegen, wobei die verschiedenen Hierarchiestufen unterschiedliche Detaillierungsgrade aufweisen: So spricht man beispielsweise von *Teilprozessen* und *Aktivitäten*. Dieser Vorgang einer »hierarchischen Zerlegung« führt zu einem speziellen Prozessmodell, das Über- und Unterordnungsbeziehungen von Geschäftsprozessen beschreibt (vergleichbar mit einer Gliederung zur Strukturierung eines Textes): das *hierarchische Prozessmodell*. Abbildung 1.2 stellt die Zusammenhänge dar.

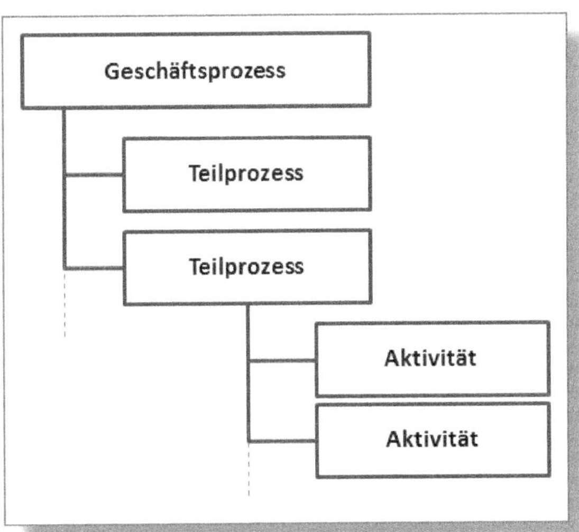

Abbildung 1.2: Hierarchisches Prozessmodell

Im Unterschied zu klassischen Prozessmodellen sind hier weder Reihenfolgen von Prozessschritten, noch Ereignisse, noch beteiligte Objekte o. Ä. enthalten. Die verschiedenen Ebenen der Prozesshierarchie bilden vielmehr unterschiedliche Abstraktionsebenen ab, da bei jeder Zerlegung eines Prozesses in kleinere Einheiten Details sichtbar werden – und umgekehrt bei jeder Zusammenfassung von Prozessen zu einer größeren Einheit von Details abstrahiert werden muss. Abbildung 1.3 zeigt ein vereinfachtes Beispiel für den Geschäftsprozess »Auftragsabwicklung« mit drei Abstraktionsebenen.

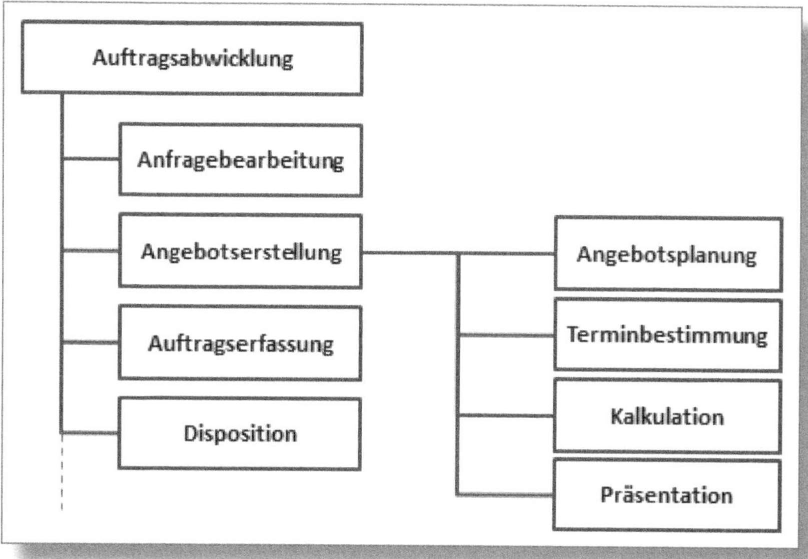

Abbildung 1.3: Hierarchisches Prozessmodell – Auftragsabwicklung mit drei Abstraktionsebenen

In Anlehnung an die vorigen Ausführungen könnte man die hierarchischen Ebenen wie folgt beschreiben:

- Der *Geschäftsprozess* »Auftragsabwicklung« ...
- ... besteht u. a. aus den *Teilprozessen* »Anfragebearbeitung«, »Angebotserstellung«, »Auftragserfassung« und »Disposition«.

- Der Teilprozess »Angebotserstellung« besteht aus den *Aktivitäten* »Angebotsplanung«, »Terminbestimmung«, »Kalkulation« und »Präsentation« (z. B. in Form einer Angebotsabgabe).

Statt von Aktivitäten könnte man z. B. auf der dritten Ebene auch von »Aufgaben« sprechen, ohne dass sich die in der Hierarchie abgebildeten Beziehungen der Elemente zueinander verändern. Entsprechend vielfältige begriffliche Varianten findet man in der einschlägigen Literatur zum Thema »Geschäftsprozesse«. Auf allen Abstraktionsebenen handelt es sich jedoch unabhängig von den gewählten Bezeichnungen immer um Prozesse mit bestimmten charakteristischen *Prozesseigenschaften*: Alle Prozesse haben u. a.

- einen *Prozessauslöser,*
- einen oder mehrere *Prozessschritte,*
- Objekte, die in den Prozessschritten bearbeitet werden sowie insbesondere
- ein *Prozessergebnis*.

Abbildung 1.4 zeigt eine stark abstrahierte Darstellung für den Prozess einer »Angebotserstellung« mit den genannten Prozesseigenschaften als Abfolge von Ereignissen und Aktivitäten: Eine Aktivität steht zwischen einem auslösenden und einem Folge-Ereignis (dem Prozessergebnis).

Ereignisgesteuerte Prozesskette

Die in Abbildung 1.4 verwendeten Elemente gehören zur Modellierungssprache EPK (Ereignisgesteuerte Prozesskette), die im SAP-Umfeld weit verbreitet ist. Die wichtigsten Modellelemente in EPKs sind *Ereignisse* und *Aktivitäten*, welche in den modellierten Abläufen immer abwechselnd angeordnet sein müssen. EPK-Aktivitäten bilden einzelne Prozessschritte unabhängig vom Abstraktionsniveau ab. Die verwendeten Modellelemente werden nachstehend kurz anhand des Beispiels beschrieben. Für Details verweisen wir an dieser Stelle auf die entsprechende Fachliteratur.

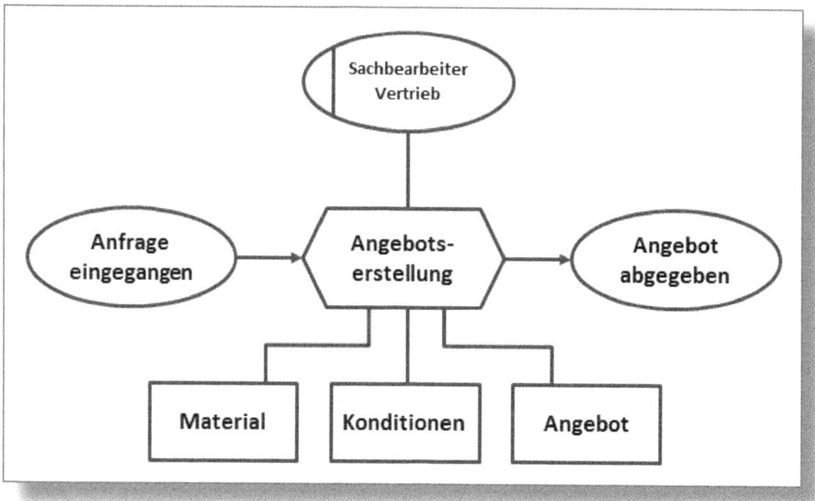

Abbildung 1.4: Einfaches Prozessmodell

Die in Abbildung 1.4 dargestellte Aktivität »Angebotserstellung« ist ein Prozessschritt, der durch das Ereignis »Anfrage eingegangen« ausgelöst wird. Der genaue Ablauf der Angebotserstellung ist in diesem Beispiel nicht modelliert, stattdessen ist nur das Prozessergebnis »Angebot abgegeben« vermerkt. Die in der Organisation für die Angebotserstellung zuständige Stelle ist als »Sachbearbeiter Vertrieb« gekennzeichnet. Zudem sind drei Objekte im Modell abgebildet, die bei der Angebotserstellung eine Rolle spielen: Angebote beziehen sich jeweils auf ein oder mehrere einzusetzende »Materialien« (z. B. Handelswaren oder eigenerstellte Produkte), für die bestimmte »Konditionen« berücksichtigt werden (z. B. Preise, Zuschläge oder Rabatte). Das dritte Objekt im Beispielmodell ist schließlich das »Angebot« selbst: Nach dem vollständigen Ablauf dieses Prozessschrittes bzw. Prozesses hat der zuständige Sachbearbeiter mit dem Angebot ein neues Objekt im ERP-System erzeugt.

Detailliertere Prozessmodelle

Die in Abbildung 1.4 beispielhaft gewählten Bestandteile einer Angebotserstellung können auch in einem wesentlich detaillierteren und komplexeren EPK-Prozessmodell abgebildet werden, wobei dann insbesondere die Reihenfolge der Aktivitäten interessant wäre. EPKs bieten vielfältige Möglichkeiten, auch komplexeste Abläufe mit Schleifen, Verzweigungen, parallelen Aktivitäten etc. abzubilden.

Geschäftsprozesse können sowohl innerhalb von Unternehmungsbereichen als auch bereichs- oder unternehmungsübergreifend betrachtet werden.

1.1.3 Die fachliche Gliederung von SAP S/4HANA

SAP S/4HANA gliedert sich fachlich in verschiedene Geschäftsbereiche bzw. sogenannte *Lines of Business (LoB)*, die jeweils englische Bezeichnungen tragen: Finance, Human Resources, Manufacturing, Supply Chain, ... In dieser Struktur gruppiert SAP u. a. aktuelle Dokumentationen, Releaseinformationen usw.

Innerhalb von S/4HANA findet man allerdings nach wie vor, weitgehend unverändert zum Vorgängerprodukt SAP ERP, eine Strukturierung der unterschiedlichen Unternehmungsbereiche in sogenannte Module. Am sichtbarsten ist die alte Modulstruktur im SAP-Menü. Die Kernmodule umfassen das Rechnungswesen, das Personalwesen und die Logistik:

- Das Modul *FI* bezeichnet die Finanzbuchhaltung (Financials) und bildet den Bereich des externen Rechnungswesens in SAP S/4HANA ab.
- Das Modul *CO* oder auch »Controlling« umfasst insbesondere die Kosten- und Leistungsrechnung aus dem Bereich des internen Rechnungswesens.
- Das Modul *PCA* bezeichnet die Profit-Center-Rechnung (Profit Center Accounting). PCA war früher klar dem internen Rechnungswesen zugeordnet, steht in S/4HANA aber dem Modul FI nahe.

- Das Modul *HCM* stellt das Personalwesen (Human Capital Management) dar. Vereinzelt findet man auch noch die alte Modulbezeichnung *HR* (Human Resources).
- Das Modul *SD* bildet den Vertrieb ab (Sales and Distribution).
- Das Modul *MM* bezeichnet die Materialwirtschaft (Material Management) und umfasst u. a. die Logistik-Bereiche »Einkauf« und »Bestandsführung«.

SAP-ERP-Branchenlösungen

Neben den klassischen Unternehmungsteilbereichen bietet SAP ERP heute eine Vielzahl sogenannter *Branchenlösungen* (Industrial Solutions) in Form von Modulen an, z. B. *IS-U* für die Versorgungsindustrie (Industry Solution Utilities), *IS-H* für Einrichtungen des Gesundheitswesens (Industry Solution Healthcare) oder *IS-PS* für die öffentliche Verwaltung (Industry Solution Public Sector). In der jeweiligen Branche können diese zu den wichtigsten Modulen zählen, auch wenn sie für die meisten anderen SAP-Kunden ohne Bedeutung sind.

Die meisten ERP-Module untergliedern sich in Teilmodule:

- **FI** in FI-AR (Debitorenbuchhaltung [Accounts Receivable]), FI-AP (Kreditorenbuchhaltung [Accounts Payable]), FI-AA (Anlagenbuchhaltung [Asset Accounting]) und FI-GL (Hauptbuchhaltung [General Ledger]),
- **HCM** in HCM-PA (Personaladministration), HCM-PY (Personalabrechnung), HCM-PT (Personalzeitwirtschaft) und HCM-OM (Organisationsmanagement).

Einige bereichsbezogene Funktionalitäten werden von der SAP nicht in Form von Modulen innerhalb des SAP-ERP-Systems, sondern als separate Softwarelösungen angeboten:

- SAP CRM (Customer Relationship Management) stellt Funktionalitäten im Bereich »Vertrieb« bereit, die über den Funktionsumfang des Moduls SD hinausgehen. Die aktuelle Version ist SAP C/4HANA.

- SAP SRM (Supplier Relationship Management) ergänzt die Funktionalitäten im »Einkauf«, aufbauend auf dem Modul MM.
- SAP BW (Business Warehouse) ist die Data-Warehouse-Lösung der SAP SE, in der neuesten Version SAP BW/4HANA.
- SAP BO (Business Objects) ist ein (ehemals zugekauftes) Berichts- bzw. OLAP-System der SAP SE, das aktuell noch bei Bestandskunden im Einsatz ist, perspektivisch jedoch durch SAP BW/4HANA ersetzt wird.

Berechtigungstechnische Besonderheiten der verschiedenen ERP-Module werden in Abschnitt 4.2 aufgezeigt – für die berechtigungsbezogenen Beispiele in den übrigen Kapiteln und Abschnitten liegt der Fokus in dieses Buches auf dem SAP-Rechnungswesen. Die hier erläuterten Funktionsweisen und Prinzipien des SAP-Berechtigungswesens lassen sich aber problemlos auf andere Anwendungsbereiche und auch auf die separaten SAP-Softwarelösungen übertragen.

1.1.4 Wie sieht eine Systemlandschaft aus?

Als SAP-Anwender arbeiten Sie mit mindestens einem SAP-System – möglichweise aber auch mit mehreren. Da SAP-Software üblicherweise auf mehr als einem System betrieben wird, spricht man von einer *Systemlandschaft*. Deren Zentrum ist das System, das die »echten« Daten enthält und in dem die Anwender normalerweise arbeiten: Man bezeichnet es als das *Produktivsystem*.

Neben dem Produktivsystem stehen in einer Systemlandschaft zumeist zwei weitere Systeme:

- Im *Entwicklungssystem* werden Systemeinstellungen durch Anwendungsbetreuer, Softwareentwickler, Berater oder andere dazu befugte Personen (vgl. Abschnitt 6.1) im Customizing geändert oder Programmierungen vorgenommen. Es enthält i. d. R. keine produktiven Daten und insbesondere keine Benutzerzugänge für Anwender: Hier sollten ausschließlich SAP-Experten aktiv sein.

- In einem *Qualitätssicherungssystem* werden Neuerungen und Änderungen an Systemeinstellungen oder Programmen unter möglichst realistischen Bedingungen getestet, bevor sie in das Produktivsystem übernommen werden. Man bezeichnet es daher auch als *Testsystem*. Es enthält üblicherweise einen älteren Stand der produktiven Daten, der in bestimmten Abständen (i. d. R. auf Anforderung) durch eine Kopie aus dem Produktivsystem aktualisiert wird.

Eine Systemlandschaft mit Entwicklungs-, Qualitätssicherungs- und Produktivsystem ist eine typische *Dreisystemlandschaft*.

Aktualisierung des Testsystems

Die Systembetreuer haben zwei unterschiedliche Möglichkeiten, das Testsystem zu aktualisieren: Systemkopien und Mandantenkopien. Beide Varianten haben Vor- und Nachteile:

- Bei einer *Mandantenkopie* werden die Daten eines Mandanten auf einen anderen Mandanten kopiert; in der Regel von einem Produktiv- auf ein Testsystem. Dabei werden zumeist alle mandantenabhängigen Systemeinstellungen, Anwendungsdaten sowie Benutzer und Passwörter übertragen; Mandantenkopien für bestimmte Zwecke (z. B. ohne Benutzer oder Anwendungsdaten) sind optional ebenfalls möglich. Alle mandantenunabhängigen Daten werden nicht kopiert, z. B. bleiben mandantenübergreifende Systemeinstellungen des Ziel-Servers sowie alle Programme unverändert.
- Bei einer *Systemkopie* wird stattdessen das vollständige SAP-System aktualisiert, mit allen Mandanten sowie mit allen mandantenunabhängigen Einstellungen (Parameter, Verzeichnispfade etc.) und Programmversionen. Nach einer Systemkopie gibt es zwischen Zielsystem und Quellsystem keine nennenswerten Unterschiede mehr.

Alle SAP-Systeme in einer Systemlandschaft sind über eine sogenannte *Transportlandschaft* miteinander verbunden, innerhalb derer Änderungen in *Transportaufträgen* gekapselt und so auf sichere und einfache Weise gemeinsam sowie insbesondere vollständig von System zu System und von Mandant zu Mandant übertragen werden.

Die Transportlandschaft wird auch als *Transportsystem* bezeichnet, was hier leider zu begrifflicher Unklarheit führt, da es sich nicht um ein IT-System (z. B. einen Server) handelt, sondern vielmehr um eine Funktionalität zur Kopplung von Applikationsservern in einer Systemlandschaft. Abbildung 1.5 zeigt ein einfaches Beispiel einer Dreisystemlandschaft mit drei SAP-Servern und deren Kopplung über das SAP-Transportsystem.

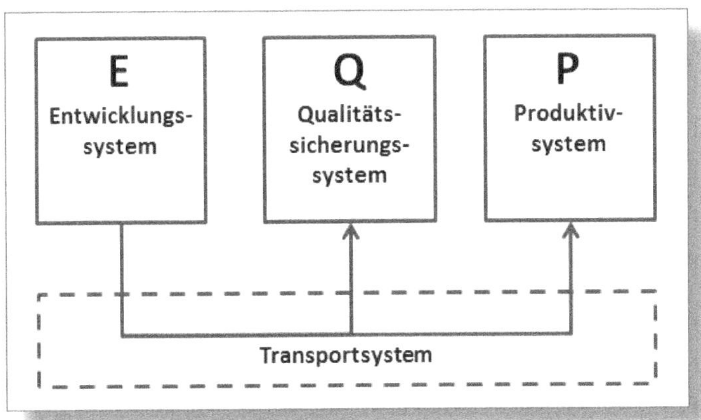

Abbildung 1.5: Dreisystemlandschaft

Für die Beschreibung der Systeme in einer Systemlandschaft kommen weitere Begriffe in Betracht:

- Eine *Instanz* eines SAP-Systems bezeichnet die vollständige Installation der SAP-Software aus Sicht eines SAP-Anwenders, unabhängig von der zugehörigen Hardware.
- Als *Applikationsserver* bezeichnet man eine vollständige Installation der SAP-Software unter Berücksichtigung der zugehörigen Hardware. Mehrere Applikationsserver können ge-

meinsam eine Instanz bilden, ohne dass den Anwendern des Systems die Verteilung auf verschiedene Hardwareressourcen bewusst wird. Zwischen verschiedenen Applikationsservern kann eine *Lastverteilung* eingerichtet werden, um eine gleichmäßige/optimierte Auslastung der zur Verfügung stehenden Hardware zu ermöglichen.

Applikationsserver können zudem virtualisiert werden. Dadurch verschiebt sich die Abgrenzung zwischen physischen und logischen Komponenten, was die Erläuterungen nicht einfacher macht: Statt getrennter Hardwarekomponenten werden Server nur noch virtuell getrennt, obwohl sie tatsächlich auf derselben Hardware laufen.

Eine weitere Gestaltungsmöglichkeit für die Server innerhalb einer SAP-Systemlandschaft ist die Differenzierung in *Backend* und *Frontend*. Diese ist von Bedeutung, wenn für webbasierte Zugriffe eine Aufteilung der Systemfunktionen auf zwei getrennte Applikationsserver vorgenommen wird, die in unterschiedlichen Netzbereichen stehen. Hierbei bildet das Backend die »normale« SAP-Instanz, während das Frontend »nur« die Aufgabe eines Gateways übernimmt und die Zugriffe auf die Daten im Backend über das Fiori Launchpad sowie die Fiori Apps ermöglicht. Diese Trennung der Systeme bietet einen besseren Schutz der Daten und Funktionen in SAP.

Als SAP-Anwender arbeiten Sie also mit mindestens einem SAP-System: dem Produktivsystem Ihrer Unternehmung. Bei der Anmeldung am System wählen Sie die entsprechende Instanz und geben anschließend Ihre Zugangsdaten ein bzw. werden authentifiziert (vgl. hierzu Abschnitt 2.1.3).

☛ Applikationsserver-bezogene Berechtigungen?

Ob das Produktivsystem durch einen oder mehrere Applikationsserver repräsentiert wird, ist Ihnen als Anwender i. d. R. egal. Interessant kann diese Frage für Sie jedoch werden, wenn Sie z. B. im Rahmen Ihrer Aktivitäten in SAP Berechtigungsprobleme im Zusammenhang mit Dateizugriffen bekommen (vgl. hierzu Abschnitt 4.3.2).

Stehen Ihnen als Anwender mehrere Instanzen zur Verfügung, haben Sie neben dem Produktivsystem vermutlich auch Zugriff auf ein Testsystem. Hier können Sie i. d. R. mit einem kopierten, alten Stand der Daten ohne Risiken und Nebenwirkungen für die echten Daten im Produktivsystem üben, ausprobieren und testen.

Dieses ist sehr sinnvoll und uneingeschränkt zu begrüßen. Allerdings können sich Ihre Berechtigungen in einem SAP-Testsystem vom aktuellen Stand im Produktivsystem unterscheiden: Bei einer Kopie zur Aktualisierung eines Testsystems werden neben allen Anwendungsdaten auch Benutzer und Berechtigungen kopiert. Anschließend sind diese also zunächst gleich, können sich ab diesem Zeitpunkt jedoch völlig unterschiedlich entwickeln. So können Ihnen beispielsweise für einen Test neuer Funktionalität im Testsystem zusätzliche Berechtigungen gegeben werden, die den Zugriff auf neue Transaktionen oder Funktionen ermöglichen.

Ebenfalls Teil der Systemlandschaft sind natürlich die Geräte, mit denen die Anwender auf die SAP-Systeme zugreifen, die sogenannten *Endgeräte*. Es handelt sich häufig um herkömmliche Arbeitsplatz-PCs oder Workstations, zunehmend aber auch um mobile Endgeräte wie Tablets und Handys. Der Zugriff auf die SAP-Server erfolgt entweder über ein auf dem Endgerät installiertes Programm (*SAP GUI* oder *Business Client*), einen Webbrowser (*Web GUI*) oder eine App (*Fiori-App*). Dabei sind parallele Zugriffe eines Benutzers auf das SAP-System in mehreren Fenstern möglich. Ein SAP-Fenster wird »traditionell« als *Modus* bezeichnet – in aktuellen SAP-Releases wird stattdessen der Begriff *GUI-Fenster* verwendet. Bei Webzugriffen wird statt auf mehrere SAP-Fenster auf Registerkarten bzw. Tabs des verwendeten Browsers zugegriffen.

1.1.5 Welche Bedeutung hat der Mandant?

Ein *Mandant* ist in einem SAP-System ein geschlossener Bereich der Datenhaltung. Das klingt zunächst recht selbstverständlich – die Besonderheit besteht jedoch darin, dass SAP S/4HANA und SAP ERP durchgängig mandantenfähig sind. Das bedeutet, dass auf einem

SAP- System (bzw. einer Instanz) mehrere voneinander völlig unabhängige Datenbestände in verschiedenen Mandanten parallel existieren können.

Beispiele zur Mandantenfähigkeit des SAP-Systems

- Auf einem Produktivsystem können zwei voneinander unabhängige Unternehmungen gleichzeitig arbeiten, ohne dass die Möglichkeit besteht, Einsicht in den Datenbestand der jeweils anderen Unternehmung zu nehmen. Anzumerken ist, dass hierfür geeignete technische und organisatorische Rahmenbedingungen geschaffen werden müssen: Die *Mandantenfähigkeit* bezieht sich zwar auf die Prozessunterstützung durch die SAP-Anwendungen, die Daten und die Benutzer, nicht aber auf die Administration des SAP-Systems.
- Auf einem Testsystem können für eine Unternehmung mehrere Testmandanten vorgehalten werden, in denen jeweils mit Kopien der produktiven Daten unabhängig voneinander getestet werden kann.

Bereits bei der Anmeldung eines Benutzers am SAP-System muss im Anmeldebildschirm ein Mandant angegeben werden – der Zugriff eines Benutzers erfolgt also stets mandantenbezogen. Benutzer und Berechtigungen sind entsprechend immer nur in einem Mandanten gültig.

! Benutzer und Berechtigungen im Testsystem

Bei Aktualisierungen eines Testsystems werden neben allen Daten i. d. R. auch die Benutzer und Berechtigungen mit kopiert. Zu beachten ist:

- Direkt nach einer System- oder Mandantenkopie sind die Benutzerpasswörter und Berechtigungen in Testmandant(en) und Produktivmandant zunächst identisch.

- Danach entwickeln sie sich unabhängig voneinander weiter: Ändert ein Benutzer z. B. im Produktivmandanten sein Passwort, bleiben die Passwörter in den Testmandanten auf dem alten Stand. Sie können bzw. müssen einzeln und theoretisch unabhängig von allen anderen Systemzugängen geändert werden.
- Bekommt ein Benutzer in einem Testmandanten zu Testzwecken neue Berechtigungen, ändert sich das Systemverhalten bei bestimmten Funktionen im SAP-System und unterscheidet sich dann gewollt vom Verhalten in allen anderen Mandanten.

1.1.6 Programme, Dynpros, Transaktionen, Jobs und Apps

Abläufe bzw. Prozesse im SAP-System sind Programmabläufe – sie können entweder ohne direkte Benutzermitwirkung automatisch beginnen (zeit- oder ereignisgesteuert) oder durch einen SAP-Benutzer manuell gestartet werden.

Ein *Programm* mit seinem *Quellcode*, in SAP überwiegend geschrieben in der Programmiersprache *ABAP* (Advanced Business Application Programming), ist beispielhaft in Abbildung 1.6 dargestellt. Dieses einfache ABAP-Programm ist auch ohne Programmierkenntnisse recht gut lesbar: Es fragt im Selektionsbild nach einem Namen (die dafür erforderliche Quellcode-Zeile enthält nur den Befehl `parameters`) und setzt, falls der Benutzer eine Zeichenkette (`name`) eingegeben hat (`if name is not initial`), diese hinter ein im Quellcode fest vorgegebenes »`Hallo`«, was zusammengesetzt (`concatenate`) zu einer entsprechenden Begrüßung auf dem Bildschirm führt (`write text`). Bleibt der Parameter `name` aber leer (`else`), gibt das Programm stattdessen »Hallo Welt« aus.

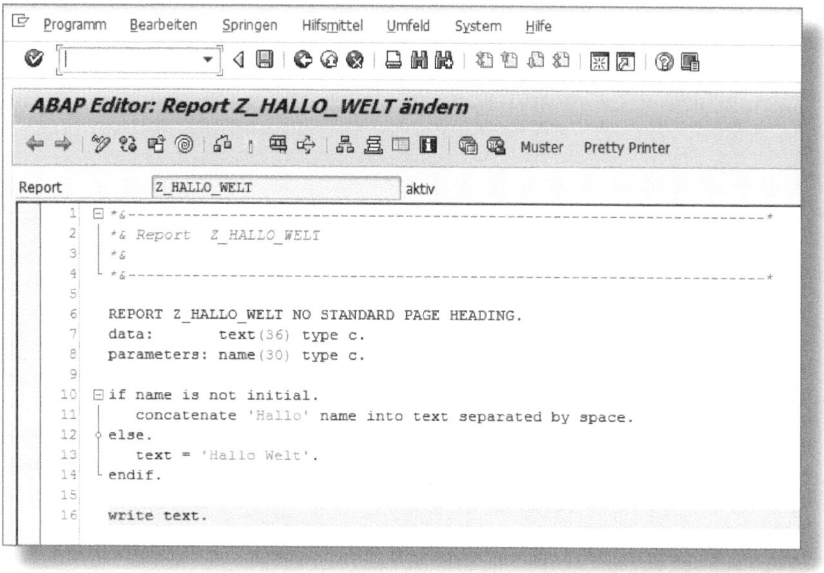
Programm Bearbeiten Springen Hilfsmittel Umfeld System Hilfe
ABAP Editor: Report Z_HALLO_WELT ändern
Muster Pretty Printer
Report Z_HALLO_WELT aktiv
&---
*& Report Z_HALLO_WELT
*&
&---
REPORT Z_HALLO_WELT NO STANDARD PAGE HEADING.
data: text(36) type c.
parameters: name(30) type c.
if name is not initial.
concatenate 'Hallo' name into text separated by space.
else.
text = 'Hallo Welt'.
endif.
write text.

Abbildung 1.6: Quellcode eines einfachen Beispielprogramms

Programme werden von Benutzern, die über SAP GUI auf das System zugreifen, mithilfe sogenannter *Transaktionen* gestartet. Eine Transaktion bezeichnet in der Informatik allgemein eine Folge von Vorgängen bzw. Aktionen, die als Einheit zu betrachten sind: Die Transaktion bearbeitet Daten und hinterlässt nach vollständiger und fehlerfreier Durchführung den Datenbestand in einem konsistenten Zustand.

Jeder Transaktion in SAP ist ein *Transaktionscode* (alphanumerische Zeichenkette) zugeordnet, über den sie eindeutig identifiziert werden kann. Ein Transaktionscode ist wiederum mit einem Programm verknüpft, das bei ihrem Aufrufen gestartet wird.

Zum Starten einer Transaktion haben SAP-Benutzer zwei Möglichkeiten: Zum einen gibt es in der Menüzeile der SAP-Oberfläche ein *Kommandofeld*, in das Transaktionscodes eingegeben werden können. In Abbildung 1.7 ist dieses beispielhaft dargestellt: *MM03* ist ein Transaktionscode aus der Materialwirtschaft zur Anzeige eines Materialstammsatzes. Nach Betätigung der `Enter`-Taste startet das entsprechende Programm.

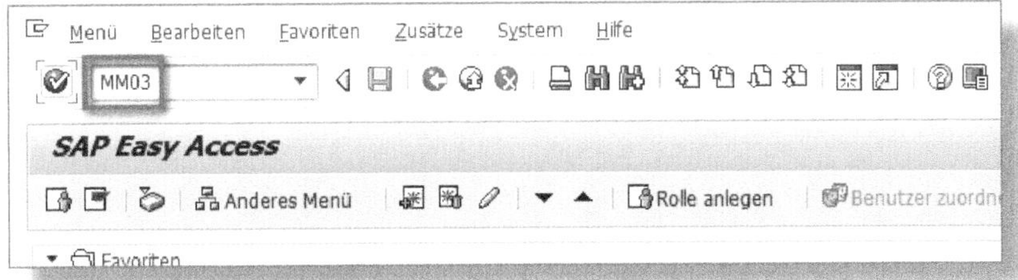

Abbildung 1.7: Kommandofeld in der Menüzeile mit eingegebenem Transaktionscode

Transaktionscodes im Kommandofeld

Das Starten einer Transaktion im Kommandofeld in der Menüzeile funktioniert grundsätzlich nur aus dem Easy Access, also dem Startbildschirm heraus. Stellt man dem Transaktionscode die beiden Zeichen */n* voran (z. B. */nMM03*), startet die Transaktion auch unabhängig von der aktuellen Anzeige im selben SAP-Fenster. Die Zeichenfolge */o* vor dem Transaktionscode (z. B. */oMM03*) sorgt dafür, dass die Transaktion in einem neu geöffneten (zusätzlichen) SAP-Fenster startet.

Innerhalb von Transaktionen können über das Kommandozeilenfeld nur Funktionen aufgerufen werden, die im Quellcode des gerade laufenden Programms vorgesehen sind. Eine Eingabe von *MM03* innerhalb einer Transaktion würde also vom SAP-System als Aufruf einer Funktion »MM03« im laufenden Programm interpretiert (die es vermutlich aber in keinem Programm gibt) und nicht als Start einer Transaktion.

Die zweite Möglichkeit zum Starten einer Transaktion ist ein Doppelklick auf deren Eintrag im Menü, z. B. »Material anzeigen« für *MM03* (vgl. hierzu auch Abschnitt 3.2.2).

! Unterscheidung von Programmen und Transaktionen

SAP-Benutzer können Programme nicht ohne Transaktion starten. Viele Programme werden über einen individuellen Transaktionscode aufgerufen. Eine Transaktion, die jedoch das Starten eines beliebigen Programms ermöglicht, ist die Transaktion *SA38* (ABAP-Programmausführung). Diese wird entweder über Eingabe des Transaktionscodes in das Kommandofeld in der Menüleiste aufgerufen oder über den Menü-Pfad SYSTEM • DIENSTE • REPORTING gestartet. Im Selektionsbild der Transaktion *SA38* kann dann der Name eines zu startenden Programms eingegeben oder ausgewählt werden.

Die Transaktion *SA38* gehört zu den kritischen Transaktionen, für die SAP-Anwender in produktiven Systemen keine Berechtigung bekommen sollten, vgl. Abschnitt 6.5.1.

Die Bildschirmausgabe der Programme im SAP-System besteht aus sogenannten *Dynpros*, die technisch mehr sind als einfache Bildschirmbilder: Dynpro steht für **dy**namisches **Pro**gramm und beinhaltet ein Bildschirmbild mit der zugehörigen Ablauflogik (die ebenfalls in ABAP-Quellcode vorliegt). Das Erklären des Zusammenspiels zwischen dem Quellcode eines Programms und der Ablauflogik eines Dynpros geht allerdings weit über einen grundlegenden Überblick für Einsteiger hinaus – Sie sollen den Begriff »Dynpro« an dieser Stelle aber zumindest kennengelernt haben, da viele SAP-Transaktionen aus mehr als einem Bildschirmbild bestehen und der Begriff Ihnen daher in Beschreibungen von Systemabläufen häufiger begegnen könnte. Auch ein »Selektionsbild« zur Einschränkung der Auswertung eines Programms bzw. Berichts ist technisch ein Dynpro.

Ein weiterer im Kontext von ERP-Systemen und Geschäftsprozessen relevanter Begriff ist der *Job*, der sich ebenfalls auf Abläufe bezieht. Allerdings beziehen sich Geschäftsprozesse auf die reale Welt bzw. organisatorische Abläufe in einer Unternehmung, während ein Job einen Prozess in einem Softwaresystem beschreibt – beispielsweise in SAP S/4HANA. Jobs sind Programmabläufe im Hintergrund ohne

Dialog mit einem Benutzer. Man bezeichnet sie daher auch als *Hintergrundjobs*. Jobs haben

- einen Starttermin und ggf. weitere Startbedingungen,
- einen oder mehrere *Steps* sowie
- ein Jobergebnis, häufig dokumentiert über ein Job-Protokoll sowie ggf. eine *Spoolliste*.

Technisch handelt es sich bei jedem Step eines Jobs um ein Programm, das ggf. mit einer Variante (d. h. bestimmten vorgegebenen Parametern für den Programmablauf ohne Benutzerinteraktion) gestartet wird.

Neben Programmen, die von Anwendern in SAP GUI über Transaktionen aufgerufen werden, stehen unter S/4HANA webbasierte Zugriffe stärker im Fokus als noch unter SAP ERP. Hierfür gibt es die sogenannten *Fiori-Apps*, die über das *Fiori Launchpad* aufgerufen werden. Beides wird in Kapitel 5 ausführlicher beschrieben.

1.2 Berechtigungsprobleme aus Prozesssicht

Als SAP-Anwender werden Sie früher oder später mit Situationen konfrontiert, in denen Ihnen Berechtigungen für das Aufrufen einer Transaktion oder eine bestimmte Aktivität innerhalb einer Transaktion fehlen. Zur Lösung des Problems wenden Sie sich an den zuständigen Systembetreuer; das ist häufig ein Mitarbeiter aus der Unternehmungs-IT. Arbeiten Sie in einer großen Unternehmung mit einem mehrstufigen SAP-Support-Konzept, ist Ihr Ansprechpartner stattdessen ein *Key-User* in der Fachabteilung, der Anfragen und Fehlerbeschreibungen bündelt und sich, sofern er das Problem nicht selbst lösen kann, seinerseits an einen passenden Ansprechpartner wendet.

Abbildung 1.8 zeigt ein stark vereinfachtes Prozessmodell aus Sicht der Anwendungsbetreuer mit einem auslösenden Ereignis:

1. der eingehenden Anfrage zu einem »Berechtigungsfehler«,
2. der folgenden Aktivität »Problemlösung« sowie
3. einem Ergebnis »Lösung«.

Als zuständige Organisationseinheit ist allgemein »IT«, als für die Problemlösung benötigte Objekte sind »SAP-Benutzer«, »SAP-Rolle« und »SAP-System« angegeben.

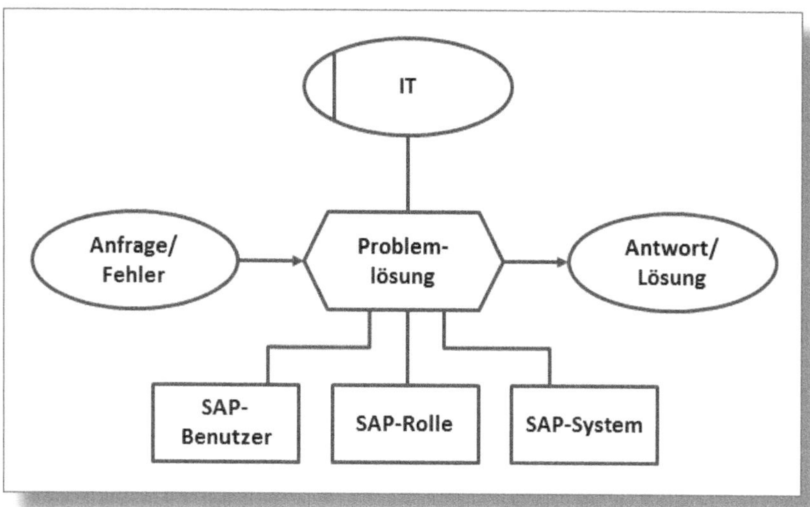

Abbildung 1.8: Allgemeiner SAP-Berechtigungsprozess

Die Darstellung entspricht in ihrem Detaillierungsgrad häufig der Wahrnehmung aus Sicht der Anwender: Einzelheiten zur Problemlösung sind nicht bekannt und auch nicht transparent für diejenigen, die die Anfrage stellen.

Im Idealfall weiß der zuständige Systembetreuer sofort, wie das Problem zu lösen ist. Nur ist das nicht immer der Fall: Jede »Problemlösung« kann individuell ablaufen, ein detaillierteres Prozessmodell müsste entsprechend viele Varianten in der Abfolge von Ereignissen und Aktivitäten berücksichtigen, darunter Schleifen, Rücksprünge und parallel stattfindende Aktivitäten.

Im Sinne eines hierarchischen Prozessmodells können aber folgende Aktivitäten identifiziert werden, die häufig Bestandteil von Berechtigungsprozessen sind:

- Rückfrage der IT bei den Anwendern, wenn in der Anfrage nicht alle für die Problemlösung relevanten Informationen bereitgestellt wurden,
- Nachstellen des Problems durch die IT oder die Anwender (oder durch beide gemeinsam),
- Test einer Änderung, durchgeführt von den Anwendern,
- Test einer Änderung durch die IT, durchgeführt ohne Beteiligung des Anwenders.

Die Aktivitäten, die die IT eigenständig durchführt, können je nach Organisation des SAP-Betriebs verschiedene Bereiche und Personen in der Unternehmung betreffen, beispielsweise, wenn ein Vier-Augen-Prinzip mittels einer Funktionstrennung der verschiedenen Aktivitäten im Rahmen der Benutzerverwaltung und Berechtigungsvergabe realisiert ist. Entsprechend umfangreich und komplex wären entsprechende detaillierte Prozessmodelle, auf die an dieser Stelle daher verzichtet werden soll.

Ein Vier-Augen-Prinzip zur Funktionstrennung

Ein neuer Mitarbeiter im Finanzwesen, nennen wir ihn Rainer Zufall, benötigt Berechtigungen im SAP-System der Unternehmung. Der zuständige Abteilungsleiter sendet einen entsprechenden Benutzerantrag an die zuständige Ansprechpartnerin in der Unternehmungs-IT, Clara Fall. Im Antrag beschreibt der Abteilungsleiter insbesondere auch die Berechtigungen für den neuen SAP-Benutzer.

Da das Anlegen eines neuen Benutzers im SAP-ERP-System und dessen Ausstattung mit Berechtigungen sicherheitskritische Prozesse sind, kann die angefragte IT-Betreuerin diese Aufgabe nicht allein ausführen – sie muss mit einer Kollegin zusammenarbeiten, die für die SAP-Berechtigungen im Finanzwesen fachlich zuständig ist. Diese Aufteilung einer sicherheitskritischen Aufgabe auf zwei Personen wird als *Vier-Augen-Prinzip* bezeichnet; es wird in diesem Buch ausführlicher in Abschnitt 6.2 beschrieben.

1.3 Typische Fragen und Lesehinweise

Vielleicht lesen Sie dieses Buch vor dem Hintergrund eines ganz konkreten Berechtigungsproblems, das Sie besser verstehen möchten – oder um einen Lösungsvorschlag Ihres Systembetreuers für einen Berechtigungsfehler besser nachvollziehen zu können? Ausgehend von den gerade aufgelisteten Aktivitäten und Bezug nehmend auf die in Abbildung 1.8 dargestellten Objekte, bieten sich folgende Hinweise auf Basis typischer Fragen für einen Schnelleinstieg in spätere Abschnitte an:

- Warum erhalte ich Rückfragen von der IT nach System, Mandant, Transaktion und meiner letzten Aktivität vor dem Auftreten des Berechtigungsfehlers?

  ⇨ Lesen Sie Abschnitt 4.4.2 (insbesondere die Absätze am Ende des Abschnitts) sowie – bei Interesse für die technischen Grundlagen – die Abschnitte 1.1.4 (SAP-Server) und 1.1.5 (Mandanten in SAP ERP).

- Warum rede ich im Berechtigungsprozess über Personen bzw. Benutzer, die IT aber immer wieder über Rollen?

  ⇨ Lesen Sie die Abschnitte 2.2, 2.3.1 und 3.3.2, um den Zusammenhang zwischen Benutzern und Rollen zu verstehen.

- Warum funktioniert eine Transaktion noch nicht, obwohl mir die Berechtigung für den Transaktionsstart bereits eingerichtet wurde?

  ⇨ Lesen Sie die Abschnitte 4.1.1 und 4.1.4: Neben der Berechtigung zum Start einer Transaktion finden im weiteren Programmablauf zusätzliche Berechtigungsprüfungen beim Zugriff auf alle möglichen Objekte statt. Technische Hintergründe, die die Komplexität des SAP-Berechtigungswesens verdeutlichen, finden Sie in Abschnitt 3.1, in dem zentrale Begriffe rund um SAP-Berechtigungen erklärt werden.

- Warum habe ich in einem Testmandanten andere Berechtigungen als im Produktivsystem?

  ⇨ Sie finden erste Hinweise auf den Zusammenhang zwischen verschiedenen Systemen in einer Systemlandschaft in Abschnitt 1.1.4. Besondere Hinweise zum Berechtigungstest in Testmandanten finden Sie in Abschnitt 4.4.5.

Ganz unabhängig von diesen Hinweisen ist es zu empfehlen, neben dem Inhaltsverzeichnis am Anfang insbesondere das Stichwortverzeichnis am Ende des Buches zurate zu ziehen: Dort finden Sie nicht nur Verweise auf Begriffsdefinitionen und das erstmalige Auftauchen von Stichwörtern, sondern insbesondere berechtigungsbezogene Besonderheiten, die im Text »nur« in Hinweiskästen beschrieben sind.

2 Authentifizierung und SAP-Benutzerstammsatz

Bevor wir Ihnen technische Details zu den Berechtigungen und Berechtigungsprüfungen in SAP-Systemen erläutern, erfahren Sie in diesem Kapitel, was »Authentifizierung« bedeutet und warum sie für das Berechtigungswesen eine unverzichtbare Grundlage darstellt. Zudem zeigen wir Ihnen, wie ein SAP-Benutzerstammsatz aussieht und wie diesem Berechtigungen »technisch« zugeordnet werden.

2.1 Authentifizierung

Ohne Authentifizierung keine personenbezogene Autorisierung, d. h. keine nutzerabhängige Berechtigungsvergabe: Zu Beginn des zweiten Kapitels erfahren Sie, warum das so ist. Außerdem lernen Sie die Merkmale kennen, anhand derer eine Authentifizierung möglich wird – sowie einige Rahmenbedingungen, die erforderlich sind, damit diese Maßnahmen tatsächlich die Sicherheit der Daten und Systemfunktionen verbessern.

2.1.1 Was bedeutet Authentifizierung?

Jeder Anwender sollte innerhalb eines Anwendungssystems nur Zugriff auf Daten und Funktionen haben, die er zur Erledigung seiner betrieblichen Aufgaben benötigt. Man spricht in diesem Zusammenhang auch vom *Minimalprinzip* bei der Berechtigungsvergabe. Speziell in integrierten Systemen, die die Geschäftsprozesse und Daten aus vielen verschiedenen Teilbereichen der Unternehmung abbilden, ist diese Maxime wichtig. Welche Daten die einzelnen Funktionsbereiche und Sparten einsehen oder bearbeiten dürfen, unterscheidet sich genauso wie die Zugriffsrechte von Führungskräften und Sachbearbeitern innerhalb eines Bereichs.

Grundlegende Rahmenbedingungen für die Beschränkung von Zugriffen auf Daten in IT-Systemen lassen sich aus externen Anforderungen ableiten, insb. aus den gesetzlichen Regelungen zum Thema Datenschutz (vgl. hierzu Abschnitt 6.3.1). Details der Zugriffskonzepte sind hingegen eher durch unternehmensinterne Vorgaben geprägt.

Damit das Minimalprinzip in einem System umsetzbar ist, muss technisch ein anderes Verfahren realisiert sein: eine sogenannte *explizite Autorisierung*. Jedem Benutzer müssen die Rechte für den Zugriff auf Daten oder Funktionen gezielt zugewiesen werden. In anderen Worten: Alles, was nicht ausdrücklich gestattet wird, ist nicht erlaubt.

Eine Umsetzung des Minimalprinzips ist daher eine wichtige Anforderung an den Betrieb eines Anwendungssystems. Das SAP-System basiert entsprechend auf expliziter Autorisierung. Man bezeichnet die Vergabe von Berechtigungen an die Benutzer eines Systems auch als die *Provisionierung* von Usern mit Rechten.

Das Berechtigungswesen in SAP ist ein sehr mächtiges und komplexes Werkzeug der Systemadministration. Es ermöglicht eine sehr detaillierte technische Zugriffssteuerung auf Daten und Funktionen, da die Zugriffsrechte in der Realität zumeist ebenfalls sehr vielschichtig sind.

Um einem Benutzer die richtigen Berechtigungen zuweisen zu können, müssen zwei Voraussetzungen erfüllt sein:

- Es muss definiert sein, welche Berechtigungen ein Systemanwender für die Erledigung der ihm zugewiesenen betrieblichen Aufgaben benötigt – dieser Aspekt wird in den Abschnitten 2.3.1 und 6.3.3 aufgegriffen.
- Das System benötigt eine gesicherte Information darüber, wer der Systemanwender ist. Diese Information bereitzustellen, ist Aufgabe der *Authentifizierung*.

Authentifizierung bezeichnet demnach

1. die *Identifizierung einer Person* gegenüber einem technischen System bzw.
2. die *Feststellung der Identität* einer Person durch ein System.

Nicht zu verwechseln ist eine Authentifizierung mit der »einfachen« Überprüfung einer Zugriffsberechtigung – für den Anwender ist der Unterschied mitunter allerdings nicht zu erkennen, zumal Merkmale und Techniken, die in den folgenden beiden Abschnitten vorgestellt werden, dieselben sind. Die Ungleichheit erscheint auf den ersten Blick auch nicht besonders groß: Sie besteht darin, ob bei der Überprüfung der Zugriffsberechtigung die Identität der Person eine Rolle spielt oder nicht.

Identifizierung vs. Anonymität

Handelt es sich z. B. bei einem Passwort oder einer PIN um eine benutzerbezogene Angabe, führt das System eine Authentifizierung durch – wodurch der Benutzer bei der Nutzung des Systems selbstverständlich nicht mehr anonym sein kann.

Aufgrund der heutigen Durchdringung des täglichen Lebens mit technischen Systemen sind damit verbundene Zugriffsbeschränkungen und Passwörter allgegenwärtig: Sie werden entsprechend als alltäglich wahrgenommen und zumeist nicht hinterfragt – insbesondere dann nicht, wenn der Zugriff anschließend »problemlos« gelingt.

2.1.2 Welche Authentifizierungsmerkmale gibt es?

In diesem Abschnitt erfahren Sie zunächst etwas über die verschiedenen Merkmale, auf die die Identifizierung einer Person durch ein System ganz allgemein abstellen kann, bevor im nächsten Abschnitt zwei im SAP-Umfeld übliche Authentifizierungstechniken beschrieben werden.

Grundsätzlich kann Authentifizierung anhand von drei verschiedenen Merkmalen erfolgen: Ein System kann

1. das Vorhandensein von spezifischem Wissen,
2. den Besitz einer Sache oder
3. die Existenz eines charakteristischen Merkmals der Person (biometrische Merkmale)

überprüfen. In Abbildung 2.1 sind diesen drei Merkmalen verschiedene Authentifizierungstechniken zugeordnet, die auf deren Überprüfung ausgerichtet sind.

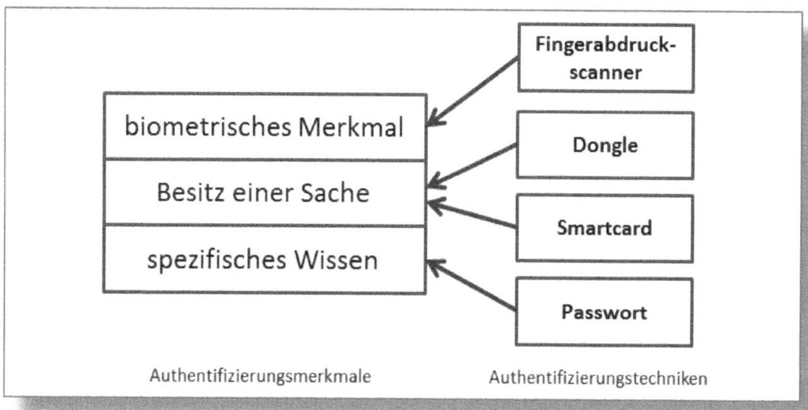

Abbildung 2.1: Authentifizierungsmerkmale und -techniken

Das am häufigsten verwendete Authentifizierungsmerkmal ist das *spezifische Wissen*, das i. d. R. in Form eines Passwortes oder einer PIN (persönlichen Identifikationsnummer) abgefragt wird. Gleichzeitig ist es das potenziell unsicherste Merkmal für die Identitätsprüfung:

- Spezifisches Wissen kann jederzeit problemlos auf andere Personen übertragen bzw. von mehreren Personen geteilt werden. Die zweifelsfreie Identifizierung einer Person über dieses Authentifizierungsmerkmal ist daher an bestimmte Voraussetzungen gebunden: insbesondere, dass es geheim bleiben muss. Wird ein personenbezogenes Passwort oder eine PIN frei zugänglich aufbewahrt, handelt es sich nicht mehr um das spezifische Wissen einer Person, sondern sozusagen um allgemeines Wissen, das keinen gesicherten Rückschluss mehr auf die Identität einer Person zulässt.

- Es ist vergleichsweise einfach, unberechtigt Kenntnis über ein spezifisches Wissen zu erlangen, z. B. durch unerlaubtes Beobachten einer Passworteingabe, durch Aufzeichnen von Tastatureingaben an einem Gerät oder durch Abhören einer unverschlüsselten Datenübertragung.
- Je nach Komplexität des spezifischen Wissens ist es u. U. einfach, durch Ausprobieren möglicher Ausprägungen die Lösung herauszufinden. Abhängig von der Anzahl der Zeichen eines Passwortes oder einer PIN, ist zwar ein manuelles Ausprobieren aller möglichen Zeichenkombinationen kaum sinnvoll, das automatisierte Ausprobieren durch ein Programm jedoch immer eine Gefahr.

Passwortsicherheit

In Abschnitt 2.1.4 finden Sie einige Hinweise zur Passwortsicherheit.

Das Authentifizierungsmerkmal *Besitz einer Sache* verlangt von einem Benutzer die Vorlage eines physischen Gegenstands als Identitätsbeweis. Dabei liegt die Annahme zugrunde, dass der Zugriff auf diesen einzigartigen Gegenstand nur dem Eigentümer möglich ist. Für diese Form der Authentifizierung ist zusätzliche Hardware erforderlich.

Die häufigste Authentifizierungstechnik in diesem Kontext ist die Identitätsprüfung mittels einer *Smartcard* bzw. Chipkarte: Deren Chip enthält mindestens einen Datenspeicher sowie ggf. auch Mikroprozessoren, die Daten verarbeiten können. Auf dem Speicher der Smartcard werden Daten zur Identität der Person in Form eines *Zertifikates* gespeichert. Sie muss in einen Kartenleser eingeführt werden, der während der Authentifizierung auf die Daten zugreift.

Häufig wird der Besitz einer Sache in Kombination mit einem spezifischen Wissen überprüft: Ergänzend zur Smartcard muss der Anwender mittels Passwort oder PIN beweisen, dass er nicht nur der momentane Besitzer, sondern der rechtmäßige Eigentümer ist. Diese kombinierte Authentifizierungstechnik ist sicherer als eine einfache Passwortabfrage: Während spezifisches Wissen virtuell ist und einfach (und auch unbemerkt) verteilt und geteilt werden kann, sind die Zugriffsmöglichkeiten auf eine nicht-virtuelle »Sache« räumlich und zeitlich begrenzt: Allein mit Benutzername und Passwort könnten sich theoretisch viele Personen gleichzeitig als ein bestimmter Benutzer ausweisen und gleichzeitig im System arbeiten. Wird zusätzlich eine Smartcard zur Anmeldung benötigt, ist dieses Szenario nicht denkbar, da nicht mehrere Personen gleichzeitig die Smartcard im Kartenleser haben können.

Die Überprüfung eines spezifischen Wissens oder des Besitzes einer Sache dient übrigens nicht immer der konkreten Authentifizierung einer Person, denn die Überprüfung einer Identität durch ein System setzt voraus, dass dieses verschiedene Benutzeridentitäten kennt und unterscheidet. Manche Systeme überprüfen spezifisches Wissen und den Besitz einer Sache ausschließlich für die Gewährung von Zugriffsrechten nach dem »An-Aus-Prinzip«, ohne Kenntnis der Identität des Anwenders:

Authentifizierung oder Prüfung eines Zugriffsrechts

- Ein Mobiltelefon mit PIN-geschützter SIM-Karte und aktivierter Bildschirmsperre überprüft beim Einschalten des Telefons bzw. Deaktivieren der Bildschirmsperre das Vorhandensein eines spezifischen Wissens für den Zugriff auf das Telefon mit allen darauf gespeicherten Daten und zur Verfügung stehenden Funktionen. Normalerweise unterscheiden heutige Mobiltelefone jedoch keine Benutzeridentitäten mit differenzierten Zugriffsrechten, obwohl dieses technisch möglich wäre, beispielsweise seit Android-Version 4.3.
- Ein Fahrzeug mit elektrischem Schließsystem überprüft das Vorhandensein bzw. den Besitz einer Sache: des Fahrzeugschlüssels. Handelsübliche Fahrzeuge identifizieren nicht die Person, die Zugriff auf das System erlangt: Wer über den Schlüssel verfügt, kann das Fahrzeug im Prinzip vollumfänglich nutzen.

Ebenfalls auf den Besitz einer Sache stellt die Authentifizierung mittels eines *Dongles* ab. Ein Dongle ist ein Stück zusätzliche Hardware, das mit dem System verbunden werden muss, um Zugriff auf das System zu erlangen: Normalerweise werden Dongles über einen USB-Anschluss mit dem Computer verbunden, über den der Zugriff auf das System erfolgt.

Ohne Verknüpfung mit der Benutzeridentität in einem System werden Dongles vor allem als Kopierschutz für Software eingesetzt: Das Kopieren eines Dongles ist zwar nicht unmöglich, aber mit einem erheblich größeren Aufwand verbunden als das Kopieren einer Software.

Am sichersten ist eine Authentifizierung über sogenannte *biometrische Merkmale*, da diese personengebunden sind und i. d. R. nicht kopiert werden können. Sie zielen auf die Erkennung charakteristischer Merkmale oder die Überprüfung spezifischer Fähigkeiten ab:

- Überprüfung eines Fingerabdrucks,
- Vermessung von Gesichtsgeometrie, Netzhaut oder Iris des Auges sowie
- Erkennung von Stimme, Gestik, Mimik oder einer Unterschrift.

2.1.3 Welche Authentifizierungstechniken gibt es im SAP-Umfeld?

Für Sie als Anwender eines SAP-Systems sind im Wesentlichen zwei Authentifizierungstechniken relevant, die auf die Überprüfung von spezifischem Wissen und den Besitz einer Sache abstellen.

Die einfachste Authentifizierungstechnik besteht in der Überprüfung einer Kombination aus *Benutzername* und *Passwort*. Diese Überprüfung ist das Standard-Anmeldeverfahren für SAP-Systeme. Ist die eingegebene Kombination gültig, kennt das System die Identität des Systemanwenders (vorausgesetzt, es liegt keine Täuschung vor).

Abbildung 2.2 zeigt den Anmeldebildschirm des SAP-Systems für die Authentifizierung mit Benutzername und Passwort.

Abbildung 2.2: Anmelde-Dynpro mit Benutzername und Passwort

Passen der eingetragene BENUTZER und das KENNWORT im angegebenen MANDANTEN auf dem gewählten System zusammen, wird der Zugriff auf das SAP-System gewährt.

! Unverschlüsselte Übertragung

Viele Zugriffe auf ein SAP-System erfolgen über ein Programm auf dem lokalen Rechner, den so genannten *SAP GUI*. Dabei ist zu beachten, dass die Kommunikation zwischen SAP GUI und dem Applikationsserver im Standard, d. h. ohne zusätzliche Sicherheitsmaßnahmen der Systemadministration, unverschlüsselt erfolgt – also auch das Kennwort unverschlüsselt übertragen wird.

Zu den möglichen Sicherheitsmaßnahmen gehören VPN bzw. Tunnel oder die Implementierung eines der Single-Sign-On-Verfahren mit Verschlüsselung der Kommunikation, die am Ende dieses Abschnitts beschrieben werden.

Anders sieht es beim Zugriff auf ein SAP-System über einen Webbrowser und insbesondere über Fiori-Apps aus: Hier kann die Datenübertragung mithilfe einer verschlüsselten HTTPS-Verbindung abgesichert werden.

Die Systembetreuer (d. h. die Administratoren der Anwendungsserver) können verschiedene Maßnahmen ergreifen, um die Anmeldung mit Benutzernamen und Passwort abzusichern, z. B.:

- automatisches Sperren eines Benutzers nach einer bestimmten Anzahl von Fehlversuchen, um ein unbegrenztes Ausprobieren möglicher Passwörter zu unterbinden;
- Vorgabe von Passwortregeln, um triviale oder leicht zu erratende Passwörter möglichst auszuschließen;
- Verschlüsselung der Kommunikation zwischen SAP GUI auf dem Computer des Anwenders und dem Applikationsserver im Rechenzentrum, um das Abfangen eines eingegebenen Passworts während der Datenübertragung zu verhindern.

! Passwörter sind mandantenabhängig

Üblicherweise haben Sie – abhängig von der Ausgestaltung der Systemlandschaft in Ihrer Unternehmung – Zugriff auf mehr als einen Mandanten: Wie in Abschnitt 1.1.5 beschrieben, existiert neben einem Produktivsystem i. d. R. ein Qualitätssicherungs- oder Testsystem, in das der produktive Mandant im Rahmen einer System- oder Mandantenkopie reproduziert wurde.

Anschließend bleiben alle Daten und Systemeinstellungen auf dem Stand zum Zeitpunkt der Kopie bzw. entwickeln sich ab dann unabhängig vom Produktivmandanten. Da Passwörter in regelmäßigen Abständen geändert werden müssen, haben nach einiger Zeit auch Ihre Zugangsdaten in den verschiedenen Mandanten auf Produktiv- und Testsystem einen unterschiedlichen Stand.

Die zweite im SAP-Umfeld häufig vorzufindende Authentifizierungstechnik ist die Anmeldung mittels einer *Smartcard*. Hierbei sind zusätzliche Hardware- und Software-Komponenten an den Rechnern der Anwender erforderlich. SAP stellt hierfür eine standardisierte Schnittstelle zur Anbindung von Zusatzsoftware (früher zumeist von Drittanbietern) zur Verfügung. Diese Schnittstelle wird als *Secure Network Connection (SNC)* bezeichnet. Eine SAP-eigene Softwarekomponente, die über SNC angebunden werden kann, heißt *SAP Single Sign-On Secure Login*.

Wenn in einem SAP-System SNC aktiviert und eine Smartcard-Authentifizierung implementiert wurden, erfolgt die Identitätsprüfung des Anwenders nicht mehr direkt am SAP-Applikationsserver, sondern gegenüber der per SNC angebundenen Systemkomponente am Rechner des Anwenders. Nur über sie ist dann der Zugriff auf die Smartcard möglich, und diese Systemkomponente übernimmt den entsprechenden Teil der Kommunikation mit dem SAP-Applikationsserver.

SNC-Daten eines Benutzers

Die im SAP-System gespeicherten Daten des Benutzers müssen für eine SNC-Anmeldung zunächst mit dem Zertifikat verknüpft werden, das auf der Smartcard gespeichert ist. Diese Verknüpfung wird im Benutzerstammsatz hinterlegt, was z. B. in Abschnitt 2.2 in Abbildung 2.6 zu erkennen ist.

Einen zusätzlichen Vorteil dieser Authentifizierungstechnik für den Anwender bietet die Funktionalität, die der Softwarekomponente ihren Namen gegeben hat: das sogenannte *Single-Sign-On*: Sie müssen sich als Benutzer nicht, wie beim normalen passwortbasierten Zugang, in jedem System bzw. Mandanten direkt anmelden und sich entsprechend viele unterschiedliche Kennwörter oder Benutzernamen merken, sondern sich nur einmal gegenüber der lokal installierten Systemkomponente ausweisen. Diese speichert Ihre Zugangsdaten lokal für einen gewissen Zeitraum und authentifiziert Sie stellvertretend gegenüber allen SAP-Mandanten, auf die Sie zugreifen wollen.

2.1.4 Was kann ein Anwender zur Sicherheit des SAP-Systems beitragen?

SAP-Systeme bieten durch das komplexe Berechtigungswesen umfangreiche Möglichkeiten, Maßnahmen für die Sicherheit der verarbeiteten Daten zu konzipieren und implementieren und damit den Zugriff auf Daten und Systemfunktionen systematisch zu schützen – die Ausführungen in den Kapiteln 3 (zu technischen Details) und 6 (zu organisatorischen und sonstigen Rahmenbedingungen) werden dieses noch verdeutlichen.

Trotzdem gibt es Risiken, eine 100%ige Sicherheit für IT-Systeme ist nicht nur praktisch, sondern auch theoretisch ausgeschlossen. Und i. d. R. sind Menschen, die Anwender der Systeme, die potenziell größte Schwachstelle in jedem Sicherheitskonzept: Durch vorsätzlichen Missbrauch eingeräumter Rechte oder unbedacht-sorglosen, ggf. sogar fahrlässigen Umgang mit technischen Systemen kann eine Vielzahl technischer Maßnahmen und organisatorischer Festlegungen zur Erhöhung der IT-Sicherheit wirkungslos bleiben.

Beispiele für sicherheitsrelevantes Fehlverhalten

Eingängige Beispiele für die gewollte oder unbewusste Umgehung von Sicherheitsmaßnahmen durch menschliches Fehlverhalten gibt es viele: angefangen bei Türen und Fenstern in Hochsicherheitsbereichen, die zur kurzzeitigen Belüftung offen stehen (Stichwort »Türkeil«), über sicherheitsrelevante Informationen, die unbedarft gegenüber Unbekannten am Telefon preisgegeben werden (Stichwort »Abwesenheit von Mitarbeitern, deren Telefone auf Kollegen umgeleitet sind«) bis hin zu Zugangsdaten für Zugriffe auf sensible IT-Systeme, die als Gedächtnisstütze notiert und in ungünstiger Form aufbewahrt werden (Stichwörter »Haftnotiz am Monitor« und »Zettel unter der Tastatur«).

Die Bedeutung eines personenbezogenen Zugriffs auf SAP-Systeme kann in diesem Zusammenhang nicht deutlich genug betont werden: Nur Sie selbst sollten mit Ihrem persönlichen SAP-Benutzer auf die SAP-Systeme Ihrer Unternehmung zugreifen können. Nicht nur, dass Ihre persönlichen Berechtigungen speziell für Sie konzipiert und für die Erledigung Ihrer Aufgaben bestimmt wurden. Zusätzlich beinhaltet es für Sie ein persönliches Risiko, wenn sich jemand anderes in Ihrem Namen im SAP-System bewegt.

! Vorsicht vor Zugriffen in Ihrem Namen ...

In einem (oft unwahrscheinlichen, aber trotzdem) möglichen Schadensfall haben Sie als eigentlich Unbeteiligter gleich zwei Probleme: Zum einen die Beweislast, dass Sie selbst nicht aktiv waren, und zum anderen die Verantwortung für einen sorglosen bis fahrlässigen Umgang mit Ihnen übertragenen sensiblen Rechten.

Regeln für Passwortsicherheit

Zu einem verantwortungsvollen Umgang mit SAP-Zugangsdaten gehört entsprechend auch die Wahl eines sicheren Passworts. Dabei sollten ein paar einfache Regeln beachtet werden:

- Wählen Sie ein Passwort ohne erkennbare Bedeutung. Schwache Passwörter sind Begriffe aus Wörterbüchern, Namen, Geburtstage, Autokennzeichen o. Ä.
- Wenn Sie ein Passwort mit Bedeutung wählen möchten, um sich besser daran erinnern zu können, verfremden Sie dieses – durch Einfügen von Ziffern für Buchstaben, Vertauschung der Zeichenfolge, Sonderzeichen sowie Variationen in der Groß- und Kleinschreibung.
- Lange Passwörter sind sicherer als kurze.
- Verwenden Sie keine identischen Passwörter für verschiedene kritische Anwendungen: Computer, mobile Endgeräte, E-Mail-Konto und SAP-Zugang sollten verschiedene Passwörter be-

kommen. Zudem sollten dienstliche und private Passwörter getrennt gehalten werden.

- Ändern Sie Ihre Passwörter von Zeit zu Zeit.
- Wählen Sie Passwörter **trotzdem** so, dass Sie sie möglichst nicht notieren müssen. Wenn das Notieren von Passwörtern nicht zu vermeiden ist, speichern Sie diese nicht im Klartext in einer Datei, schreiben Sie (auch auf Papier) nicht alle relevanten Informationen unverschlüsselt in einer auch für Dritte lesbaren Form (z. B. keine kommentierte Liste mit Benutzernamen und zugehörigen Passwörtern) – und achten Sie vor allem darauf, dass Ihre notierten Passwörter nicht frei zugänglich sind.

Weitere Hinweise zu Passwörtern

Informationen zur Wahl von und zum Umgang mit Passwörtern finden Sie im Internet beispielsweise auf der Seite des Bundesamtes für Sicherheit in der Informationstechnik:

https://www.bsi-fuer-buerger.de/BSIFB/DE/MeinPC/Passwoerter/passwoerter_node.html

Wenn in Ihrer Unternehmung eine Authentifizierung über eine Smartcard implementiert wurde, gelten die Passworthinweise ohne Frage gleichermaßen, sofern alphanumerische Passwörter möglich sind. Numerische PINs sollten entsprechend möglichst viele Stellen haben. Wichtig ist zudem, dass die Karte während Ihrer Abwesenheit vom Arbeitsplatz nicht im Kartenleser stecken bleibt ... oder in der Nähe des Computers frei zugänglich aufbewahrt wird.

Für die Gesamtsicherheit des SAP-Systembetriebs sollten Sie zudem den Zugang zu Ihrem Arbeitsplatz schützen, indem Sie generell die Bürotür abschließen, selbst wenn Sie nur kurz abwesend sind. Diese Vorsicht ist vor allem geboten, wenn dort Ausdrucke sensibler Daten aus SAP unverschlossen aufbewahrt werden. Selbstverständlich sollten derartige Dokumente auch niemals im Drucker vergessen werden.

2.2 Benutzerstammsatz

Zur Unterscheidung der Identitäten von Anwendern werden im SAP-System Benutzerstammsätze angelegt. Die dafür in der Unternehmung zuständigen Personen sind Ihre Ansprechpartner z. B. für technische Probleme bei der Anmeldung am System, vergessene Passwörter, durch Falschanmeldung gesperrte Benutzer usw. (vgl. hierzu die Unterabschnitte in 6.1).

Der Zugriff auf Benutzerstammsätze sollte im System nur wenigen Personen gestattet sein. Das betrifft sowohl das Anzeigen als auch Ändern der Daten. Sie selbst können sich aus Ihrem eigenen Benutzerstammsatz einen Teil der Daten anzeigen lassen und diese auch ändern – jedoch nicht alle.

Die von Ihnen einsehbaren Daten können Sie im System über die Transaktion *SU3* aufrufen, indem Sie */nSU3* in das Kommandofeld oben links eingeben. In der Menüleiste ist die Anzeige der eigenen Daten über den Pfad SYSTEM • BENUTZERVORGABEN • EIGENE DATEN erreichbar. Wenn Sie diesen Weg wählen, öffnet das SAP-System automatisch einen neuen Modus.

Wie in Abbildung 2.3 zu erkennen ist, werden Ihnen drei Registerkarten mit Daten zu Ihrem Benutzerstammsatz angezeigt. Oberhalb der Registerkarten sehen Sie den BENUTZERnamen sowie den letzten ÄNDERER Ihres Benutzerstammsatzes mit Datum und Uhrzeit der letzten Änderung. Das Dynpro ist bezeichnet mit PFLEGE EIGENER BENUTZERDATEN und enthält eine Schaltfläche, über die Sie Ihr KENNWORT ändern können.

In der ersten Registerkarte Ihres Benutzerstammsatzes sehen Sie die ADRESSDATEN, die zu Ihrem Benutzer im System gespeichert sind. Die Felder sind überwiegend selbsterklärend, Sie können Ihre Daten i. d. R. eigenständig ändern. Nicht änderbar sind die Werte im Feld VOLLSTÄNDIGER NAME (dieser wird zusammengesetzt aus akademischem Titel, Vorname und Nachname) sowie im Feld E-MAIL-ADRESSE – letztere muss durch die für die Benutzerverwaltung zuständigen Mitarbeiter der Abteilung hinterlegt werden.

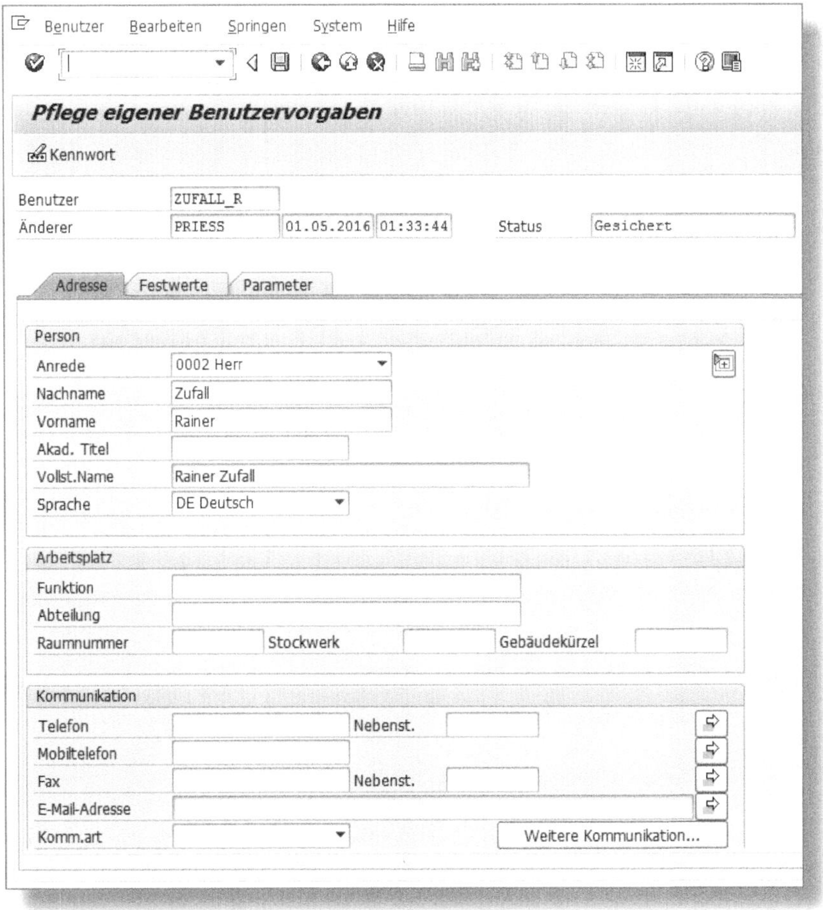

Benutzer Bearbeiten Springen System Hilfe

Pflege eigener Benutzervorgaben

Kennwort

Benutzer ZUFALL_R
Änderer PRIESS 01.05.2016 01:33:44 Status Gesichert

Adresse | Festwerte | Parameter

Person
Anrede 0002 Herr
Nachname Zufall
Vorname Rainer
Akad. Titel
Vollst.Name Rainer Zufall
Sprache DE Deutsch

Arbeitsplatz
Funktion
Abteilung
Raumnummer Stockwerk Gebäudekürzel

Kommunikation
Telefon Nebenst.
Mobiltelefon
Fax Nebenst.
E-Mail-Adresse
Komm.art Weitere Kommunikation...

Abbildung 2.3: Benutzerstammsatz mit Adressdaten

Berechtigung zur Pflege der E-Mail-Adresse

Der SAP-Anwender Rainer Zufall möchte seine E-Mail-Adresse in den Adressdaten seines SAP-Benutzers hinterlegen, damit diese für aus dem SAP-System versendete Mails als Absenderadresse verwendet werden kann. Das entsprechende Feld im Adress-Register der Transaktion *SU3* ist allerdings nicht eingabebereit – ein Berechtigungsproblem?

Nein, auch wenn es so aussieht. Das Pflegen der Mail-Adressen von Benutzern ist im SAP-System explizit den Systembetreuern (über eine andere Transaktion) vorbehalten. Anwender Rainer Zufall wendet sich dafür an seine Kollegin aus dem SAP-Basisteam, Clara Fall.

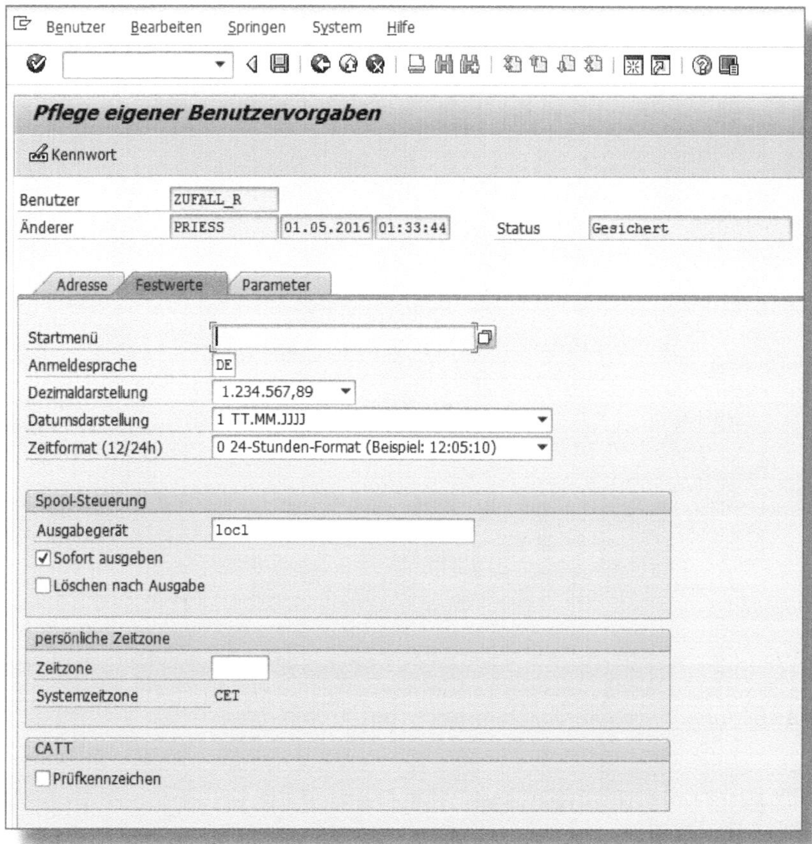

Abbildung 2.4: Benutzerstammsatz mit Festwerten

Unter der zweiten Registerkarte der in Abbildung 2.4 dargestellten Transaktion *SU3* können Sie FESTWERTE für Ihren Benutzer im SAP-

Mandanten hinterlegen. Neben der ANMELDESPRACHE sowie der Formatierung für Datum/Uhrzeit und Zahlen ist vor allem die Festlegung eines Standarddruckers (im Feld AUSGABEGERÄT) wichtig: Der in der Abbildung ausgewählte Windows-Default-Drucker *locl* sorgt z. B. dafür, dass der unter dem Betriebssystem des lokalen Rechners definierte Standarddrucker angesprochen wird. Die zulässigen Werte können Sie sich über die F4-Taste anzeigen lassen – selbstverständlich unterscheiden sich die möglichen Einträge von Unternehmung zu Unternehmung. Wichtig sind noch die beiden Felder unterhalb des Ausgabegeräts. Hier können Sie fakultativ Druckaufträge SOFORT AUSGEBEN und LÖSCHEN NACH AUSGABE aktivieren.

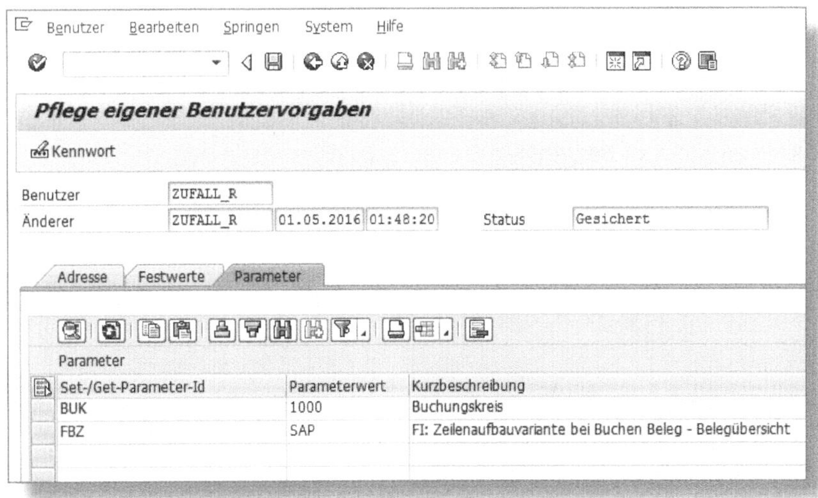

Abbildung 2.5: Benutzerstamm mit Parametern

Die dritte Registerkarte enthält PARAMETER, mit denen verschiedene Programmabläufe im System benutzerbezogen individuell gesteuert oder Vorschlagswerte für bestimmte Felder gesetzt werden, die in vielen Transaktionen immer wieder vorkommen. Zahlreiche Parameter werden vom System automatisch bestimmt, Sie können aber jederzeit weitere hinzufügen oder die bereits hinterlegten Parameterwerte ändern.

Benutzerparameter kopierter Benutzer

Ein neu angelegter Benutzer verfügt zunächst über keine Benutzerparameter. Wird in einem Testsystem jedoch ein Benutzer zu Testzwecken kopiert, kopiert das System auch dessen Benutzerparameter: Nur so ist es letztlich möglich, Fehlersituationen nachzustellen. Auch bei Tests von Berechtigungen ist ein möglichst realistisches Szenario erforderlich.

Die beschriebenen Registerkarten bieten Ihnen allerdings keine vollständige Sicht auf Ihren Benutzerstamm – es handelt sich nur um die Sichten, die Sie als Nutzer selbst bearbeiten können. Die Systembetreuer und Administratoren bzw. die Benutzerverwalter in Ihrem System haben über andere Transaktionen einen umfassenden Zugriff auf die Benutzerstammsätze der Anwender. Wie Sie in Abbildung 2.6 erkennen können, besteht ein Benutzerstammsatz in den Transaktionen zur Pflege bzw. Anzeige von Benutzern tatsächlich aus elf Registerkarten.

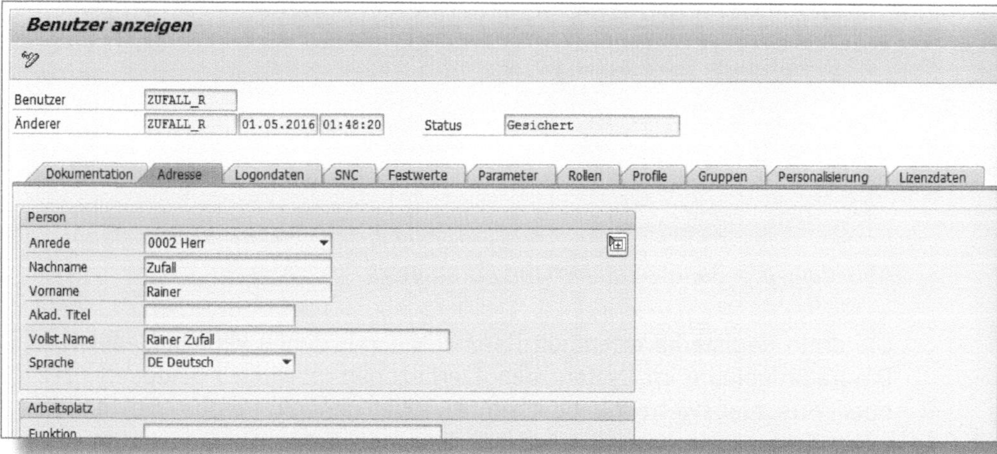

Abbildung 2.6: Vollständige Sicht auf den Benutzerstammsatz

☛ Verknüpfung von Benutzerstammsatz und Smartcard

In der vierten Registerkarte SNC werden die in Abschnitt 2.1.3 beschriebenen Daten zum persönlichen Zertifikat auf der Smartcard hinterlegt.

2.3 Rollen und Profile

Im folgenden Abschnitt werden zwei der nur für die Systembetreuer sichtbaren Registerkarten bzw. die darin enthaltenen Daten näher betrachtet, da sie für das Thema SAP-Berechtigungen von zentraler Bedeutung sind: ROLLEN und PROFILE.

2.3.1 Was ist eine Rolle in SAP?

Nachdem Sie sich gegenüber dem SAP-System authentifiziert haben, soll für Sie der Zugriff auf die Daten und Funktionen des Systems möglich sein, die Sie zur Erledigung Ihrer Aufgaben benötigen. Diese Aufgaben müssen in geeigneter Form beschrieben und im System hinterlegt sein. Die Objekte, die diese Beschreibungen in SAP abbilden, heißen *Rollen*:

- Zur Erledigung Ihrer Aufgaben starten Sie im SAP-System Transaktionen oder Apps (vgl. Abschnitt 1.1.6), die einzelne Arbeitsschritte Ihrer Tätigkeit unterstützen bzw. diese erst ermöglichen. Alle für eine bestimmte Aufgabe benötigten Rechte für Transaktionen oder Apps werden jeweils in einer definierten Rolle zusammengestellt.
- Die Gesamtheit der Aufgaben, die ein Benutzer im bzw. mit dem SAP-System bearbeiten soll, wird durch alle dem Benutzer im jeweiligen Mandanten zugeordneten Rollen beschrieben.

Alle Rollen sollten möglichst eine Bezeichnung erhalten, die bereits Informationen über den Inhalt der Rolle erkennen lässt. Dabei empfiehlt es sich, schon bei der Systemeinführung Konventionen zur Benennung von Rollen zu bilden und im laufenden Betrieb einzuhalten (vgl. hierzu auch Abschnitt 6.4).

Theoretisch wäre es möglich, entweder alle Transaktionen für einen Benutzer in einer einzigen Rolle zusammenzufassen oder für jede Transaktion eine einzelne Rolle zu erstellen. Beides ist jedoch weder sinnvoll noch praktikabel: Rollen sollen Transaktionen, die für Aufgaben benötigt und daher gemeinsam bearbeitet werden, unter sachlich-fachlichen Aspekten zusammenfassen – eine Rolle pro Transaktion ist unnötig kleinteilig und führt zu einer gewaltigen Anzahl an Rollen und damit einhergehenden Schwierigkeiten in der Berechtigungsverwaltung. Das Gegenteil, eine Zusammenfassung der Berechtigungen für die Erledigung vieler Aufgaben in einer Rolle, erschwert eine Mehrfachverwendung von Rollen im Rahmen der Berechtigungsvergabe.

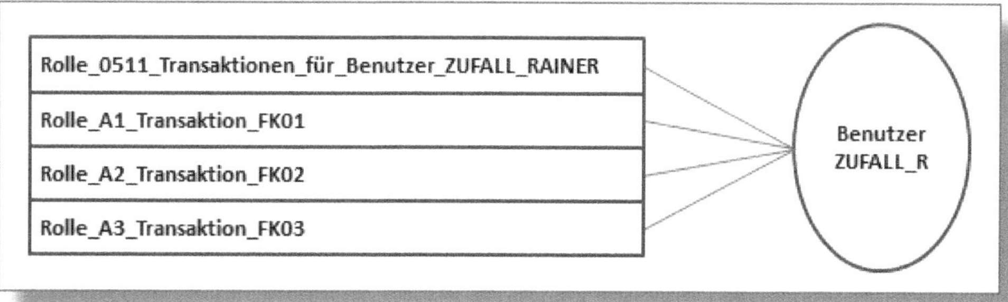

Abbildung 2.7: Beispiel unterschiedlicher Ausgestaltung von Rollen

Die in Abbildung 2.7 dargestellten vier Rollen verdeutlichen den bestehenden Zielkonflikt bzgl. einer Wiederverwendbarkeit und Komplexitätsreduktion: Eine Rolle, die alle Transaktionen für einen bestimmten Benutzer beinhaltet, passt mit großer Wahrscheinlichkeit auf keinen anderen Benutzer in der Unternehmung – höchstens auf seinen Vertreter: Damit ist eine Mehrfachverwendung nur eingeschränkt möglich. Gibt es hingegen eine Rolle pro Transaktion, können einzelne Rollen zwar vielfach wiederverwendet werden, bündeln aber keine systembasierten Aktivitäten.

> **Ausgestaltung von Rollen**
>
> In einer Unternehmung fallen in der Kreditorenbuchhaltung u. a. folgende Aufgaben an, für die jeweils Rollen auf Basis der im SAP-System benötigten Transaktionen definiert werden:
>
> - Erfassung von Stammdaten der Lieferanten/Kreditoren,
> - Buchung von Belegen (Rechnungen und Gutschriften),
> - Erstellung von Zahlungsvorschlägen,
> - Durchführung von Zahlungen.
>
> Besteht die Kreditorenbuchhaltung aus mehreren Mitarbeitern, die jeweils mehr als einen dieser Aufgabenbereiche übernehmen, können die Rollen nun personenbezogen je nach Anforderung kombiniert werden.

Die einem Benutzer zugeordneten Rollen sind für den Systembetreuer im Benutzerstammsatz einsehbar, wie in Abbildung 2.8 dargestellt.

Abbildung 2.8: Benutzerstammsatz mit zugeordneten Rollen

Bei der Erstellung von Rollen auf Basis von Transaktionen wird gleichzeitig ein *rollenspezifisches Menü* erzeugt, das später ein Teil des Benutzermenüs aller zugeordneten SAP-Benutzer wird. Abbildung 2.9 zeigt eine Bearbeitungssicht für eine Rolle, in der man das Rollenmenü erkennen kann.

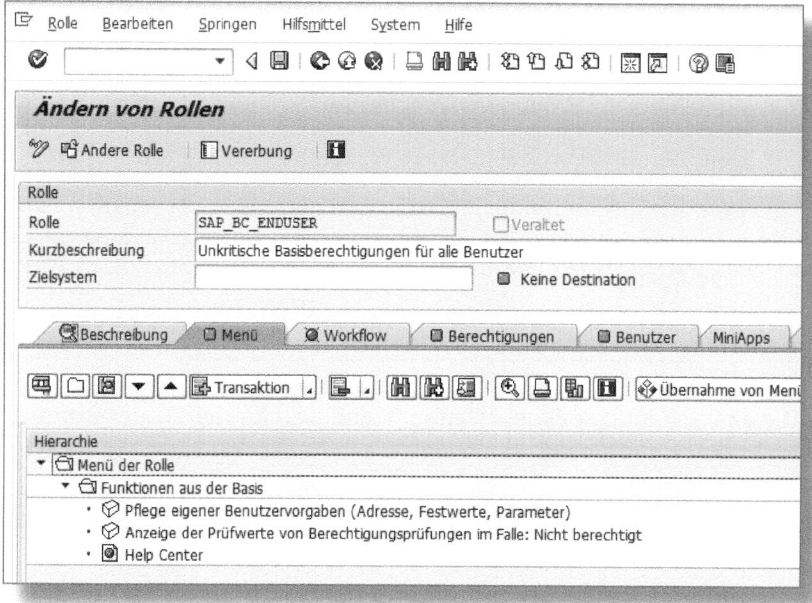

Abbildung 2.9: Bearbeitung einer Rolle mit Rollenmenü

Eine Rolle enthält zunächst also die Berechtigung zum Ausführen bzw. Starten aller Transaktionen, die in ihr enthalten sind (zur *Transaktionsberechtigung* vgl. Abschnitt 4.1.1). Während der Ausführung einer Transaktion werden vom System zudem weitere Berechtigungsprüfungen vorgenommen, wie etwa für die Zugriffe auf verschiedene zur Bearbeitung benötigte Objekte oder für den Aufruf bestimmter Funktionen (Berechtigungsprüfungen in Programmen werden in Abschnitt 4.1.4 erklärt). Die hierfür erforderlichen Berechtigungen sollten üblicherweise ebenfalls in der Rolle enthalten sein. Beim Erstellen einer Rolle werden dem Systembetreuer vom System automatisch Vorschläge für benötigte Berechtigungsobjekte und die Ausprägung der

Berechtigungen unterbreitet, die in der Bearbeitung übernommen, geändert oder verworfen werden können.

! Komplexitätsproblem

In der Theorie enthält eine Rolle alle erforderlichen Berechtigungen zur Durchführung der in ihr enthaltenen Transaktionen. In der Praxis gibt es verschiedene Einschränkungen, eine konsequente Anwendung des Minimalprinzips vorausgesetzt:

- Viele Transaktionen bieten ein breites Spektrum an Funktionen, die möglicherweise auf verschiedene SAP-Benutzer aufgeteilt werden sollen – in diesem Fall kann in einer Rolle maximal das enthalten sein, was gemäß Konzept bzw. Vorgabe für einen Benutzer erlaubt sein soll (z. B. bedingt die Trennung von Anzeige- und Änderungsberechtigungen innerhalb einer Transaktion die Ausprägung von zwei getrennten Rollen);
- Transaktionen zur Auswertung von Daten müssen möglicherweise bzgl. der organisationsbezogenen Reichweite eingeschränkt werden (z. B. Berichte nur für den eigenen Verantwortungsbereich eines Mitarbeiters, nicht unternehmungsweit);
- werden neue Rollen erstellt, ist es abhängig vom Inhalt der Rolle, von der Komplexität des Berechtigungskonzeptes der Unternehmung und von der für eventuell vorausgehende Tests der Berechtigungen zur Verfügung stehenden Zeit für die Systembetreuer sicher nicht in allen Fällen möglich, Berechtigungsfehler z. B. durch Tests (sofern erforderlich) vollständig auszuschließen.
- Die Vorschlagswerte für Berechtigungsobjekte in einer Rolle, die das System auf Basis der Transaktionen einer Rolle ausgibt, decken die tatsächlich benötigten Berechtigungsobjekte nicht zu 100 % ab.

Die einem Benutzer über eine Rolle zugeordneten Berechtigungen werden auch als *Berechtigungsdaten einer Rolle* bezeichnet (vgl. hierzu auch die Abschnitte 3.1.4 und 3.3.2).

☛ Kombination von Rollen

Im Rahmen des Berechtigungskonzeptes einer Unternehmung wird festgelegt, für welche Sachverhalte und wie Berechtigungen auf verschiedene Rollen(typen) verteilt werden. Die Berechtigungen, die in den verschiedenen Rollen eines Benutzers enthalten sind, ergänzen sich: Es ist bei einer Berechtigungsprüfung technisch egal, in welcher Rolle eines Nutzers eine Berechtigung enthalten ist. Zu erkennen ist dies u. a. daran, dass bei der Auswertung des sogenannten Benutzerpuffers die Herkunft der Berechtigung keine vorrangige Bedeutung hat, vgl. Abschnitt 3.3.1.

Ein Beispiel für die Berechtigungsprüfungen innerhalb einer Transaktion findet sich in Abschnitt 4.1.3: Beim Buchen einer kreditorischen Rechnung über die Transaktion *FB60* müssen in diesem Beispiel acht Berechtigungsprüfungen erfolgreich durchlaufen werden. Über wie viele Rollen der Benutzer die erforderlichen Berechtigungen bekommt, ist dabei unerheblich.

2.3.2 Die verschiedenen Rollentypen in SAP

Neben den in Abschnitt 2.3.1 beschriebenen »normalen« aufgaben- bzw. transaktionsbasierten Rollen werden Nutzern auch *technische Rollen* zugeordnet, die transaktionsübergreifende Berechtigungen enthalten. Dazu gehören zum einen als unbedenklich einzustufende sogenannte »Basis-Berechtigungen«, die sich z. B. auf grundlegende Aktionen wie Drucken, Hochladen oder Herunterladen von Dateien, Verwalten von Selektionsvarianten, Ändern von Berichtslayouts oder die Auswertung fehlgeschlagener Berechtigungsprüfungen beziehen.

☛ Fehlgeschlagene Berechtigungsprüfungen

Unbedingt zu den unbedenklichen Transaktionen gehört die Transaktion *SU53*. Diese ermöglicht einem SAP-Anwender und den Systembetreuern die benutzerbezogene Auswertung fehlgeschlagener Berechtigungsprüfungen. Diese werden vom SAP-System automatisch gespeichert und für eine bestimmte Zeit vorgehalten bzw. aufbewahrt. Diese Transaktion wird in den Abschnitten 4.4.2 und 4.4.3 ausführlicher betrachtet.

Zum anderen gehören »organisationsbezogene Berechtigungen« zu den wesentlichen Merkmalen des flexiblen Berechtigungswesens in SAP-Systemen. Auf technische Details werden wir in den Abschnitten 3.2.4 und 4.2 zu sprechen kommen. Zunächst sollen noch einige weitere Begriffe erläutert werden. Trotzdem sei bereits an dieser Stelle der wichtige Hinweis gegeben, dass organisationsbezogene Berechtigungen den Benutzern oft über separate Rollen zugewiesen werden, die konzeptionell neben den funktional bzw. aufgaben-/transaktionsbezogen abgegrenzten Rollen stehen. Wichtig für die Transparenz des Berechtigungswesens ist auch hier die Einhaltung einer Namenskonvention, damit die verschiedenen Rollenarten auf den ersten Blick zu erkennen sind, vgl. dazu Abschnitt 6.4.

Die Ausführungen zu Rollen in diesem Buch beziehen sich überwiegend auf einfache sogenannte *Einzelrollen*. Aus Sicht der Systemadministration gibt es weitere Rollentypen, die sich in bestimmten Eigenschaften von Einzelrollen unterscheiden. Aus Anwendersicht sind diese weniger relevant, sollen hier der Vollständigkeit halber aber dennoch aufgeführt werden:

- In *Sammelrollen* werden verschiedene Einzelrollen gruppiert, um sie einem Benutzer gebündelt zuzuordnen. So kann sichergestellt werden, dass inhaltlich zusammengehörige Rollen einigen Benutzern gemeinsam zugeordnet werden und es trotzdem (!) möglich bleibt, für andere Benutzer eine separate Zuordnung von Einzelrollen vorzunehmen.
- In *Masterrollen* werden Transaktionen und Benutzermenüs für unternehmensweit gleiche Aufgabenbündel definiert, die jedoch in der späteren Anwendung (ausschließlich) in Bezug auf die organisatorische Reichweite der Berechtigungen differenziert werden müssen. Entsprechend werden die organisationsbezogenen Berechtigungen in Masterrollen nicht konkretisiert.

- *Childrollen* beziehen sich jeweils auf eine Masterrolle und prägen die organisationsbezogenen Berechtigungen dieser Masterrolle für einen bestimmten Bereich aus. Die Transaktionen und das Benutzermenü entsprechen denen der zugehörigen Masterrolle.

2.3.3 Was ist ein Profil?

Profile bilden die technische Basis des SAP-Berechtigungswesens. Sie werden aus Rollen abgeleitet, können aber auch manuell erstellt werden. In Abbildung 2.10 ist die Sicht eines Systembetreuers auf die einem SAP-Benutzer zugeordneten Profile im Benutzerstamm abgebildet.

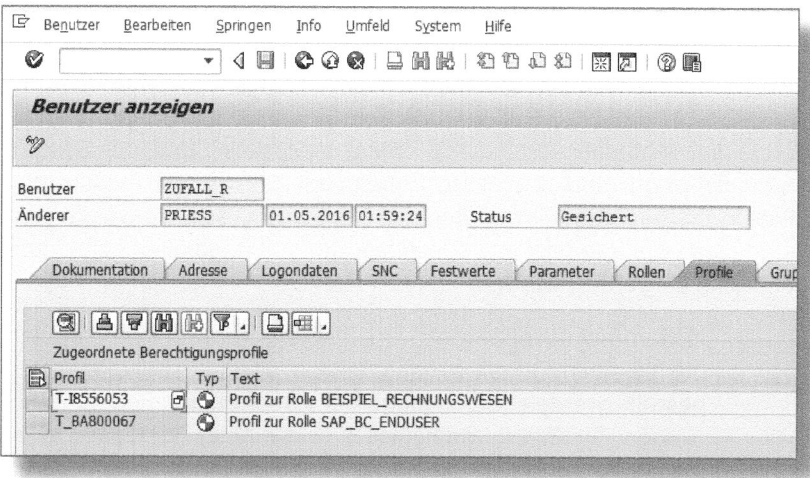

Abbildung 2.10: Benutzerstammsatz mit zugeordneten Profilen

Eine manuelle Erstellung von Profilen ist heute nicht mehr üblich, obwohl sie technisch noch möglich ist.

Bedeutung der Profile

Obwohl die *manuelle Bearbeitung* von Profilen durch die *rollenbasierte Bearbeitung* abgelöst wurde, sind Profile unverändert das Objekt, in dem die Berechtigungen von SAP-Nutzern gespeichert sind. Entsprechend häufig werden beide Begriffe in den weiteren Ausführungen auftauchen. Auch im SAP-System wird an vielen Stellen nicht auf die Rollen, sondern auf deren zugehörige Profile verwiesen.

Besonders erwähnenswert sind zwei Profile, die ohne zugehörige Rolle auch heute noch eingesetzt werden, da SAP sie im Standard ausliefert:

- *SAP_ALL* ist ein Profil, das umfassende Berechtigungen für alle Transaktionen und Aktivitäten im SAP-System beinhaltet und aus diesem Grund im Produktivbetrieb theoretisch nicht eingesetzt werden darf.
- *SAP_NEW* ist ein zweites Profil, das *SAP_ALL* um einige (später hinzugekommene) Berechtigungen ergänzt.

3 Berechtigungsvergabe in SAP

Neben der Erläuterung grundlegender Begriffe des SAP-Berechtigungswesens erfahren Sie in diesem Kapitel, wie eine Berechtigung in SAP »technisch« aussieht, wie Ihr SAP-Benutzer zu seinen Berechtigungen kommt, wie sich Änderungen an Ihren Berechtigungen auswirken und wie Sie diese selbst überprüfen können – vorausgesetzt, Sie ahnen es, Sie haben dafür ... die Berechtigung.

Ein Satz wie »Ihnen fehlt eine Berechtigung« ist für jeden SAP-Anwender intuitiv verständlich. Ein Satz wie »In Ihren Berechtigungen fehlt ein Berechtigungsobjekt.« ist für die meisten Anwender schon etwas unklarer – was er in letzter Konsequenz bedeutet, lässt sich zwar erahnen (nämlich: »Ihnen fehlt eine Berechtigung.«), aber was genau ein Berechtigungsobjekt ist, wissen viele SAP-Anwender vermutlich nicht.

3.1 Grundlegende Begriffe des SAP-Berechtigungswesens

Sie erwarten vermutlich zunächst eine Erklärung, was überhaupt unter »Berechtigungen« im SAP-System verstanden wird. Lassen Sie uns einen kleinen Umweg machen, indem wir Ihnen zunächst die wichtigsten Begriffe im Zusammenhang mit SAP-Berechtigungen erläutern. In Abschnitt 3.1.4 fügen wir schließlich die Puzzleteile zusammen, dort finden Sie dann auch eine Definition.

Das besagte *Berechtigungsobjekt* ist Dreh- und Angelpunkt im Thema »SAP-Berechtigungen«. Eng damit verknüpft sind die *Berechtigungsfelder* und *Berechtigungswerte*. Abbildung 3.1 veranschaulicht die Zusammenhänge im Überblick. Wie so oft hängt alles mit allem zusammen, sodass die Wahl des richtigen Einstiegs für alle erforderlichen Erklärungen nicht ganz leichtfällt.

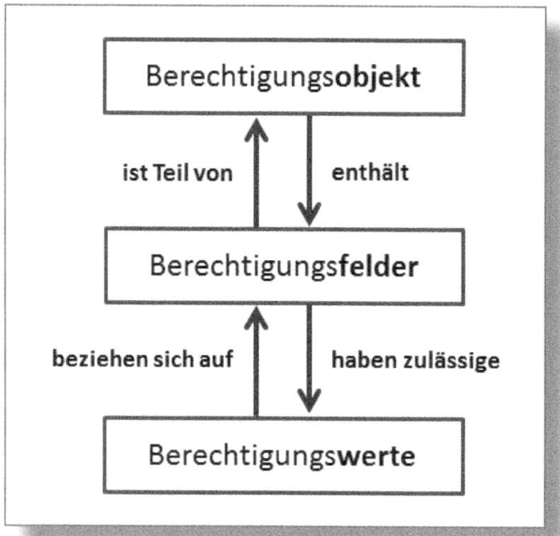

Abbildung 3.1: Zusammenspiel von Berechtigungsfeldern, Berechtigungswerten und Berechtigungsobjekten

Wie Sie in diesem und den folgenden Unterabschnitten feststellen werden, kann es in diesem Themenfeld schnell zu Missverständnissen durch die ungenaue Verwendung von Begriffen kommen. Während ein Berechtigungsexperte in einem formlosen Gespräch aufgrund seiner Erfahrung gut mit Begriffsungenauigkeiten umgehen kann (und vielfach für sich intuitiv übersetzt, was sein Gegenüber wohl eigentlich gemeint haben muss), fällt dieses Neueinsteigern nachvollziehbar schwerer. Zudem lesen Sie gerade ein SAP-Fachbuch für Einsteiger und erheben zu Recht den Anspruch, meine Erläuterungen nicht noch übersetzen zu müssen.

3.1.1 Was ist ein Berechtigungsfeld?

Die Definition für das Berechtigungsfeld, die in diesem Buch zugrunde gelegt wird, ist nicht besonders spektakulär, aber sehr präzise:

Definition Berechtigungsfeld

Ein *Berechtigungsfeld* ist ein Feld, das in einem Berechtigungsobjekt verwendet wird und entsprechend in einer Berechtigungsprüfung berücksichtigt werden kann.

Um diese Definition vollständig zu begreifen, wäre es interessant, zu wissen, was genau Berechtigungsobjekte und -prüfungen sind. Sie finden die Definition für Berechtigungsobjekte in Abschnitt 3.1.3, und Berechtigungsprüfungen werden Ihnen in Abschnitt 4.1 genauer beschrieben.

! Trugschluss

Da sich viele Felder in Transaktions-Dynpros auf reale oder abstrakte Objekte beziehen, liegt leider der Trugschluss nahe, ein Feld könnte ein Berechtigungsobjekt sein – dass das nicht der Fall ist, lesen Sie in Abschnitt 3.1.3. Stattdessen kann ein Feld aber ein »Berechtigungsfeld« sein – muss es allerdings nicht: Ein Material ist beispielsweise ein reales und eine Kostenstelle ein abstraktes Objekt – aber von diesen beiden ist nur die Kostenstelle tatsächlich ein Berechtigungsfeld, wie Sie in den Abschnitten 4.2.1 und 4.2.3 erfahren werden.

Über Berechtigungsfelder wird allgemein eher selten gesprochen – dabei sind viele davon nicht nur SAP-Experten, sondern auch normalen Anwendern sehr vertraut, da sie als Felder in den Dynpros zahlreicher Transaktionen verschiedenster Anwendungsbereiche vorkommen. In Abbildung 3.2 werden beispielhaft einige wichtige Berechtigungsfelder aus verschiedenen ERP-Modulen aufgelistet und anschließend kurz beschrieben.

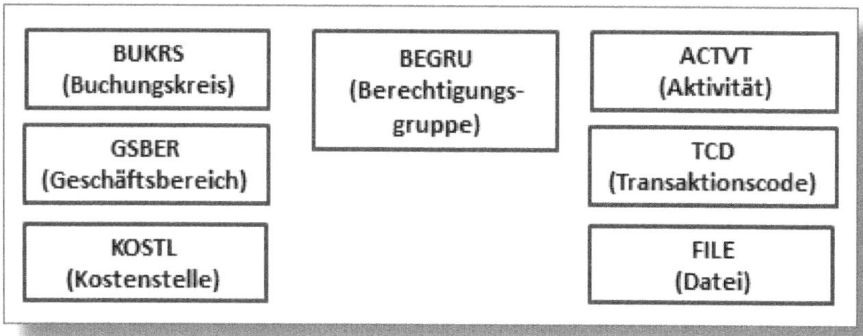

Abbildung 3.2: Beispiele für Berechtigungsfelder

Strukturparameter als Berechtigungsfelder

SAP-Anwendern nur für bestimmte, organisatorisch abgegrenzte Teilbereiche der Unternehmung Zugriffsrechte zuzuweisen, ist eine naheliegende Anforderung an ein Berechtigungskonzept, die eigentlich keiner weiteren Erläuterung bedarf. Um dieses umzusetzen, werden besondere Berechtigungsfelder angeboten, die die Organisationsstruktur der Unternehmung im SAP-System abbilden: die *Strukturparameter* der Module. In Abbildung 3.2 finden Sie links drei Berechtigungsfelder für Strukturparameter im Rechnungswesen, die exemplarisch erläutert werden (weitere Strukturparameter der Module werden in Abschnitt 4.2 betrachtet):

- *Buchungskreis*: Über einen Buchungskreis wird im SAP-System eine bilanzierende Einheit abgebildet – das bedeutet: Eine Einzelunternehmung hat einen Buchungskreis, ein Konzern wird hingegen über mehrere Buchungskreise (jeweils einer pro selbstständig bilanzierendem Tochterunternehmen) abgebildet. Der Buchungskreis bildet somit die oberste Ebene organisatorischer Einheiten im SAP-System für das externe Rechnungswesen. Die meisten Transaktionen im Finanzwesen und die grundlegenden Berechtigungen berücksichtigen daher das Feld bzw. Berechtigungsfeld »Buchungskreis«, beispielsweise haben Stammdaten für Zahlungspartner neben allgemeinen

Daten (z. B. Name, Adresse, Bankverbindungen, Steuernummern usw.) auch buchungskreisabhängige Daten (z. B. Hauptbuchkonten für die Fortschreibung von Forderungen und Verbindlichkeiten, vereinbarte Zahlungsbedingungen usw.).

- *Geschäftsbereich*: Innerhalb eines Buchungskreises kann im Finanzwesen eine weitere Differenzierung der Organisation über Geschäftsbereiche erfolgen. Das Feld »Geschäftsbereich« wird entsprechend in vielen Transaktionen berücksichtigt, u. a. natürlich in allen Buchungstransaktionen; es gibt jedoch auch viele Prozesse, die standardmäßig geschäftsbereichsübergreifend sind. Das Berechtigungsfeld »Geschäftsbereich« wird im Vergleich entsprechend weniger häufig berücksichtigt als das Berechtigungsfeld »Buchungskreis«.
- *Kostenstelle*: Während Buchungskreis und Geschäftsbereich zum Modul FI gehören, ist das Feld »Kostenstelle« dem Rechnungswesen-Modul CO und damit dem internen Rechnungswesen zuzuordnen. Eine Kostenstelle bildet einen Verantwortungsbereich (unter Kostenaspekten) innerhalb der Organisation ab, der zum einen kleiner als der Geschäftsbereich und zum anderen nach außen i. d. R. nicht transparent ist. Kostenstellen werden hierarchisch strukturiert.

In Abbildung 3.3 sehen Sie einige technische Details zum BERECHTIGUNGSFELD »Buchungskreis (*BUKRS*)«. Grundsätzlich sind diese vorwiegend für Systembetreuer interessant, aber an diesem Beispiel sehen Sie,

- dass das Berechtigungsfeld *BUKRS* als »OrgEbene« definiert ist, was Auswirkungen auf die Pflege der Berechtigungswerte für die Systembetreuer hat (vgl. Abschnitt 3.2.4),
- dass die Feldwerte bei der Berechtigungspflege mit einer Prüftabelle verknüpft sind (zulässige Feldwerte können also bei Bedarf über die [F4]-Hilfe aufgerufen werden) sowie,
- dass das Berechtigungsfeld *BUKRS* in SAP ERP in »435 Berechtigungsobjekten« verwendet wird.

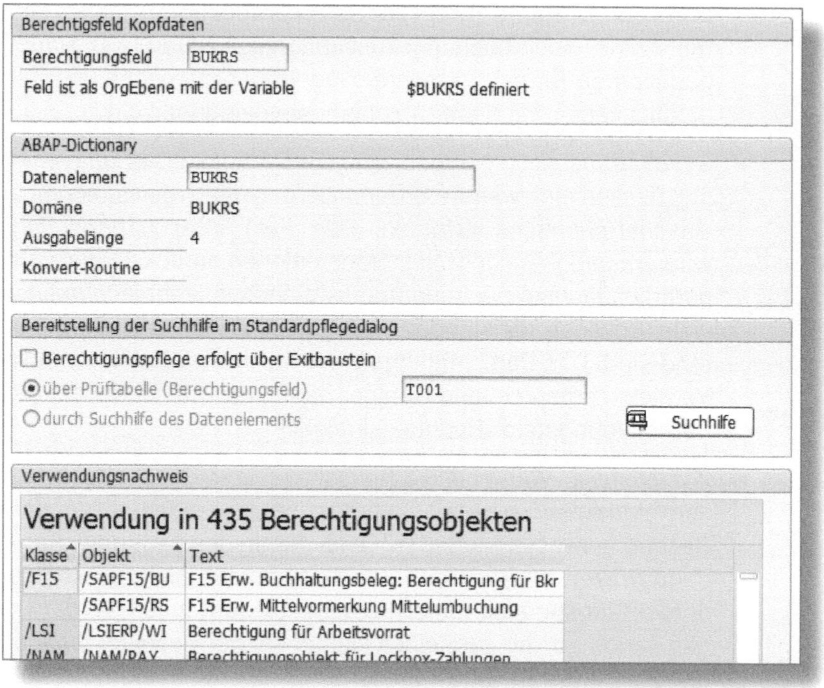

Abbildung 3.3: Technische Details zum Berechtigungsfeld »Buchungskreis«

Die Statistik zur Verwendung eines Berechtigungsfeldes sagt für sich genommen noch nicht viel darüber aus, welchen Stellenwert es hat – bei einer Anzahl von 435 Verwendungen liegt jedoch nahe, dass es sich um ein wichtiges Feld handelt – was nicht unbedingt überrascht für den bedeutendsten Strukturparameter im (externen) Rechnungswesen.

! Auf die Programmierung kommt es an ...

Ob ein Feld in einer SAP-Transaktion als Berechtigungsfeld überprüft wird, hängt immer von der jeweils ausgeführten Transaktion bzw. dem laufenden Programm ab: Ein Berechtigungsfeld wird nicht in jedem möglichen Kontext überprüft. Vielmehr muss eine passende Berechtigungsprüfung programmiert sein: In Abschnitt

4.1.4 wird erläutert, was im Programmablauf genau passiert und warum ein Berechtigungsfeld immer im Zusammenhang mit einem Berechtigungsobjekt zu sehen ist.

Die beschriebene Beziehung zwischen einem Feld und einem gleichnamigen Berechtigungsfeld ist zunächst noch recht eindeutig. Es können sich jedoch auch mehrere Berechtigungsfelder auf ein Feld im SAP-System beziehen, wie in Abbildung 3.4 am Bespiel des Buchungskreises zu sehen ist: Im SAP-System gibt es insgesamt vier Berechtigungsfelder, die auf das Feld »Buchungskreis« Bezug nehmen.

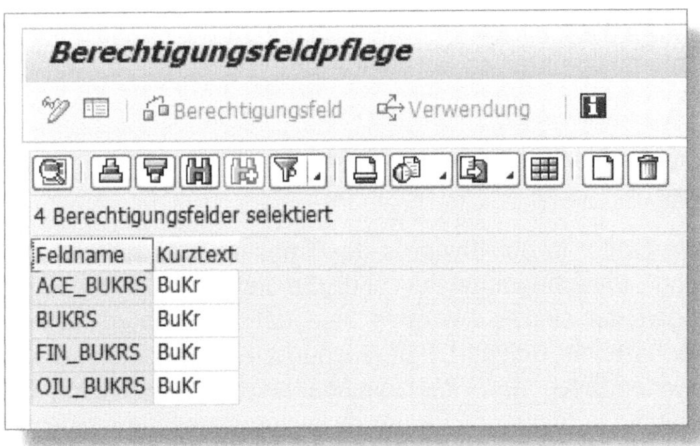

Abbildung 3.4: Berechtigungsfelder zum Feld »Buchungskreis«

Diese Berechtigungsfelder zum Feld »Buchungskreis« sind nicht gleich wichtig:

- *ACE_BUKRS* ist ein Berechtigungsfeld für eine bestimmte Funktionalität, die sogenannte *Accrual Engine*, über die im Rechnungswesen Abgrenzungsbuchungen abgebildet werden können – es wird in zwei Berechtigungsobjekten verwendet;
- *BUKRS* ist das in fast jedem Kontext üblicherweise verwendete Berechtigungsfeld, wie die bereits angeführten 435 Verwendungen nahelegen;

- *FIN_BUKRS* wird nur in einem Berechtigungsobjekt für das Modul Financial Supply Chain Management (FSCM) verwendet;
- *OIU_BUKRS* findet nur in zwei Berechtigungsobjekten der Branchenlösung IS-OIL Verwendung.

Warum muss es mehrere Berechtigungsfelder zu einem Feld im SAP-System geben? Technisch erforderlich sind sie nicht unbedingt. Allerdings können sie die Pflege von Berechtigungen vereinfachen, wenn ein Benutzer für bestimmte Systemfunktionen nicht seine »normalen« Zugriffsrechte, sondern ausnahmsweise abweichende (eingeschränkte oder weitreichendere) Berechtigungen bekommen soll.

Weitere Ausführungen zu den Strukturparametern der Module finden Sie in den Unterabschnitten zu Abschnitt 4.2.

Berechtigungsfelder, die in Transaktionen oft nicht direkt zu erkennen sind

Nicht für alle Felder in den Dynpros der Transaktionen gibt es korrespondierende Berechtigungsfelder: Für die vielen Felder, die keine Berechtigungsfelder sind – wie etwa Belegdatum, Buchungsdatum, Periode, Geschäftsjahr, Belegart, Referenznummer und Konto in einem Rechnungswesen-Beleg der Finanzbuchhaltung – erfolgt zum Teil trotzdem eine Berechtigungsprüfung, da einige Berechtigungsfelder mit ihnen in enger Beziehung stehen. So können etwa Berechtigungsprüfungen auf Berechtigungsfelder zurückgreifen, die nicht direkt in der Transaktion, sondern in den Stammdaten der jeweiligen Objekte zu finden sind. Beispiele hierfür sind:

- die Berechtigungsgruppe in den Stammdaten der Kontoarten »Sachkonten«, »Debitoren« und »Kreditoren«,
- die Kontengruppe der Stammdaten (neben den drei zuvor genannten auch »Anlagen« und »Material«).

! Berechtigungsgruppen

Für das Berechtigungsfeld Berechtigungsgruppe in den Konto-Stammdaten sind Besonderheiten bei der Berechtigungsprüfung zu beachten, die in Abschnitt 4.3.5 beschrieben werden.

Ein anderes Beispiel einer Berechtigungsprüfung für Dynpro-Felder, die selbst keine Berechtigungsfelder sind, bietet die Buchungsperiodensteuerung im Modul FI.

Buchungsperiodensteuerung in FI

Für die Felder Buchungsdatum, Periode und Geschäftsjahr kann in SAP FI eine besondere, indirekte Berechtigungsprüfung erfolgen – da sich die Feldinhalte der beiden letztgenannten Felder aus dem Buchungsdatum ableiten, wird indirekt sogar hierfür geprüft (allerdings nicht auf den Kalendertag). Die Buchungsperiodensteuerung wird in Abschnitt 4.3.5 ausführlicher erläutert.

Eine besondere Stellung haben zudem die folgenden Berechtigungsfelder:

- Aktivität,
- Transaktionscode,
- Datei.

Berechtigungsfeld »Aktivität«

Das Berechtigungsfeld »Aktivität« (ACTVT) ist für sich genommen unabhängig von Objekten bzw. Feldern in Transaktionen. Es wird in Berechtigungsobjekten (vgl. Abschnitt 3.1.3) fast immer mit anderen Berechtigungsfeldern kombiniert und ermöglicht dann (abhängig von den Berechtigungswerten, die im nächsten Abschnitt 3.1.2 genauer erläutert werden) bei der Berechtigungsprüfung z. B. die Unterscheidung, ob sich der Zugriff auf ein reines »Anzeigen« beschränkt oder auch ein »Ändern« oder »Hinzufügen« zulässig ist.

Berechtigungsfeld »Transaktionscode«

Das Berechtigungsfeld »Transaktionscode« (TCD) wird benötigt, um den Zugriff auf Transaktionen im SAP-System zu steuern. Diese besondere Berechtigungsprüfung wird in Abschnitt 4.1.1 betrachtet.

Berechtigungsfeld »Datei«

Das Berechtigungsfeld »Datei« (FILE) wird verwendet, um den Zugriff auf Dateien, Verzeichnisse und Laufwerke aus dem SAP-System heraus zu ermöglichen bzw. einzuschränken. Im SAP-Standard sind Zugriffe auf Dateien ohne passende Berechtigung für dieses Berechtigungsfeld aufgrund des Minimalprinzips nicht möglich (durch Modifikationen und Erweiterungen des SAP-Standards sind Abweichungen vom Minimalprinzip allerdings nicht pauschal auszuschließen). Die Berechtigungsprüfung beim Zugriff auf Dateien ist Thema des Abschnitts 4.3.2.

Hinweise für technisch Interessierte

Berechtigungsfelder in SAP haben maximal zehnstellige IDs und dieselbe Bezeichnung wie das zugrunde liegende Feld (technisch: wie das zugehörige Datenelement). Sie werden in Tabelle AUTHX gespeichert und können von Systembetreuern über die Transaktion *SU20* gepflegt werden.

3.1.2 Was ist ein Berechtigungswert?

Definition Berechtigungswert

Berechtigungswerte sind die für ein Berechtigungsfeld zulässigen Ausprägungen.

Als Berechtigungswert ist neben konkreten Einzelwerten fast immer (mit nur sehr wenigen Ausnahmen) der Berechtigungswert »*« für eine Gesamtberechtigung, als »Wildcard« bzw. Platzhalter für alle zulässigen Berechtigungswerte, möglich.

Ausgehend vom vorigen Abschnitt, sollen nun die Berechtigungswerte einiger konkreter Berechtigungsfelder betrachtet werden.

Für das Berechtigungsfeld »Buchungskreis« (BUKRS) ergeben sich die sinnvollen Berechtigungswerte aus den in den Systemeinstellungen (Customizing) für das Feld vorgegebenen zulässigen Eingaben, die Sie z. B. über die F4-Hilfe in einem beliebigen Feld BUCHUNGSKREIS ermitteln können, wie Abbildung 3.5 beispielhaft darstellt.

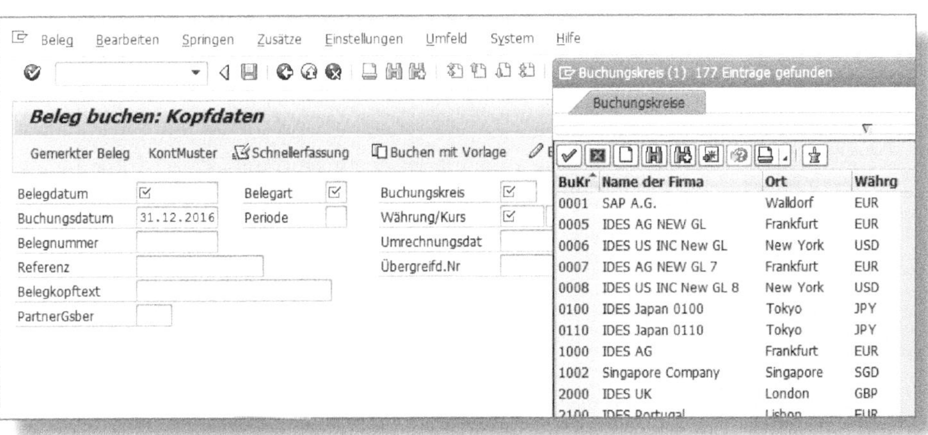

Abbildung 3.5: F4-Wertehilfe für das Feld »Buchungskreis«

Abbildung 3.6 stellt das Feld »Buchungskreis« bei der Pflege der Berechtigungen in einer Rolle für ein beliebig gewähltes Berechtigungsobjekt dar (unterhalb der ID und der Bezeichnung des Berechtigungsobjekts sehen Sie FELDNAME *BUKRS*). Anders als in den Anwendungstransaktionen ist hier zwar eine Eingabehilfe für die einzugebenden Werte oder Intervalle verfügbar, es lassen sich jedoch auch einzelne Werte eingeben, die nicht im Customizing definiert wurden. Zudem können Intervalle eingetragen werden, die ebenfalls unabhängig von den in der Anwendung zulässigen Feldwerten sind.

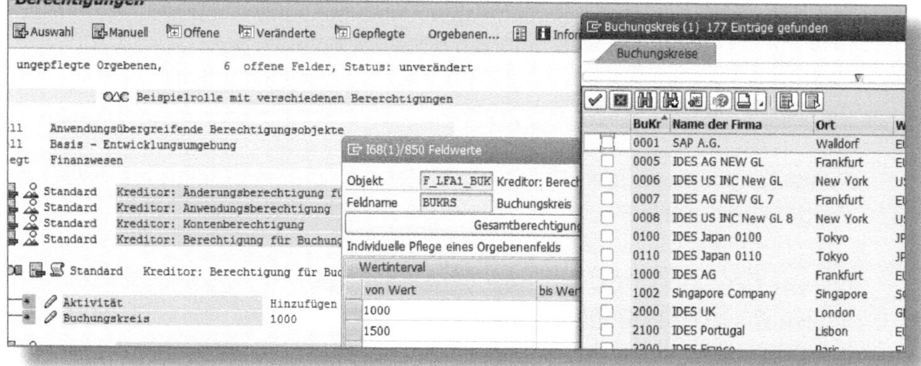

Abbildung 3.6: Pflege der Berechtigungswerte für das Feld »Buchungskreis«

! Berechtigungen für unzulässige Feldwerte

Berechtigungswerte für unzulässige Feldwerte sind technisch möglich, also z. B. eine Berechtigung für einen Buchungskreis »1500« in einem Mandanten, in dem kein Buchungskreis »1500« existiert. Dies kann (neben Fehleingaben der Systembetreuer) etwa dann passieren, wenn eine Rolle aus einem anderen System bzw. Mandanten übertragen und im Zielsystem/-mandanten nicht angepasst wird.

Zudem beinhaltet der Berechtigungswert »*« für Felder mit Werteliste neben allen zulässigen immer auch alle unzulässigen Feldwerte, genauso wie Berechtigungswerte, die als Intervalle hinterlegt sind. Wird später ein neuer Buchungskreis angelegt, dessen ID in ein in einer Rolle hinterlegtes Intervall fällt, verfügen alle Benutzer, denen diese Rolle zugeordnet ist, automatisch über Berechtigungen für diesen – genau wie alle Benutzer, in deren Rollen der Buchungskreis mit Berechtigungswert »*« hinterlegt ist.

Für das Berechtigungsfeld »Berechtigungsgruppe« (BEGRU) gibt es keine Einschränkung der zulässigen Feldwerte. In das zugehörige Feld können Sie eine frei wählbare bis zu vierstellige alphanumerische Zeichenfolge eintragen. Mögliche Berechtigungswerte sind daher alle in das Feld passenden alphanumerischen Zeichenfolgen. Sinnvolle Berechtigungswerte sind aber nur solche, die in der Anwendungstransaktion auch tatsächlich eingesetzt werden. Zwei Beispiele finden sich in Abschnitt 4.3.5, wo Berechtigungsgruppen in Stammdaten sowie die Berechtigungsgruppe der Buchungsperiodensteuerung beschrieben werden.

Für das Berechtigungsfeld »Aktivität« (ACTVT) sind theoretisch 216 verschiedene Ausprägungen als Feldwerte möglich: Diese sind im SAP-System in der Tabelle *TACT* gespeichert. In Abbildung 3.7 sind einige Berechtigungswerte für das Berechtigungsfeld ACTVT ersichtlich. Die vermutlich am häufigsten verwendeten Berechtigungswerte haben die IDs *01* (*Hinzufügen*), *02* (*Ändern*) und *03* (*Anzeigen*).

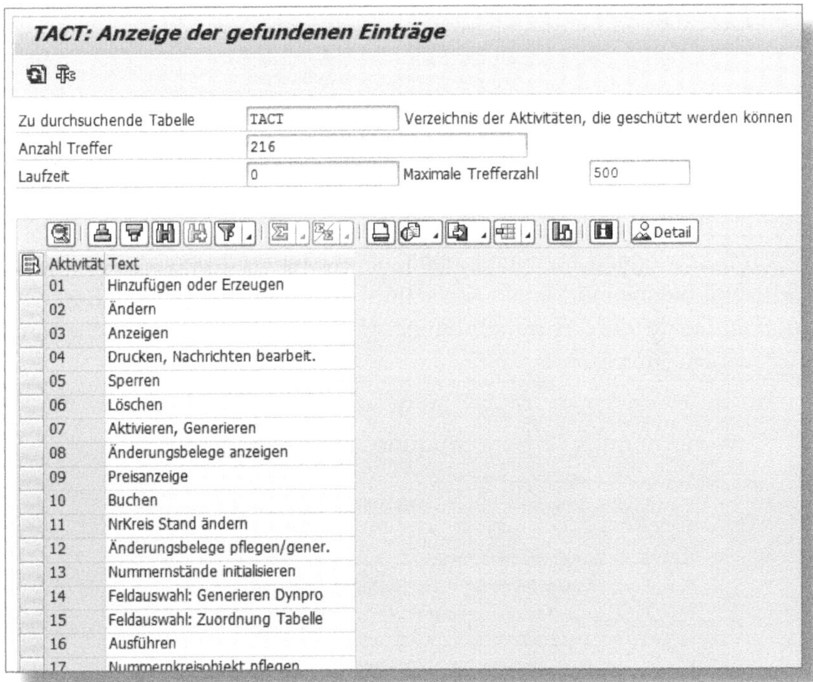

Aktivität	Text
01	Hinzufügen oder Erzeugen
02	Ändern
03	Anzeigen
04	Drucken, Nachrichten bearbeit.
05	Sperren
06	Löschen
07	Aktivieren, Generieren
08	Änderungsbelege anzeigen
09	Preisanzeige
10	Buchen
11	NrKreis Stand ändern
12	Änderungsbelege pflegen/gener.
13	Nummernstände initialisieren
14	Feldauswahl: Generieren Dynpro
15	Feldauswahl: Zuordnung Tabelle
16	Ausführen
17	Nummernkreisobjekt pflegen

Abbildung 3.7: Ausschnitt aus der Liste möglicher Berechtigungswerte für das Berechtigungsfeld ACTVT

Bei der Pflege konkreter Berechtigungswerte für Aktivitäten sind je nach Kontext (bzw. konkret vom Berechtigungsobjekt, das Sie im nächsten Abschnitt kennenlernen) aber immer nur ausgewählte Aktivitäten zulässig; die Liste in Abbildung 3.7 zeigt nur die Gesamtheit aller Ausprägungen.

3.1.3 Was sind Berechtigungsobjekte?

Berechtigungsobjekte sind die Basis der Berechtigungsprüfungen im SAP-System.

Definition Berechtigungsobjekt

Ein Berechtigungsobjekt besteht aus mindestens einem und maximal zehn Berechtigungsfeldern, die gemeinsam auf eine bestimmte Kombination aus Berechtigungswerten überprüft werden sollen.

Berechtigungsobjekte werden im System unter einer maximal zehnstelligen ID geführt und sind einer *Berechtigungsobjektklasse* zugeordnet, die die Vielzahl der im System vorhandenen Berechtigungsobjekte nach überwiegend fachlich-inhaltlichen Kriterien gruppiert. Abbildung 3.8 zeigt beispielhaft einen Ausschnitt aus der Liste der 438 Berechtigungsobjekte, die das Berechtigungsfeld »Buchungskreis« enthalten.

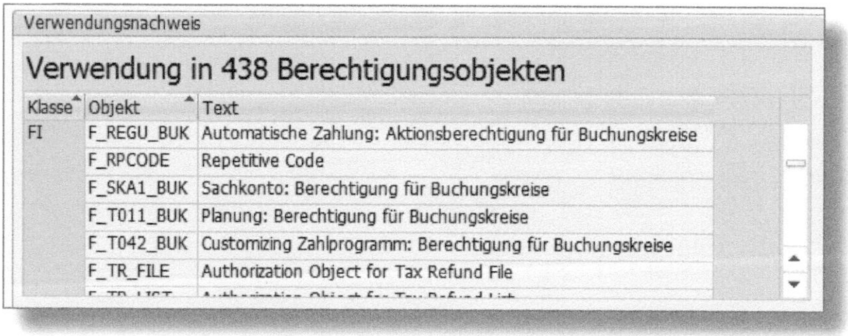

Verwendungsnachweis

Verwendung in 438 Berechtigungsobjekten

Klasse	Objekt	Text
FI	F_REGU_BUK	Automatische Zahlung: Aktionsberechtigung für Buchungskreise
	F_RPCODE	Repetitive Code
	F_SKA1_BUK	Sachkonto: Berechtigung für Buchungskreise
	F_T011_BUK	Planung: Berechtigung für Buchungskreise
	F_T042_BUK	Customizing Zahlprogramm: Berechtigung für Buchungskreise
	F_TR_FILE	Authorization Object for Tax Refund File

Abbildung 3.8: Auszug aus der Liste der Berechtigungsobjekte mit Berechtigungsfeld BUKRS

In Abbildung 3.9 ist exemplarisch das Berechtigungsobjekt *F_SKA1_BUK* abgebildet, das die beiden bereits beschriebenen Berechtigungsfelder *BUKRS* und *ACTVT* enthält.

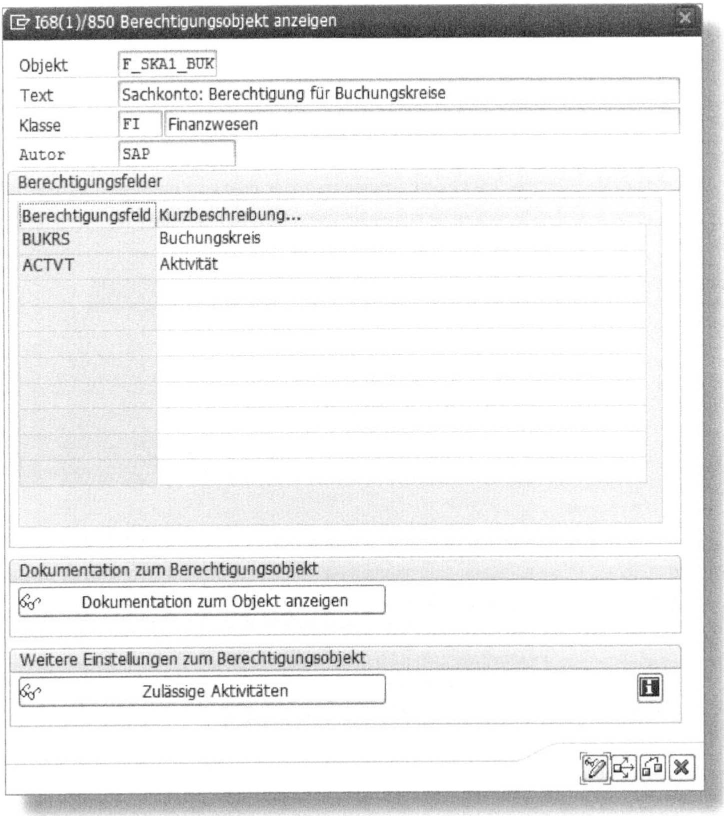

Abbildung 3.9: Berechtigungsobjekt F_SKA1_BUK

Betrachtet man die technische Sicht auf das Berechtigungsobjekt F_SKA1_BUK und insbesondere die beiden enthaltenen Berechtigungsfelder, wird nicht unmittelbar klar, in welchem Kontext diese Berechtigung im System geprüft werden könnte – erkennbar ist nur, dass es um Berechtigungen für Aktivitäten (Anzeigen, Ändern, ...) in Buchungskreisen geht. Einzig der TEXT, d. h. die Bezeichnung des Berechtigungsobjekts, stellt einen näher eingegrenzten Bezug zu möglichen Prozessen/Abläufen/Aufgaben her: In diesem Fall werden dort Berechtigungen bezogen auf ein Sachkonto erwähnt.

Ein Berechtigungsfeld »Sachkonto« ist in diesem Berechtigungsobjekt jedoch nicht enthalten. Das mag auf den ersten Blick verwundern – ist jedoch keinesfalls die Ausnahme, sondern kommt in dieser Form häufig vor. Sie vermuten es nun vielleicht bereits: Der (sicher nicht offensichtliche) Zusammenhang zwischen dem Berechtigungsobjekt F_SKA1_BUK und der Pflege von Sachkonten kann sich technisch nur im Kontext der konkreten Berechtigungsprüfung ergeben – also im Programm. Die Erläuterung folgt etwas detaillierter in Abschnitt 4.1.4.

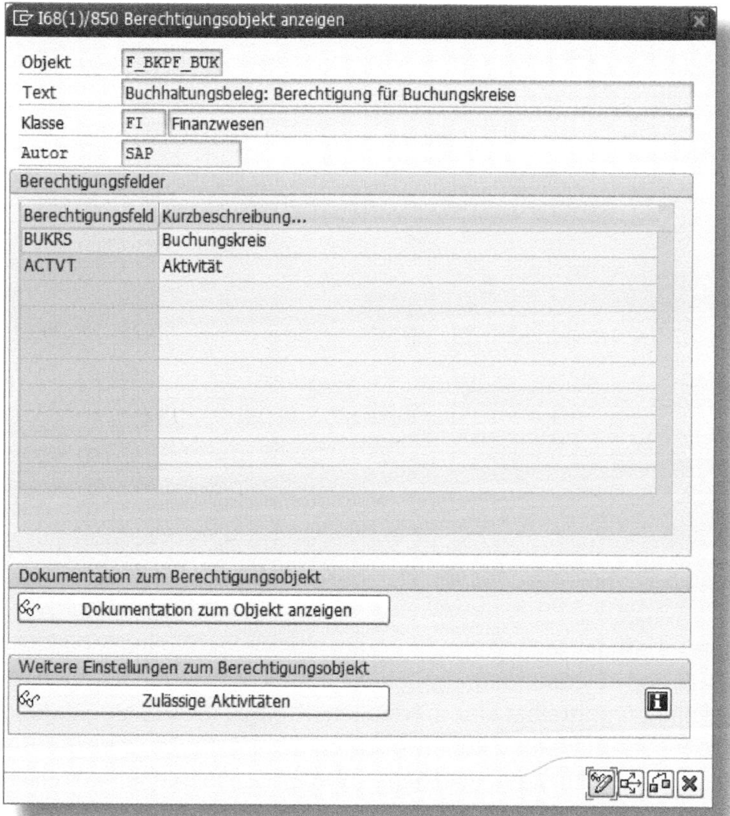

Abbildung 3.10: Berechtigungsobjekt F_BKPF_BUK

Abbildung 3.10 zeigt ein anderes Berechtigungsobjekt aus dem Modul FI: *F_BKPF_BUK*. Auch in diesem sind nur die beiden Berechtigungsfelder *BUKRS* und *ACTVT* enthalten. Ein möglicher prozessbezogener Kontext für Berechtigungsprüfungen im System ergibt sich auch hier eigentlich nur aus der Bezeichnung: Das Objekt ist für buchungskreisbezogene Berechtigungen in Buchhaltungsbelegen im Modul FI (da die Bezeichnung auf einen »Buchhaltungsbeleg« verweist) vorgesehen. Einen Hinweis auf das Modul FI liefert auch die in Abbildung 3.11 ersichtliche »Klasse« FI – diese ist jedoch anders als die Bezeichnung ein technisches Detail, das i. d. R. nur für Systembetreuer sichtbar ist.

Die beiden hier gewählten Beispiele für Berechtigungsobjekte lassen bereits erahnen, dass im System vor einer Detailprüfung (»ist das konkrete Sachkonto im Buchungskreis ok?« – über F_BKPF_BUK) erst einmal übermittelt werden sollte, für welche Aktivitäten im Buchungskreis überhaupt Berechtigungen vorliegen (über F_SKA1_BUK).

3.1.4 Was genau ist eine Berechtigung in SAP?

Eine allgemeine Definition für den Begriff *Berechtigung* im Kontext technischer Systeme, die dennoch sehr präzise ist, lautet: »Eine Berechtigung bezeichnet das konkrete Zugriffsrecht eines Subjekts auf ein Objekt« (nachzulesen z. B. bei Hoppe/Prieß 2003, S. 84, vgl. Abschnitt 7.1). Im Kontext von SAP-Systemen sind die zugreifenden Subjekte SAP-Benutzer, und die Objekte, auf die zugegriffen wird, sind Berechtigungsobjekte mit bestimmten Berechtigungswerten für die Berechtigungsfelder des Berechtigungsobjekts.

Definition: Berechtigung in SAP

Eine Berechtigung in einem SAP-System besteht aus den Berechtigungswerten zu allen Berechtigungsfeldern eines Berechtigungsobjekts.

Sie werden jetzt verstehen, warum es wichtig war, zunächst die Basisbegriffe zur SAP-Berechtigung zu erläutern: Diese Definition setzt deren Kenntnis unbedingt voraus.

Im Rahmen einer Berechtigungsprüfung (vgl. hierzu Abschnitt 4.1.4) werden die Zugriffsrechte eines Benutzers für ein Berechtigungsobjekt mit bestimmten Berechtigungswerten geprüft. Verfügt der Benutzer über eine Berechtigung, die die passenden Berechtigungswerte für alle im Berechtigungsobjekt enthaltenen Berechtigungsfelder umfasst, ist die Berechtigungsprüfung erfolgreich – falls nicht, schlägt sie fehl.

Zuordnung von Berechtigungen zu Benutzern

Im SAP-System werden Berechtigungen nicht direkt Benutzern zugeordnet, wie etwas ausführlicher auch in Abschnitt 3.3.2 erläutert wird. Die Zuordnung erfolgt stattdessen indirekt über *Rollen* und *Profile*:

- Berechtigungen werden mit Bezug auf Berechtigungsobjekte, aber benutzerunabhängig in Datenbanktabellen gespeichert (Kopfdaten in USR12 und AGR_1250, Details mit Berechtigungsfeldern und Berechtigungswerten in AGR_1251) und sind darin über die Kombination Berechtigungsobjekt (OBJECT) und ID (AUTH) eindeutig identifizierbar;
- Benutzern werden Rollen zugeordnet;
- Berechtigungen sind Rollen zugeordnet;
- Profile sind (bis auf wenige Ausnahmen, vgl. Abschnitt 2.3.3) ebenfalls Rollen zugeordnet.

Abbildung 3.11 verdeutlicht den Unterschied zwischen einem Berechtigungsobjekt und einer Berechtigung in SAP am Beispiel des Berechtigungsobjekts F_BKPF_BUK aus Abbildung 3.10.

ID	*Berechtigungsfeld 1*	*Berechtigungsfeld 2*	
F_BKPF_BUK	BUKRS	ACTVT	Berechtigungsobjekt
ZZ_123456700	1000	01, 02, 03	Berechtigung
ZZ_123456701	1000, 1500	03	Berechtigung

Abbildung 3.11: Berechtigungsobjekt vs. Berechtigung in SAP

Abgrenzung Berechtigungsobjekt und Berechtigung

In Abbildung 3.11 sind zwei Berechtigungen zum Berechtigungsobjekt F_BKPF_BUK dargestellt, die unterschiedliche Berechtigungswerte aufweisen:

- Die Berechtigung mit der ID ZZ_123456700 umfasst für den Buchungskreis 1000 Rechte zum Hinzufügen (Aktivität 01), Ändern (02) und Anzeigen (03).
- Die Berechtigung mit der ID Z_123456701 beinhaltet Rechte für zwei Buchungskreise, 1000 und 1500. Die Benutzeraktivitäten sind dabei allerdings überall auf Anzeigen (03) beschränkt.

In Abbildung 3.12 sehen Sie, wie die Berechtigung ZZ_123456700 im SAP-System aussieht. In dieser Darstellung werden das Berechtigungsobjekt mit *<OBJ>*, die Berechtigung mit *<AUT>* und die Berechtigungsfelder mit *<FLD>* gekennzeichnet.

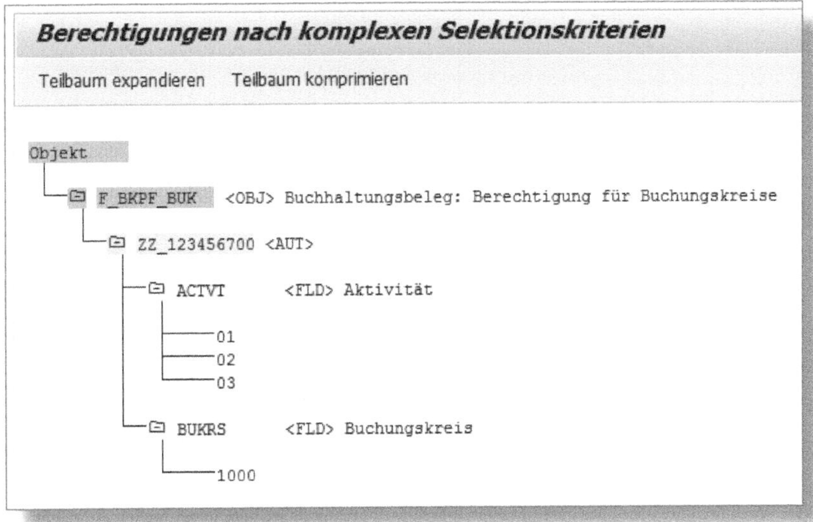

Abbildung 3.12: Berechtigung zum Berechtigungsobjekt F_BKPF_BUK

> **☛ IDs der Berechtigungen und Profile**
>
> Berechtigungs-IDs sind zwölfstellig und entsprechen in den ersten zehn Stellen den IDs der Profile, in denen sie enthalten sind. Die beiden letzten Stellen werden beginnend mit 00 hochgezählt bis 99.

In Abbildung 3.13 sehen Sie die beiden Berechtigungen aus Abbildung 3.10 in den Berechtigungsdaten der zugehörigen Rolle. Dabei sind die Standardeinstellungen aktiv, d. h., technische Namen sind ausgeschaltet.

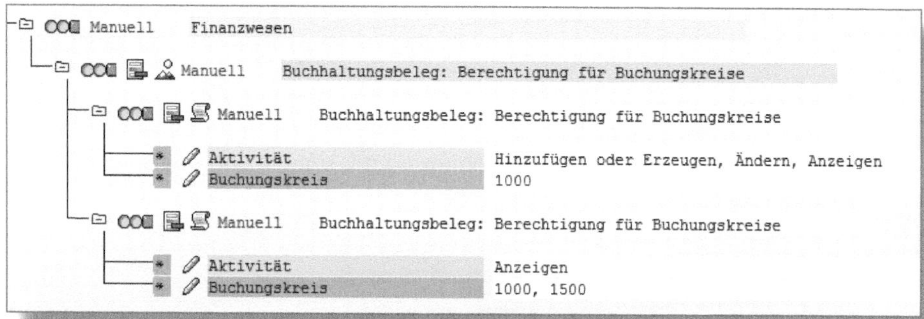

Abbildung 3.13: Berechtigungen zu F_BKPF_BUK in einer Rolle

Der Systembetreuer kann bei der Anzeige der Berechtigungsdaten einer Rolle über den Menüpfad HILFSMITTEL • TECHNISCHE NAMEN EIN die technischen Namen sichtbar machen. Abbildung 3.14 zeigt den Unterschied: Bei eingeschalteten technischen Namen werden u. a. die IDs des Berechtigungsobjekts, der Berechtigung sowie der Berechtigungsfelder angegeben. Zudem werden für die Berechtigungswerte des Feldes AKTIVITÄT nicht mehr die Bezeichnungen der Feldwerte, sondern die Feldwerte selbst ausgegeben. Die Unterschiede werden im Vergleich von Abbildung 3.13 und Abbildung 3.14 deutlich, die dieselben Berechtigungen zeigen.

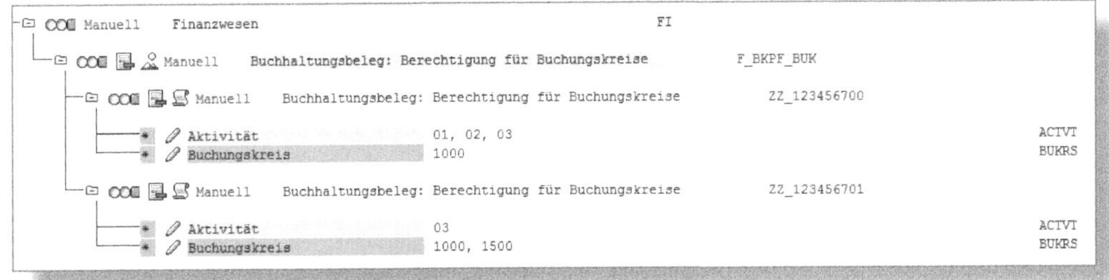

Abbildung 3.14: Berechtigungen in einer Rolle mit eingeschalteten technischen Namen

In Abschnitt 3.3 erfahren Sie, wie die verschiedenen einem SAP-Benutzer zugeordneten Berechtigungen insgesamt die ihm zur Verfügung stehenden Systemfunktionen und Daten im SAP-System determinieren.

Mehrere Berechtigungen zu einem Berechtigungsobjekt

In Abschnitt 2.3.1 wurde bereits angedeutet, dass es systemseitig keine Rolle spielt, über wie viele verschiedene Rollen oder Profile ein Benutzer seine Berechtigungen erhält. In diesem Abschnitt haben Sie nun erfahren, wie eine Berechtigung technisch aussieht – und gesehen, dass es zu einem Berechtigungsobjekt in einer Rolle mehrere Berechtigungen mit verschiedenen Berechtigungswerten geben kann. Diese werden also immer getrennt voneinander betrachtet. Genauso verhält es sich, wenn Berechtigungen eines Benutzers in verschiedenen Rollen hinterlegt sind, vgl. auch Abschnitt 3.3.1.

Der folgende Abschnitt 3.2 soll Ihnen zunächst kurz veranschaulichen, wie die Systembetreuer mit Berechtigungen, Profilen und Rollen arbeiten.

3.2 Berechtigungen in Rollen und Profilen

In diesem Abschnitt erhalten Sie einige Hintergrundinformationen zu den Aktivitäten der Systembetreuer bei Anpassungen von Benutzer-Berechtigungen im SAP-System. Hierbei stehen die Bearbeitung von Rollen und die automatische Generierung von Profilen im Mittelpunkt. Zudem finden Sie hier einige Hinweise darauf, wie sich Änderungen an Rollen und Profilen auf die Berechtigungen eines SAP-Anwenders auswirken.

3.2.1 Der Rollen- bzw. Profilgenerator

Der *Profilgenerator* ist ein Programm bzw. eine Transaktion, die den zuständigen Systembetreuer bei der rollenbasierten Zuweisung von Berechtigungen an Benutzer unterstützt. Der Transaktionscode des Profilgenerators lautet *PFCG*. Bevor diese Transaktion durch die SAP im Release 4.6C zur Verfügung gestellt wurde, mussten Profile durch die Systembetreuer grundsätzlich manuell erstellt werden (Rollen gab es damals im SAP-System noch nicht). Die manuelle Pflege von Profilen ist auch in aktuellen SAP-Releases weiterhin möglich, dieser Weg ist aber eher unüblich. Abbildung 3.15 zeigt die Oberfläche für die Bearbeitung einer Rolle in der Transaktion *PFCG*.

Wie in Abbildung 3.15 zu erkennen ist, sind die Funktionen zur Bearbeitung von Rollen über sieben Registerkarten verteilt. Vier davon sollen im Folgenden näher betrachtet werden:

- BESCHREIBUNG: Hier werden zum einen technische Details zur Rolle angezeigt (BENUTZER und DATUM des Anlegens der Rolle und der letzten Änderung an der Rolle). Zudem steht ein Feld LANGTEXT für eine mehr oder weniger ausführliche Dokumentation des Inhalts und/oder der Änderungen der Rolle zur Verfügung.
- MENÜ: Hier kann das rollenspezifische Menü angezeigt und bearbeitet werden.

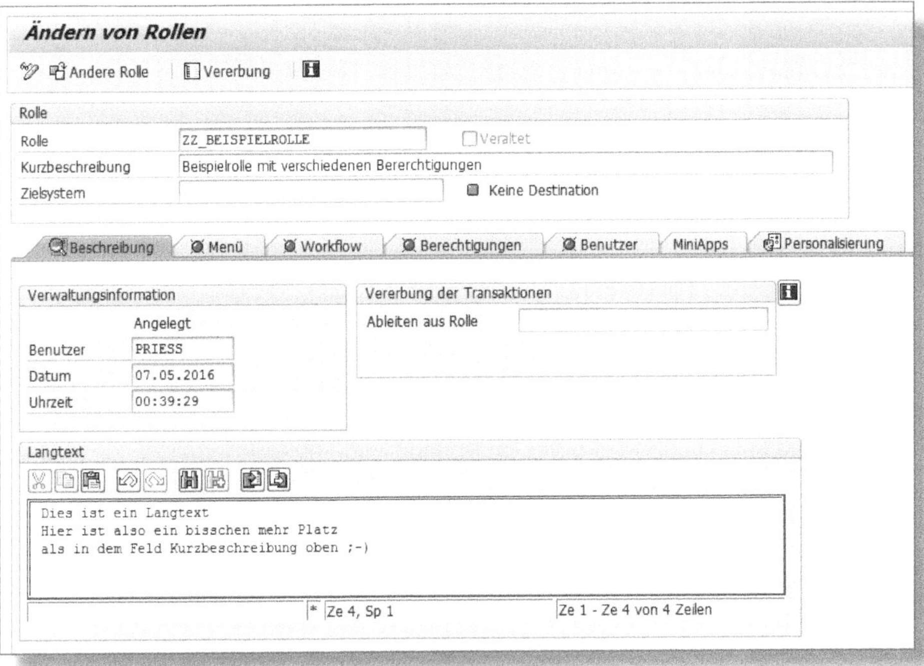

Abbildung 3.15: Transaktion PFCG zur Pflege von Rollen

- BERECHTIGUNGEN: Über diese Registerkarte ist ein Absprung zur Pflege der Berechtigungsdaten der Rolle (Berechtigungsobjekte mit Berechtigungswerten) möglich, wie auch zum Generieren des Profils.
- BENUTZER: Hier werden die der Rolle zugeordneten Benutzer mit einem Gültigkeitsintervall der jeweiligen Zuordnung aufgelistet.

Bei der Bearbeitung einer Rolle mit der *PFCG* können z. B. Transaktionen, Reports oder Berichte in einer Rolle ergänzt werden, indem diese in der Registerkarte MENÜ eingefügt werden. Für eine zusätzliche Transaktion genügen ein Klick auf den Schalter TRANSAKTION unterhalb der Registerkarten und die Eingabe des entsprechenden Transaktionscodes.

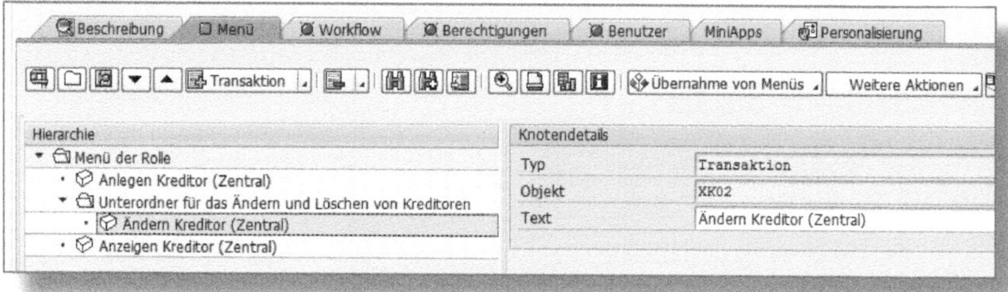

Abbildung 3.16: Registerkarte MENÜ in der PFCG

In Abbildung 3.16 ist in der HIERARCHIE-Übersicht für das Rollenmenü eine zugeordnete Transaktion markiert. Zu diesem markierten Eintrag finden Sie rechts unter den KNOTENDETAILS den TYP, den Transaktionscode (im Feld OBJEKT) und den im Rollenmenü angezeigten TEXT.

Werden in der Transaktion *PFCG* statt Transaktionen z. B. *Reports* (Programme mit Selektionsbildern für Auswertungen von Daten) oder *Berichte* (sogenannte Queries, Rechercheberichte o. Ä.) in eine Rolle eingefügt, generiert das SAP-System für diese Objekte automatisch neue Transaktionscodes. Auch für alle auf diesem Weg in Rollen eingefügten Reports und Berichte sind somit entsprechende Transaktionsberechtigungen erforderlich.

Sprechende Transaktionscodes

Beim Generieren von Transaktionscodes aus der Transaktion PFCG hat der Systemadministrator die Möglichkeit, entweder einen generischen Vorschlag des Systems zu übernehmen oder selbst eine Vorgabe für den Transaktionscode zu machen. Letzteres ist zu empfehlen, wenn der Transaktionscode einem sachkundigen Anwender bereits einen Hinweis darauf geben soll, was sich hinter der Transaktion verbirgt. Man spricht in diesem Zusammenhang von *sprechenden Transaktionscodes*. Wie bei allen von der Unternehmung individuell gestaltbaren Sachverhalten empfiehlt es sich auch hier, frühzeitig eine sinnvolle Namenskonvention festzulegen und die Transaktionscodes gemäß dieser Vorgabe einzurichten.

Reports oder Queries können theoretisch auch ohne eine eigene Transaktion ausgeführt werden: Für Reports gibt es z. B. die Transaktion *SA38* (Ausführen ABAP-Programm), für Queries die Transaktion *SQ01* (Queries bearbeiten). Diese Transaktionen stehen Anwendern in produktiven Systemen jedoch i. d. R. nicht zur Verfügung.

Viele Prüfungsleitfäden für System- oder Wirtschaftsprüfer stellen Listen von ABAP-Reports bereit, die für Prüfungsaktivitäten empfohlen werden. Kommt es zu einem Wechsel der Prüfer oder Prüfungsgesellschaft werden entsprechend häufig diese Berechtigungen für die SAP-Benutzer der externen Prüfer in Kombination mit Transaktionsberechtigungen für die *SA38* bei den Systembetreuern angefragt. Um die Vergabe von *SA38*-Berechtigungen im Produktivsystem zu vermeiden, empfiehlt es sich, für alle Programme Transaktionscodes im Kundennamensraum (also beginnend mit einem »Z« oder »Y«) zu generieren.

Transaktionscodes vs. Programmnamen

Transaktionscodes unterscheiden sich i. d. R. von den Programmnamen. Im Sinne sprechender Transaktionscodes kann es sich jedoch anbieten, einen Hinweis auf den Programmnamen im Transaktionscode unterzubringen, soweit dieses im Rahmen der zu berücksichtigenden Namenskonventionen möglich ist.

Sprechende Transaktionscodes

In Prüfungsleitfäden wird zumeist gefordert, dass in der Finanzbuchhaltung die Überprüfung der Lückenlosigkeit aller Belegnummern nicht nur im Rahmen der Jahresabschlussprüfungen durch die externen Prüfer, sondern auch unterjährig regelmäßig durch Anwender vorgenommen wird. Hierfür liefert SAP das Programm RFBNUM00N aus, jedoch keinen Transaktionscode, mit dem dieses Programm ausgeführt werden kann. Wird von einer Unternehmung nun ein Transaktionscode generiert, um dem Anwender die Berechtigung für das Programm in einer Rolle bereitzustellen, könnte als Transaktionscode z. B. *Z_RFBNUM00N* gewählt werden. Dies erleichtert erheblich die Kommunikation sowohl mit den externen Prüfern, die nach der Ausführung des Programms fragen, als auch mit den Anwendern, die dieses über die Transaktion *SA38* nicht ausführen können.

Eine Bearbeitung von Rollen ist in jedem SAP-System möglich, das Erzeugen von Transaktionscodes jedoch normalerweise nur in einem Entwicklungssystem. Versucht man, in der Transaktion *PFCG* einen Transaktionscode in einem System zu erzeugen, in dem Änderungen am Repository nicht zulässig sind, erhält man eine entsprechende Fehlermeldung. Transaktionscodes sollten nur per Transport in ein Produktivsystem gelangen können.

In den folgenden drei Abschnitten werden wir das rollenspezifische Menü (Abschnitt 3.2.2) und die Bearbeitung der Berechtigungswerte einer Rolle betrachten. Sie erfahren dabei u. a. Hintergründe zu Vorschlagswerten bei der Berechtigungspflege (Abschnitt 3.2.3) sowie Besonderheiten bei der Pflege organisationsbezogener Berechtigungen (Abschnitt 3.2.4).

3.2.2 Bedeutung des Rollenmenüs

SAP-Anwender können im SAP-System mit zwei verschiedenen Menüs arbeiten: Dem *Benutzermenü*, das auf Basis der spezifischen Berechtigungen eines Benutzers individuell generiert wird, oder dem ausgelieferten Standard, dem *SAP-Menü*. Abbildung 3.17 zeigt die beiden Schaltflächen, mit denen man im *SAP Easy Access* zwischen beiden Menüs wechseln kann. ❶ ist der Schalter für das Benutzermenü, über ❷ wechseln Sie in das Standardmenü der SAP.

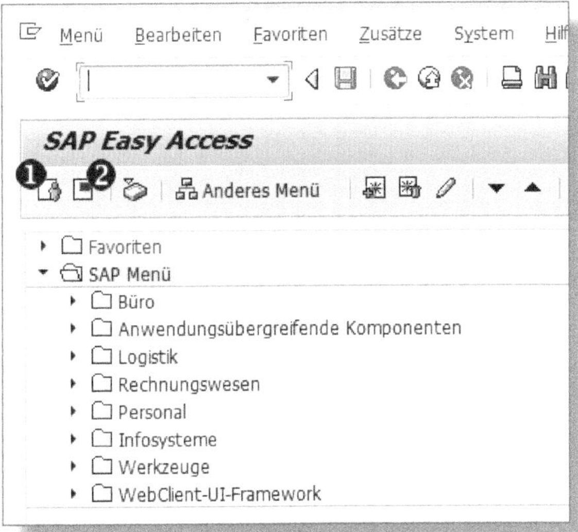

Abbildung 3.17: Umschalten zwischen Benutzermenü und SAP-Easy-Access-Menü

Bereits in Abbildung 2.9 war erkennbar, dass bei der Bearbeitung von Rollen auch die Pflege rollenspezifischer Menüs vorgesehen ist. Das *Benutzermenü* wird nun vom System auf Basis der Rollen eines Benutzers generiert, indem es aus den rollenspezifischen Menüs aller Rollen eines Benutzers zusammengestellt bzw. abgemischt wird. Benutzer mit identischen Berechtigungen (d. h. mit denselben Rollen und dadurch auch denselben Berechtigungen) haben auch übereinstimmende Benutzermenüs – Benutzer mit zwar gleichen Berechtigungen, die aber über verschiedene Rollen erteilt werden, können dementsprechend unterschiedliche Benutzermenüs haben (insbesondere, wenn Transaktionen in mehreren Rollen gleichzeitig enthalten sind).

Abbildung 3.18 zeigt die Registerkarte in der Transaktion *PFCG* mit den Funktionen, die einem Systemadministrator zur Pflege eines rollenspezifischen Menüs zur Verfügung stehen.

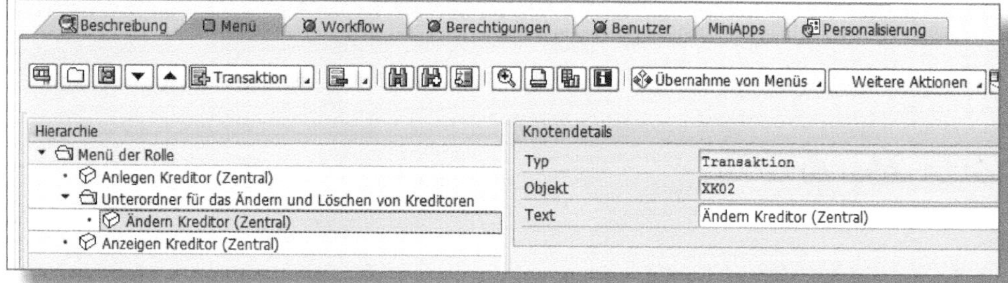

Abbildung 3.18: PFCG Pflege des Rollenmenüs

Die Gestaltung eines *Rollenmenüs* in der Transaktion *PFCG* ist flexibel und weitgehend unabhängig vom SAP-Menü. Für den im Menü der Rolle markierten Eintrag werden rechts KNOTENDETAILS angezeigt. Der TYP und das OBJEKT des Knotens (Transaktion *XK02*) sind nicht änderbar, erneuert werden kann aber die Bezeichnung (TEXT). Diese Änderung erfolgt nur innerhalb der Rolle für das Rollenmenü. Abbildung 3.19 zeigt eine überarbeitete Version des Rollenmenüs, in der die Bezeichnung der Transaktion *XK02* geändert und zudem eine weitere Transaktion in den Unterordner aufgenommen wurden (*FK06* für kreditorische Löschvormerkungen).

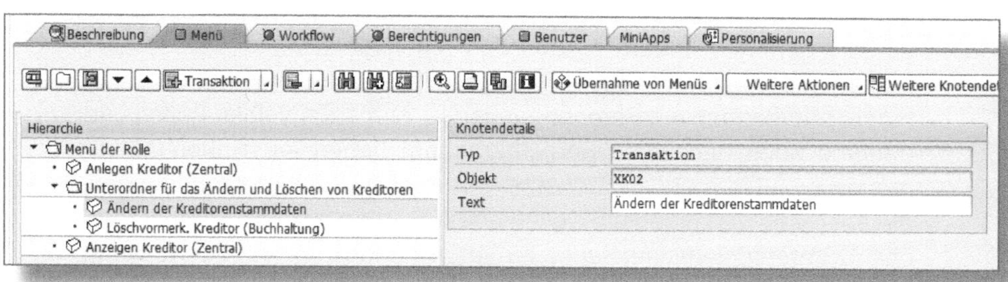

Abbildung 3.19: Gepflegtes Rollenmenü

Abbildung 3.20 zeigt schließlich ein einfaches Benutzermenü, das aus den Rollenmenüs zweier dem Benutzer zugeordneter Rollen generiert wurde, darunter die Beispielrolle aus der letzten Abbildung.

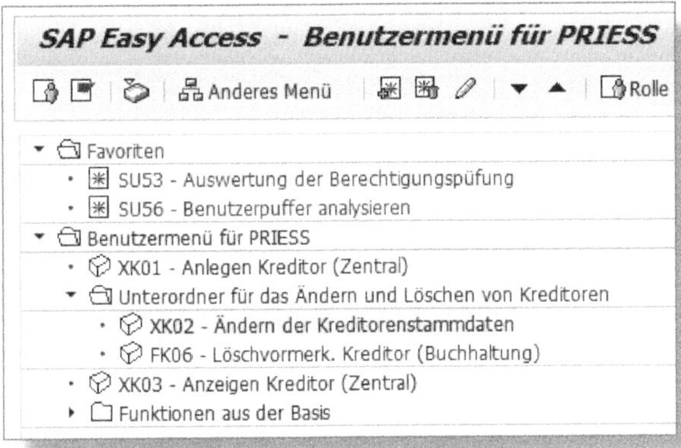

Abbildung 3.20: Individuelles Benutzermenü aus mehreren Rollen

Die Verwendung des Benutzermenüs ist aus Sicht von Anwendern zumeist praktisch, da dort nur die Transaktionen verfügbar sind, für die tatsächlich Berechtigungen zu deren Start vorhanden sind und die gemäß dem zugrunde liegenden Konzept für die systembasierten Aufgaben benötigt werden.

! Benutzermenüs mit mehrfach zugeordneten Transaktionen

Für das Benutzermenü ist zu beachten: Ist eine Transaktion in mehreren Rollen eines Benutzers enthalten, wird sie im Benutzermenü grundsätzlich nicht mehrfach angezeigt. Die Transaktion findet sich im Benutzermenü an der Stelle, an der sie in einer der Rollen zuerst vorkommt. In allen weiteren Rollenmenüs wird sie nicht mehr angezeigt.

Praktischer als das Benutzermenü, das wie beschrieben für jeden SAP-Benutzer abhängig von den ihm zugeordneten Rollen anders aussehen kann, finden Systembetreuer im Support u. U. das **SAP-Easy-Access-Menü**, da dieses für alle Benutzer identisch aussieht und dadurch die Kommunikation des Supports mit den Anwendern über Menüpfade vereinfacht wird.

☛ Favoriten als Alternative zur Navigation über die Menüs

Eine beliebte Alternative zur Navigation im System über das Benutzermenü stellen die eigenen *Favoriten* dar, die jeder Anwender gemäß persönlicher Vorstellungen eigenständig gestalten kann, inklusive deren individueller Sortierung in Ordnern und Unterordnern sowie Änderung der Bezeichnungen. Die FAVORITEN sind im SAP Easy Access oberhalb des ausgewählten Menüs zu finden, wie z. B. in Abbildung 3.20 zu erkennen. Da sie benutzerabhängig und entsprechend individuell verschieden sind, eignen sie sich nicht für die Kommunikation mit dem SAP-Support. Es bietet sich an, bei der Beschreibung von Fehlern oder Vorgehensweisen statt Menüpfaden bzw. Bezeichnungen von Favoriten auf Transaktionscodes auszuweichen.

In Bezug auf Einheitlichkeit einerseits und Individualität andererseits steht das Benutzermenü zwischen dem SAP-Menü und den benutzerindividuellen Favoriten:

- SAP-Menü: einheitlich für alle Anwender, Änderungen werden durch die SAP vorgenommen;
- Benutzermenü: benutzerindividuell, Änderungen durch die zuständigen Systembetreuer in der Unternehmung möglich;
- Favoriten: benutzerindividuell, Änderungen durch die Anwender selbst möglich.

3.2.3 Wie kommen konkrete Berechtigungen in Rollen und Profile?

Wichtiger als die Zusammenstellung der im vorigen Abschnitt beschriebenen rollenspezifischen Menüs über die Transaktion *PFCG* sind die erforderlichen Berechtigungen zur Ausführung der in einer Rollen enthaltenen Transaktionen. In Abschnitt 3.1 wurde die Komplexität des SAP-Berechtigungswesens bereits deutlich: Es geht neben der

Regelung des Zugriffs auf Transaktionen genauso um den Schutz der im System verarbeiteten Daten und der dafür bereitgestellten Systemfunktionen innerhalb der Transaktionen. Für viele Transaktionen ist eine Vielzahl an Berechtigungen erforderlich – zuallererst die Berechtigung, eine Transaktion überhaupt starten zu dürfen.

Wesentlicher Vorteil des Profilgenerators *PFCG* gegenüber der früher üblichen manuellen Profilpflege ist die Funktionalität der *Vorschlagswerte* für benötigte Berechtigungsobjekte und -werte. Diese werden vom System ausgehend von den im Rollenmenü eingefügten Transaktionen ermittelt. Der Systembetreuer, der Berechtigungen bearbeitet, kann den Vorschlag übernehmen, ihn ändern oder ergänzen und anschließend die Profile generieren. Der Absprung in die Pflege der Berechtigungsdaten für eine Rolle ist in der *PFCG* in der Registerkarte BERECHTIGUNGEN möglich, wie Abbildung 3.21 zeigt.

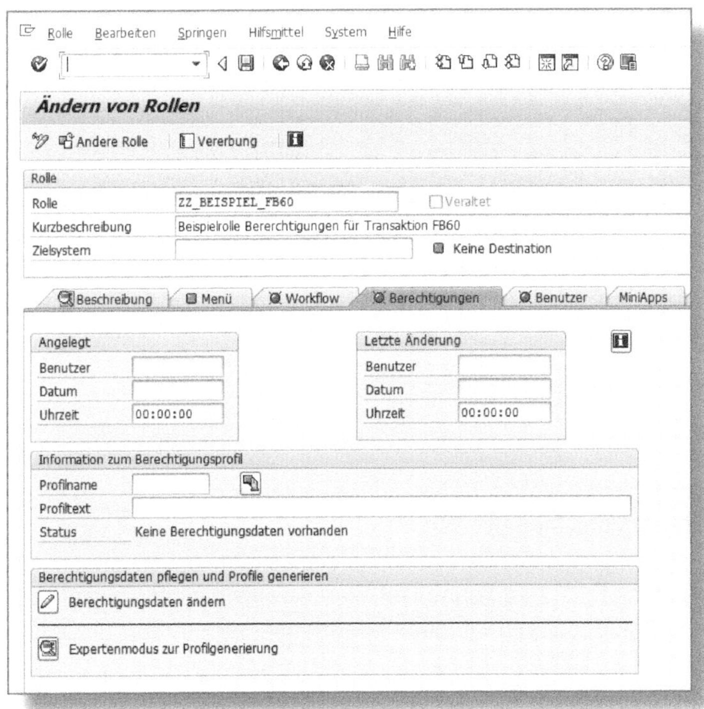

Abbildung 3.21: PFCG – Ändern von Rollen und Berechtigungen

In Abbildung 3.21 ist der Absprung in die Berechtigungsdaten der ROLLE *ZZ_BEISPIEL_FB60* über den Schalter BERECHTIGUNGSDATEN ÄNDERN möglich. Die Beispielrolle enthält ausschließlich die Transaktion *FB60* (Erfassen einer Kreditoren-Rechnung). Abbildung 3.22 zeigt die zunächst unbearbeiteten Vorschlagswerte dieser Rolle, d. h. die Vorschlagswerte zur Transaktion.

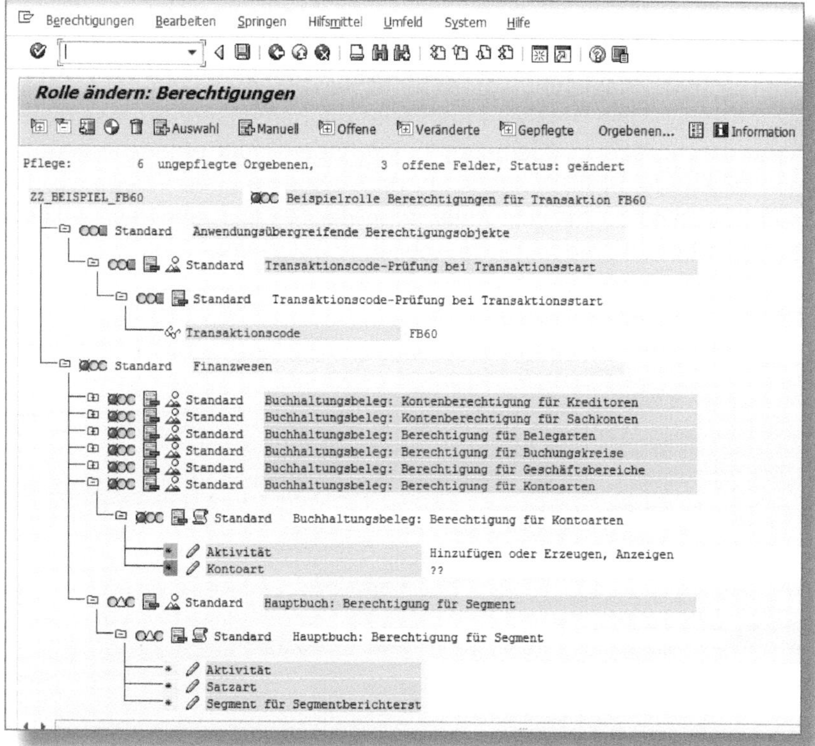

Abbildung 3.22: PFCG-Berechtigungsdaten einer Rolle mit unbearbeiteten Vorschlagswerten

Wie in Abbildung 3.22 zu erkennen ist, werden alle in einer Rolle enthaltenen Berechtigungsobjekte in einer hierarchischen Struktur gruppiert, im Beispiel in »Anwendungsübergreifende Berechtigungsobjekte« und »Finanzwesen«. Innerhalb der Gruppen erfolgt die Sortierung anhand der ID der Berechtigungsobjekte. Die Navigation in der Hierarchie ist wie üblich über Klicks auf das Zeichen vor einem Hierarchieknoten möglich: In dieser Darstellung handelt es sich um ein Kästchen mit einem Plus (zugeklappt) oder Minus (aufgeklappt).

☛ Gruppierung der Berechtigungsobjekte in einer Rolle

Technisch handelt es sich bei der Gruppierung der Berechtigungsobjekte, die zunächst wie eine Modulzuordnung aussieht, um die Zuordnung zu einer *Berechtigungsobjektklasse*.

In Abbildung 3.22 ist zu erkennen, dass die Berechtigungen unterschiedliche *Pflegestatus* haben: Während eine grüne Berechtigungsampel anzeigt, dass es im Berechtigungsobjekt theoretisch keinen Anpassungsbedarf gibt, verdeutlicht die gelbe Ampel, dass kein Vorschlag für die Berechtigungswerte existiert – und eine manuelle Pflege der Berechtigungswerte benötigt wird. Die rote Ampel deutet auf eine ungepflegte Orgebene hin (vgl. hierzu den folgenden Abschnitt 3.2.4).

Abbildung 3.23 zeigt einige Berechtigungsobjekte in der Beispielrolle nach der Pflege der Berechtigungsdaten. Da bei der Bearbeitung die technischen Namen eingeblendet wurden, ist in der Abbildung gut zu erkennen, dass das Berechtigungsobjekt *F_BKPF_BLA* in der Rolle doppelt vorhanden ist: Einer der beiden Einträge wurde manuell ergänzt, und beide Einträge unterscheiden sich hinsichtlich der Kombinationen von Berechtigungswerten.

Nur über mehrfach zugeordnete Berechtigungsobjekte ist es möglich, für Ausprägungen eines Objekts z. B. unterschiedliche Aktivitäten zu hinterlegen. Theoretisch ist es dabei unerheblich, ob diese nur in einer oder in verschiedenen Rollen enthalten sind, die einem Benutzer zugeordnet sind.

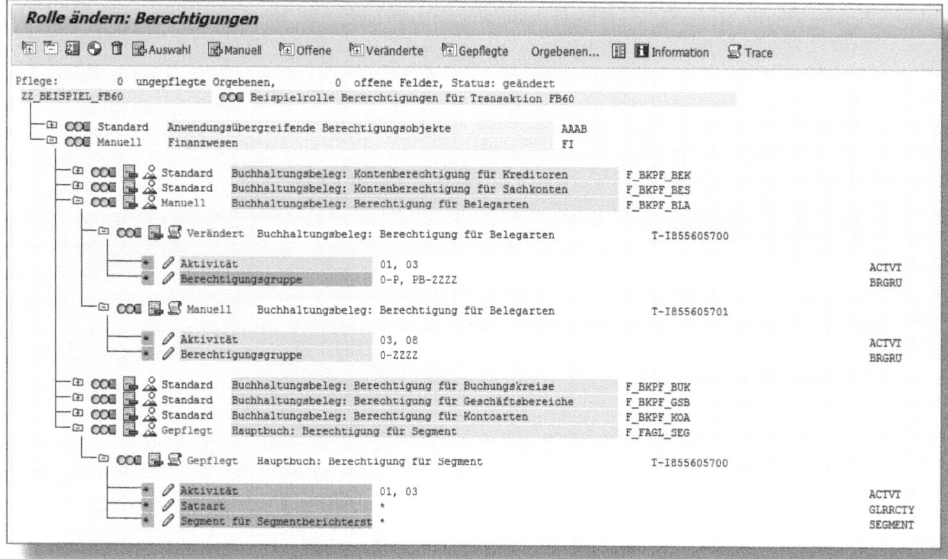

Abbildung 3.23: PFCG – gepflegte Berechtigungsdaten der Beispielrolle

Mehrfach zugeordnete Berechtigungsobjekte

Das in Abbildung 3.23 in der Rolle doppelt vorhandene Berechtigungsobjekt F_BKPF_BLA steuert die Berechtigungen für unterschiedliche Belegarten in der Finanzbuchhaltung: Über Belegarten werden beispielsweise eingehende (kreditorische) und ausgehende (debitorische) Belege unterschieden, Rechnungen von Gutschriften, Zahlungsbuchungen von Stornos usw. Für einige Belegarten kann über Berechtigungsgruppen ein spezifischer Schutz erreicht werden: Die Aktivitäten 03 (Anzeigen) und 08 (Änderungsbelege anzeigen) sind für alle Berechtigungswerte von 0 bis ZZZZ vorgesehen, für die Aktivität 01 (Hinzufügen) ist jedoch ein Intervall ausgeschlossen (Berechtigungsgruppen zwischen P und PB). In dieses könnte z. B. die Berechtigungsgruppe PABR fallen, die für »Personalabrechnung« steht. Den Benutzern, denen die Beispielrolle zugeordnet ist, wäre damit zwar die Anzeige, aber nicht das Hinzufügen (also Buchen bzw. Erfassen) von Personalabrechnungsbelegen möglich.

Vorschlagswerte für die Berechtigungsdaten einer Rolle kommen aus einer Systemtabelle, die SAP ausliefert. Diese Vorschläge müssen durch den Systembetreuer i. d. R. manuell nachbearbeitet werden: Nicht alle Vorschläge sind passgenau für die Aufgabe, aus der sich die Transaktionszuordnung in der Rolle ergeben hat. Insbesondere können Feinheiten in den organisatorischen Abläufen, die berechtigungstechnisch ausgesteuert werden sollen oder müssen, kaum über transaktionsabhängige Vorschlagswerte bereits berücksichtigt sein, wenn innerhalb derselben Transaktionen Unterscheidungen erforderlich sind.

Vorschlagswerte für die Bearbeitung der Berechtigungen

Die Vorschlagswerte für die Berechtigungen in der Rollenpflege über die *PFCG* können systemabhängig angepasst werden. Sofern alle Mandanten eines Systems zur selben Unternehmung gehören, können auch unternehmungsindividuelle Vorschlagswerte hinterlegt werden, um den Nachbearbeitungsaufwand bei der Rollenbearbeitung zu minimieren. Eine Nachbearbeitung bleibt aber erforderlich, sofern sich die geschäftsprozessbezogenen Feinheiten nicht auf Basis von Transaktionen differenzieren lassen.

Da im SAP-System viele Transaktionen eindeutig bestimmte Aktivitäten beinhalten und andere ausschließen, passen die Berechtigungsvorschläge bzgl. der Aktivitäten häufig gut: Beispielsweise enden in SAP ERP Transaktionscodes zum Anlegen von Objekten häufig auf »01«, jene zum Ändern auf »02« und Anzeige-Transaktionen auf »03«. In diesen Fällen kann der Berechtigungsvorschlag für das Berechtigungsfeld »Aktivität« schon aus der Transaktion abgeleitet werden.

Vorschlagswerte für das Berechtigungsfeld ACTVT abhängig vom Transaktionscode

Beispiele aus dem Rechnungswesen für Transaktionscodes, die direkte Rückschlüsse auf die vom Benutzer benötigten Aktivitäten zulassen:

- Kreditor anlegen (FK01 bzw. XK01), ändern (FK02 bzw. XK02) und anzeigen (FK03)
- Beleg buchen (FB01), ändern (FB02) und anzeigen (FB03)
- Beleg vorerfassen (FV01), vorerfassten Beleg ändern (FBV2) und vorerfassten Beleg anzeigen (FBV3)

Umgekehrt gibt es Transaktionen, die für alle Aktivitäten genutzt werden und in denen per Schalter zwischen diesen gewechselt werden kann. Für solche Transaktionen ist ein zielgenauer Vorschlag von Berechtigungswerten für Aktivitäten nicht möglich, da der Einsatzzweck der Transaktion nicht eindeutig ist.

Transaktion ohne zielgenauen Vorschlag von Aktivitäten

Ein Gegenbeispiel zu den Transaktionen, bei denen der Transaktionscode bereits Rückschlüsse auf die durchzuführenden Aktivitäten gibt, ist die Transaktion zum Anlegen, Ändern und Anzeigen von Sachkonten über Transaktionscode *FS00*. Die Schalter, über die in der Transaktion die gewünschte Bearbeitung gewählt werden kann, sind in Abbildung 3.24 dargestellt.

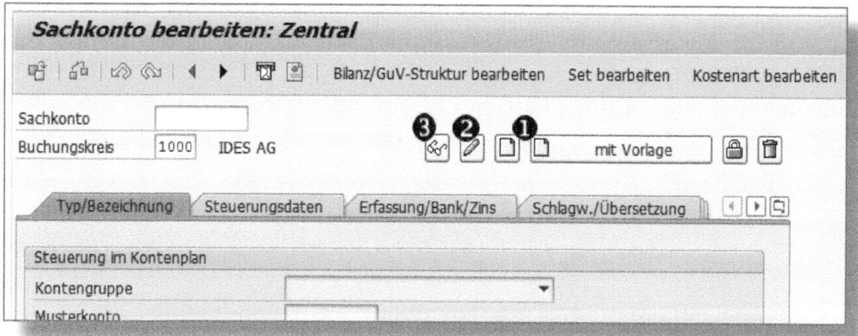

Abbildung 3.24: Transaktion FS00 mit Auswahlschaltern für verschiedene Aktivitäten

Die Callout-Ziffern in Abbildung 3.24 sind analog zu den Aktivitäten gewählt: ❶ für Hinzufügen (01), ❷ für Ändern (02) und ❸ für Anzeigen (03).

3.2.4 Was sind Orgebenen in einer Rolle?

Wie bereits in Abschnitt 3.1.1 erwähnt, sind als besondere Berechtigungsfelder solche zu werten, über die sich die verschiedenen Ebenen in der organisatorischen Struktur der Unternehmung abbilden lassen. Die Differenzierung organisationsbezogener Merkmale der Unternehmung in einem SAP-System gehört zu den wichtigsten Anforderungen an das Berechtigungswesen: Zum Beispiel dürfen personenbezogene Daten nicht von allen Mitarbeitern der Unternehmung angezeigt oder gar bearbeitet werden. Nur Mitarbeiter der Personalabteilung benötigen Zugriff auf die Stammdaten aller Mitarbeiter. Hier gelten strenge Vorgaben, u. a. aufgrund gesetzlicher Regelungen im Rahmen des Datenschutzes.

Diese gelten genauso für die monatlichen Personalabrechnungsdaten. Hierfür benötigen zumeist jedoch die Kostenstellenverantwortlichen in der ganzen Unternehmung zusätzliche Anzeigeberechtigungen – jeweils begrenzt auf ihren Verantwortungsbereich.

Während Zugriffsrechte zur Anzeige von Mitarbeiterstammdaten ggf. noch über Transaktionsberechtigungen gesteuert werden könnten (nur wenige Personen benötigen im Modul HCM Zugriffsrechte für Stammdaten), haben die diversen Kostenstellenverantwortlichen in einer Unternehmung weitgehend die gleichen Berechtigungen für Transaktionen/Berichte zur Überwachung von Kosten und/oder Budgets. Um einen auf den Verantwortungsbereich bezogenen Zugriff abzubilden, muss ein geeignetes organisationsbezogenes Merkmal vorhanden sein, über das eine hinreichende und sachgerechte Differenzierung der Zugriffsrechte möglich ist. Entsprechende Berechtigungsfelder müssen sowohl grundsätzlich bei der Konzeption der SAP-Berechtigungen (vgl. hierzu Abschnitt 6.3.3) als auch im Tagesgeschäft bei der Bearbeitung von Benutzerberechtigungen besonders sorgfältig berücksichtigt werden.

Bei der Berechtigungspflege in der Transaktion *PFCG* wird dem besonderen Stellenwert der organisationsbezogenen Berechtigungsfelder durch eine spezielle Funktionalität Rechnung getragen: Für Berechtigungsfelder, die im System als sogenannte *Orgebene* gekennzeichnet sind, können innerhalb einer Rolle die passenden Berechtigungswerte für alle enthaltenen Berechtigungsobjekte einmal an zentraler Stelle hinterlegt werden. Diese Berechtigungswerte werden dann in der Rolle für alle Berechtigungsobjekte übernommen, die das betreffende Feld aufweisen. Die Pflege der Daten im Pop-up, das in Abbildung 3.25 zu sehen ist, erreichen Sie über den Schalter ORGEBENEN...

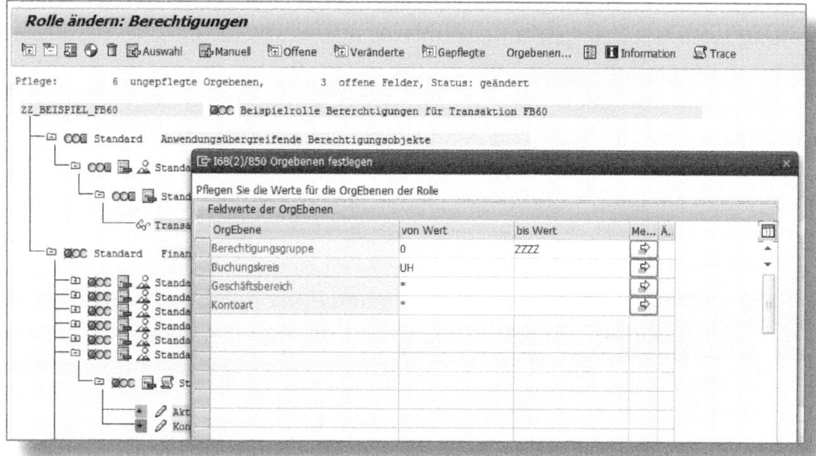

Abbildung 3.25: PFCG – Orgebenen festlegen

Eine manuelle Pflege der Berechtigungswerte für ein Berechtigungsfeld, das als »Orgebene« geführt wird, ist immer möglich. Es kann sogar erforderlich sein, um Spezifika der Geschäftsprozesse der Unternehmung abbilden zu können. Die manuelle Pflege von Orgebenen in Rollen sollte allerdings nur eine begründete Ausnahme und nicht die Regel sein.

Orgebene und abweichende Ausprägung in einer Rolle

Die Berechtigungswerte für das Berechtigungsfeld »Buchungskreis« sind ein gutes Beispiel für die manuelle Pflege von Berechtigungen abweichend von den in der Rolle gepflegten Berechtigungsdaten zur Orgebene: Bei der Pflege der Orgebene in der Rolle (Abbildung 3.25) ist nicht zu sehen, ob in dieser Rolle für einzelne Berechtigungsobjekte abweichende Berechtigungswerte gepflegt sind. Umgekehrt ist in Abbildung 3.13 jedoch ein Hinweis zu erkennen, dass es sich im abgebildeten Berechtigungsobjekt bei den Berechtigungswerten zum Feld »Buchungskreis« um eine individuelle Pflege gehandelt hat: Die manuell gepflegten Berechtigungswerte können von denen der Orgebene der Rolle abweichen.

Ob ein Berechtigungsfeld im SAP-System eine Orgebene bildet, ist z. B. in der Transaktion zur Anzeige der Berechtigungsfelder ersichtlich (vgl. Abbildung 3.3). Dort wird der Hinweis im Bereich BERECHTIGUNGSFELD KOPFDATEN angezeigt.

Unternehmungsspezifische Orgebenen

Es ist möglich, neben den von SAP ausgelieferten Orgebenen weitere (eigene) Felder als Orgebenen zu definieren, um die damit verbundenen Vorteile und Vereinfachungen im Rahmen der Berechtigungsadministration nutzen zu können.

3.3 Berechtigungen von SAP-Benutzern

3.3.1 Was ist der Benutzerpuffer?

Die Berechtigungen von Benutzern sind in Tabellen in der Datenbank des SAP-Systems gespeichert. Führt das System eine Berechtigungsprüfung durch (vgl. hierzu Abschnitt 4.1), werden die Benutzer-Berechtigungen aus Performancegründen nicht aus diesen Datenbanktabellen gelesen, sondern aus dem *Benutzerpuffer*. Dieser liegt im Hauptspeicher des Applikationsservers. Darin sind die Berechtigungen aller angemeldeten Benutzer für einen schnellen Zugriff zwischengespeichert.

Bei der Anmeldung eines Benutzers werden dessen Berechtigungen in den Benutzerpuffer geladen und dort vorgehalten, solange er im System angemeldet bleibt. Dabei ermittelt das System die Berechtigungsdaten aus den Profilen, die dem Benutzer entweder direkt oder indirekt über Rollen zugeordnet sind.

Der Benutzerpuffer kann von dazu berechtigten Systembetreuern über die Transaktion *SU56* aufgerufen werden. Abbildung 3.26 zeigt am Beispiel des Benutzers ZUFALL_R, wie die Berechtigungen im Benutzerpuffer beim Aufrufen angezeigt werden.

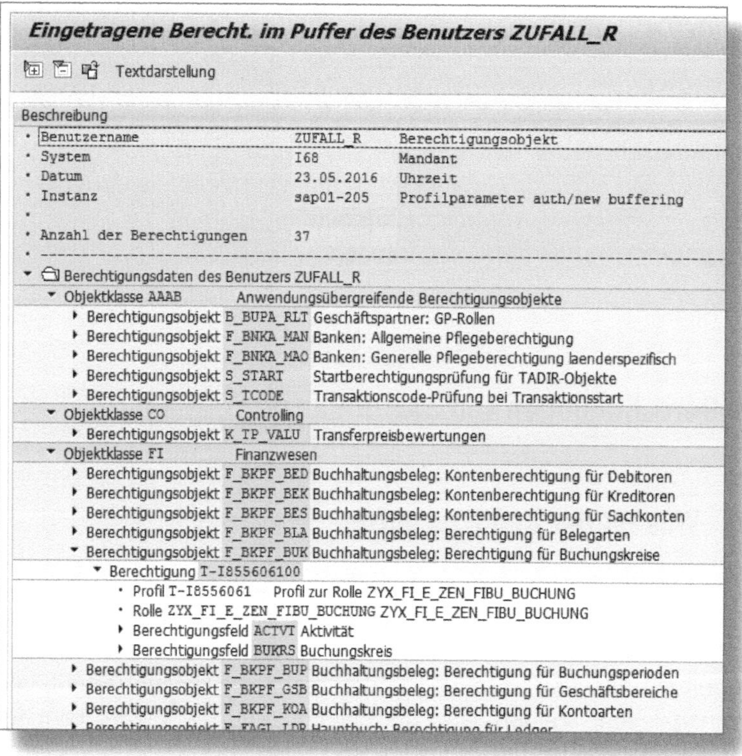

Abbildung 3.26: Anzeige des Benutzerpuffers in der SU56

Im Kopfbereich der *SU56*-Anzeige stehen zunächst Angaben wie der BENUTZERNAME, DATUM und UHRZEIT der Auswertung sowie SYSTEM und MANDANT. Darunter befindet sich der Detailbereich, der in einer hierarchischen Liste folgende Informationen bereitstellt:

- Die im Benutzerpuffer eingetragenen Berechtigungen sind zunächst nach sogenannten *Objektklassen* gruppiert und dabei nach der ID der Objektklassen sortiert.
- Innerhalb der Objektklassen werden diejenigen Berechtigungsobjekte aufgelistet, für die Berechtigungen vorliegen, sortiert nach ihrer ID.
- Für jedes Berechtigungsobjekt werden dann alle für den Benutzer vorliegenden Berechtigungen angezeigt, sortiert nach der technischen ID der Berechtigung.
- Für jede Berechtigung werden auf der letzten Hierarchieebene schließlich Angaben zum Profil und ggf. zur Rolle, zu der das Profil gehört, dargestellt, sowie alle Berechtigungsfelder des Berechtigungsobjekts mit den konkreten Berechtigungswerten innerhalb der Berechtigung.

Durch Anklicken der Pfeile vor einem Eintrag lassen sich die Details der jeweiligen nächsten Ebene ein- oder ausblenden.

Anzeige des Benutzerpuffers über Transaktion SU56

In Abbildung 3.26 sind Details für das Berechtigungsobjekt *F_BKPF_BUK* zu erkennen, da der entsprechende Eintrag bis auf die unterste Ebene geöffnet wurde. Der Anwender ZUFALL_R hat für dieses Berechtigungsobjekt genau eine Berechtigung (*T-I855606100*) aus dem Profil zu einer Rolle (*ZYX_FI_E_ZEN_FIBU_BUCHUNG*).

Anders in der nachstehenden Abbildung 3.27: Für das hier ausgewählte Berechtigungsobjekt *S_TCODE* sind Berechtigungen in den Profilen von vier Rollen enthalten. Die Berechtigungswerte unterscheiden sich im Beispiel, könnten im Prinzip aber auch mehrfach vorkommen.

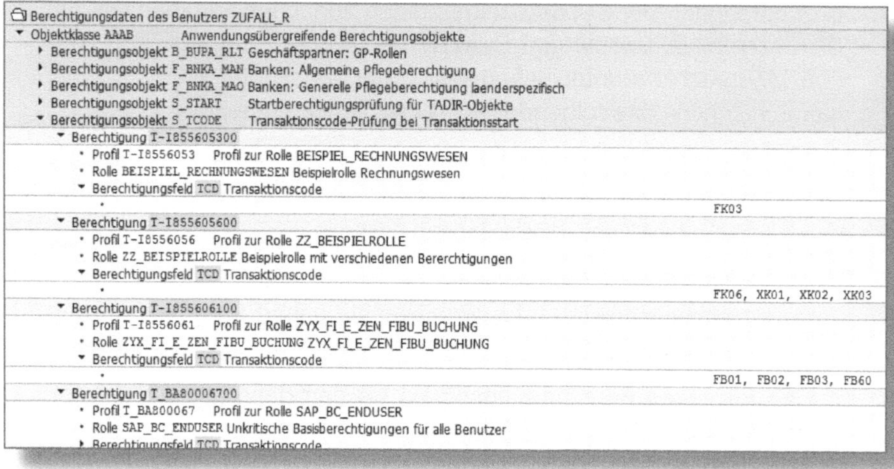

Abbildung 3.27: SU56-Anzeige mit mehreren Berechtigungen zu einem Berechtigungsobjekt

> **Aufteilung von Berechtigungen auf mehrere Rollen**
>
> Wie bereits in Abschnitt 2.3.1 erwähnt, ist es unerheblich, ob und wie die Berechtigungen eines Nutzers auf diverse Rollen oder Profile verteilt werden: Die Gesamtheit der dem Benutzer zugewiesenen Berechtigungen bestimmt über die Ergebnisse der Berechtigungsprüfungen im System. Im Benutzerpuffer sind Rolle und Profil, über die einem Benutzer eine spezifische Berechtigung zugeordnet ist, zwar auswertbar, jedoch nachrangig. Pro Berechtigungsobjekt werden konkrete Berechtigungen aufgelistet, unabhängig davon, über welches Objekt sie dem Benutzer zugeordnet wurden.

Zur Navigation in den Berechtigungsdaten eines Benutzers steht in der Symbolleiste der Transaktion *SU56* das Fernglas zur Verfügung. Suchen bzw. finden lassen sich darüber alle Texte im angezeigten Dynpro – sowohl IDs und Bezeichnungen der Berechtigungsobjekte und Berechtigungsfelder als auch (wie im Beispiel in der folgenden Abbildung 3.28) konkrete Berechtigungswerte. Aufgeführt wird dabei immer der nächste Treffer ab der letzten Cursor-Position, sodass über WEITERSUCHEN zusätzliche Treffer gefunden werden müssen.

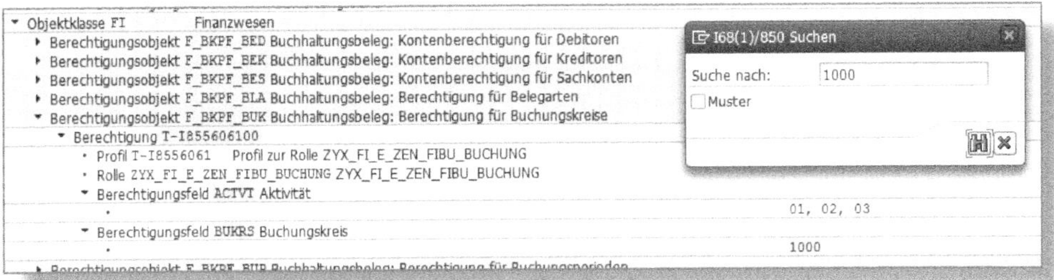

Abbildung 3.28: Suche in der SU56

Beim Aufruf der Transaktion *SU56* wird zunächst immer der Benutzerpuffer des angemeldeten Benutzers angezeigt. Darüber hinaus besteht die Möglichkeit, sich über einen Schalter in der Menüleiste (oder Funktionstaste F5) den Benutzerpuffer eines anderen Benutzers anzeigen zu lassen.

Der Benutzerpuffer muss nach Änderungen an den Benutzerberechtigungen aktualisiert werden, damit die neuen Berechtigungen wirksam werden. Dieses geschieht z. B. beim bereits erwähnten Benutzerabgleich, den ein Administrator bei der Bearbeitung von Benutzern, Rollen oder Profilen im SAP-System durchführen kann. In vielen Fällen gelingt die Aktualisierung des Benutzerpuffers, noch während der Benutzer im System angemeldet ist. Manchmal ist es jedoch erforderlich, dass er sich am System abmeldet und danach wieder neu anmeldet, damit die neuen Berechtigungen verfügbar sind (vgl. auch Abschnitt 3.3.2).

3.3.2 Auswirkungen von Änderungen an Rollen und Profilen auf Anwender

Zu den unbeliebtesten Ratschlägen in Bezug auf die Nutzung technischer Geräte gehört der Hinweis eines Systembetreuers, für eine Problemlösung das betreffende Gerät einmal kurz aus- und anschließend wieder anzuschalten. Dies gilt umso mehr für die Nutzung von Computern. Der Neustart eines Rechners kann tatsächlich eine Vielzahl von Problemen lösen oder zumindest helfen, mögliche Fehlerursachen auszuschließen.

Auch bezogen auf die Nutzung eines SAP-Systems und konkret bei Berechtigungsproblemen kann die Ab- und erneute Anmeldung eines Benutzers hilfreich sein – aber nur nach einem Hinweis seitens des zuständigen Systembetreuers, dass eine vorgenommene Änderung möglicherweise erst nach einer neuen Anmeldung wirksam wird.

Nach der Bearbeitung einer Rolle, z. B. nach dem Hinzufügen einer neuen Transaktion oder der Änderung von Berechtigungswerten in den Berechtigungsdaten einer Rolle, müssen diese Anpassungen vom Systembetreuer zunächst gespeichert werden. Da technisch jedoch nicht die Rollen, sondern die ihnen zugeordneten Profile im Hinblick auf die Berechtigungsprüfungen relevant sind, muss neben dem Speichern einer Rolle außerdem das zugehörige Profil neu generiert werden. Das System erinnert den Rollenbearbeiter mit einer entsprechenden Meldung an beide Schritte, wie in Abbildung 3.29 dargestellt.

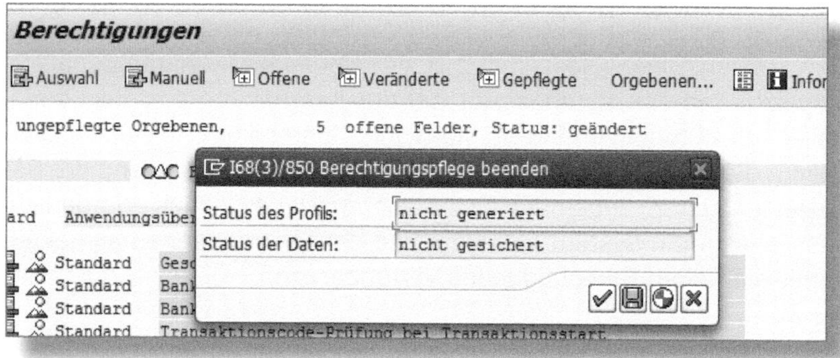

Abbildung 3.29: Systemmeldung nach Bearbeitung der Berechtigungsdaten einer Rolle ohne Speichern und Generieren

Nach dem Generieren eines Profils verfügen alle Anwender spätestens ab der nächsten Anmeldung über die neuen, aktualisierten Berechtigungen.

Es ist allerdings möglich, dass sich Änderungen an den Berechtigungen eines Benutzers unmittelbar auswirken, und zwar auch auf andere angemeldete Benutzer. Das SAP-System versucht eine Aktualisierung des im vorigen Abschnitt beschriebenen *Benutzerpuffers* für alle angemeldeten Benutzer, denen die gerade bearbeitete Rolle zugeordnet ist. Diese Aktualisierung ist in vielen Fällen erfolgreich. Beim Generieren von Profilen in Produktivsystemen zeigt das System dem Rollenbearbeiter jedoch die Möglichkeit an, dass die Aktualisierung fehlschlägt, und verweist dabei auf potenzielle Auswirkungen auf den Benutzerpuffer (siehe Abbildung 3.30).

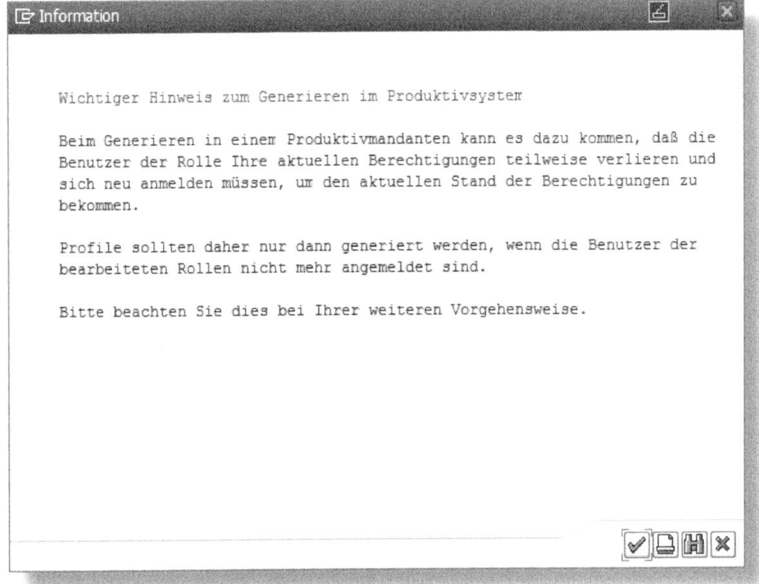

Abbildung 3.30: Warnmeldung beim Generieren von Profilen im Produktivsystem

In der Praxis sollte man die Risiken und Nebenwirkungen entsprechend abwägen und z. B. Rollen mit vielen zugeordneten Benutzern nur in Randzeiten neu generieren, wenn möglichst nur noch wenige der betroffenen Anwender gerade im System arbeiten.

☛ Berechtigungsänderungen in Produktivsystemen

In einigen Unternehmungen werden Berechtigungen von Anwendern aufgrund der nicht vollständig auszuschließenden Auswirkungen auf die Berechtigungen angemeldeter Benutzer nicht im laufenden Betrieb im Produktivsystem aktualisiert: Die Generierung aktueller Profile kann von den Systembetreuern als Job über Nacht eingeplant werden. Abzuwägen ist hier zwischen der Dringlichkeit aktueller Berechtigungen sowie den Risiken und Nebenwirkungen für alle im System angemeldeten Anwender.

Technisch von der Aktualisierung eines Benutzerpuffers zu unterscheiden ist der Fall, bei dem einem Nutzer eine ganz neue Rolle zugeordnet wurde: Hier ist nicht nur eine Aktualisierung des Benutzerpuffers erforderlich, sondern vorab ein sogenannter *Benutzerabgleich* vorzunehmen. Dabei wird einem Benutzer das Profil mit der weiteren Rolle neu zugeordnet.

Die klare Antwort auf die Frage, wie sich Änderungen an den Berechtigungen für die im System angemeldeten Benutzer auswirkt, klingt zwar wie eine Floskel, lautet zusammengefasst aber trotzdem: »Es kommt darauf an.« Theoretisch können sie sich unmittelbar auswirken (und das ist in der Praxis sogar sehr häufig der Fall), ganz sicher werden sie aber erst nach einer neuen Anmeldung des Benutzers am System wirksam.

4 Berechtigungsprüfungen im SAP-System

In diesem Kapitel erfahren Sie, wann und wie das SAP-System Berechtigungen überprüft und welche Alternativen es vorhält, um Zugriffe zu regulieren.

Im ersten Abschnitt werden Sie zunächst die verschiedenen Arten von Berechtigungsprüfungen von SAP und die zugehörigen Programmabläufe kennenlernen. Abschnitt 4.2 gibt Ihnen dann einen Überblick über einige modulspezifische Besonderheiten, während in Abschnitt 4.3 auf spezielle Berechtigungsprüfungen eingegangen wird, die für Anwender in allen Modulen von Bedeutung sind, z. B. für Dateizugriffe und Änderungen von Layouts.

Anschließend erhalten Sie in Abschnitt 4.4 einen groben Überblick über die verschiedenen Möglichkeiten, die ein Systembetreuer zur Überprüfung Ihrer Berechtigungen hat.

Der letzte Abschnitt in diesem Kapitel zeigt schließlich kurz auf, welche alternativen Optionen das SAP-System einem Programmierer neben Berechtigungsprüfungen theoretisch noch bietet, um Zugriffe von Anwendern zu begrenzen. Dabei stellt sich die Frage, ob bzw. warum diese Einschränkungen sinnvoll sein könnten, wobei das »Warum« eng mit einem »Für wen« verbunden ist – denn für Sie als Anwender gilt leider: Nicht alles, was wie eine fehlende Berechtigung aussieht, ist auch tatsächlich eine.

4.1 Arten von Berechtigungsprüfungen

Aus den Definitionen der Begriffe »Berechtigungsobjekt« und »Berechtigung«, die Sie in den Abschnitten 3.1.3 und 3.1.4 kennengelernt haben, lässt sich schon gut ableiten, was im Rahmen einer Berechtigungsprüfung in SAP abläuft: Das System überprüft beim Versuch, auf bestimmte Daten oder Funktionen in SAP zuzugreifen, die für einen konkreten Benutzer hinterlegten Berechtigungen, d. h. dessen Berechtigungswerte zu einem Berechtigungsobjekt. Zwei verschiedene Zeitpunkte von Berechtigungsprüfungen lassen sich unterscheiden: zunächst zum Start einer Transaktion bzw. eines Programms und anschließend beim Zugriff auf bestimmte Objekte innerhalb eines Programms.

4.1.1 Was ist eine Transaktionsberechtigung?

Um die Besonderheit der Transaktionsberechtigung zu verstehen, muss man sich erst einmal über den Unterschied zwischen einer Transaktion und einem Programm im Klaren sein. Wie Sie in Abschnitt 1.1.6 erfahren haben, greifen Sie als Anwender im SAP-System in aller Regel über *Transaktionen* auf die Daten und Funktionen des Systems zu. Hinter Transaktionen verbergen sich *Programme*, die Sie aber nicht direkt starten: Das mit der Transaktion verknüpfte Programm startet entweder durch

- die Auswahl einer Transaktion im SAP-Menü, im Benutzermenü bzw. in Ihren Favoriten oder
- die Eingabe eines Transaktionscodes im Kommandofeld in der Menüzeile des SAP-Anwendungsfensters.

Für den Start einer Transaktion müssen Sie natürlich eine Berechtigung besitzen, denn alles, was in SAP nicht explizit erlaubt ist, ist nicht gestattet – eine Schlussfolgerung aus dem Minimalprinzip der Berechtigungsvergabe, wie bereits in Abschnitt 2.1.1 erläutert. Die für den Start einer Transaktion erforderliche Transaktionsberechtigung hat unter den Berechtigungen insofern eine Sonderstellung, als sie bereits *vor* dem Start eines Programms überprüft werden muss. Sie ist in der sogenannten *Laufzeitumgebung* des SAP-Systems implementiert und kann entsprechend nicht umgangen werden.

Das Berechtigungsobjekt für Transaktionsberechtigungen ist *S_TCODE*. Es besteht aus nur einem BERECHTIGUNGSFELD, dem *Transaktionscode* (*TCD*), und ist in Abbildung 4.1 dargestellt.

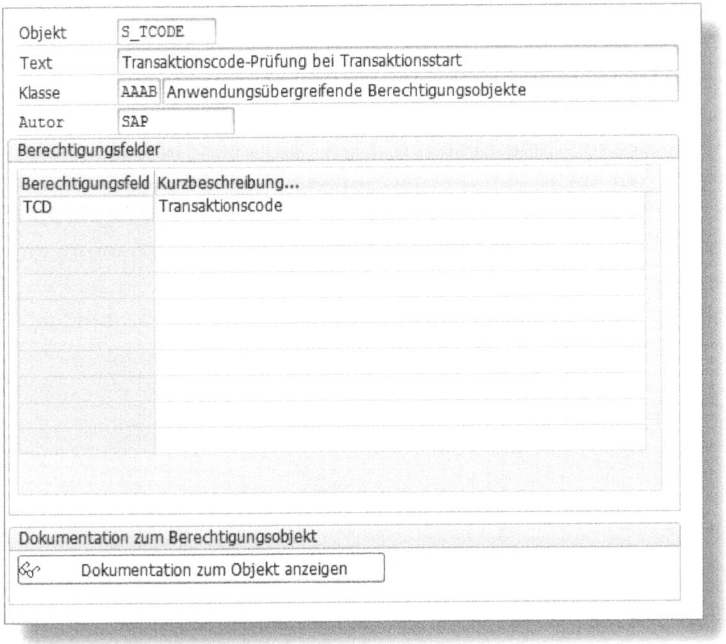

Objekt S_TCODE
Text Transaktionscode-Prüfung bei Transaktionsstart
Klasse AAAB Anwendungsübergreifende Berechtigungsobjekte
Autor SAP

Berechtigungsfelder

Berechtigungsfeld	Kurzbeschreibung...
TCD	Transaktionscode

Dokumentation zum Berechtigungsobjekt

Dokumentation zum Objekt anzeigen

Abbildung 4.1: Berechtigungsobjekt S_TCODE

Trotz der Sonderstellung der Transaktionsberechtigung kann das Berechtigungsobjekt *S_TCODE* genau wie jedes andere im Rahmen von Programmen überprüft werden – sowohl in Standard-SAP- als auch in eigenen Programmen. Wie eine solche Berechtigungsprüfung in einem Programm grundsätzlich funktioniert, wird in Abschnitt 4.1.4 beschrieben.

Die Prüfung der Transaktionsberechtigung wird auch als *Startberechtigungsprüfung* bezeichnet. Da es in den heutigen komplexen, vernetzten Systemlandschaften neben Transaktionsaufrufen auch noch andere technische Varianten von Programmaufrufen gibt, werden wir im folgenden Abschnitt 4.1.2 kurz weitere Startberechtigungsprüfungen betrachten.

4.1.2 Alternative Startberechtigungsprüfungen

Neben dem Starten eines Programms über eine Transaktion, bei dem der Anwender direkt im ausführenden SAP-System angemeldet ist, können über verbundene Systeme heute auch entfernte Programmaufrufe erfolgen, basierend auf ganz unterschiedlichen Technologien (die hier nicht näher betrachtet werden). Die Berechtigungsobjekte, die dann statt *S_TCODE* im Rahmen der Startberechtigungsprüfungen überprüft werden, sind *S_RFC*, *S_SERVICE* und *S_START*. Sie bestehen im Unterschied zu S_TCODE jeweils aus mehreren Berechtigungsfeldern, wie die folgenden Abbildungen zeigen.

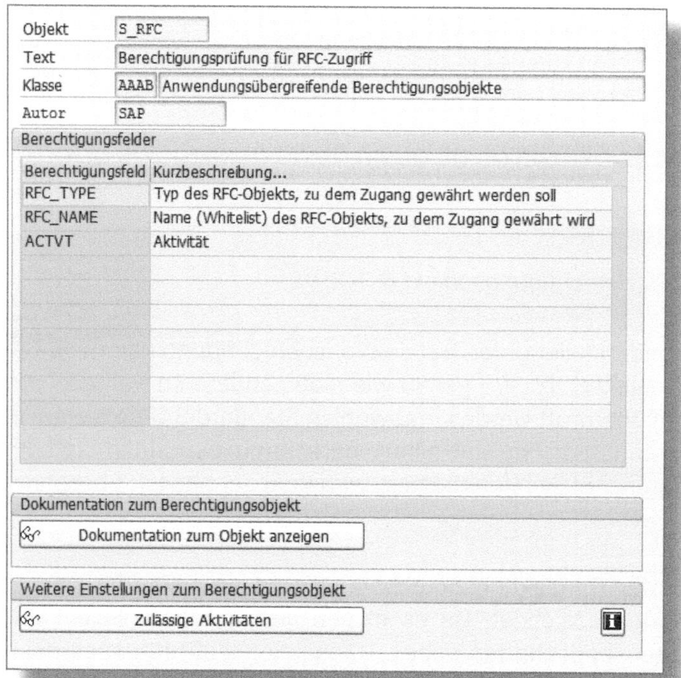

Abbildung 4.2: Berechtigungsobjekt S_RFC

Das Berechtigungsobjekt *S_RFC* wird bei einem sogenannten Funktionsaufruf auf einem anderen System überprüft, häufig im Zusammenhang mit Schnittstellen für den Datenaustausch zwischen zwei

Systemen. *RFC* bedeutet *Remote Function Call*, also entfernter Funktionsaufruf. Das Berechtigungsobjekt besteht aus drei Berechtigungsfeldern, darunter das Berechtigungsfeld *ACTVT*, wie in Abbildung 4.2 zu sehen ist. Die einzige zulässige Aktivität ist allerdings »Ausführen«, d. h., über S_RFC wird ausschließlich überprüft, ob das Starten der jeweiligen Funktion für den Benutzer zulässig ist.

Zulässige Berechtigungswerte

Durch einen Klick auf die in Abbildung 4.2 erkennbare Schaltfläche ZULÄSSIGE AKTIVITÄTEN erhalten Sie die Information, dass die einzige zulässige Aktivität »Ausführen« mit dem Berechtigungswert »16« ist. Wie Sie vielleicht noch aus den Abschnitten 3.1.2 und 3.2 erinnern, werden für das Berechtigungsfeld ACTVT nur die Berechtigungswerte angeboten, die für das jeweilige Berechtigungsobjekt als zulässig hinterlegt sind.

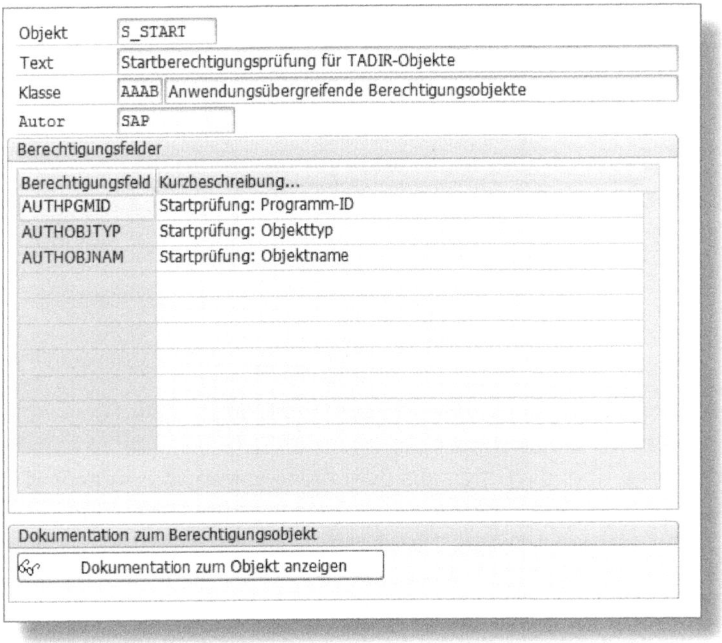

Objekt S_START
Text Startberechtigungsprüfung für TADIR-Objekte
Klasse AAAB Anwendungsübergreifende Berechtigungsobjekte
Autor SAP

Berechtigungsfelder

Berechtigungsfeld	Kurzbeschreibung...
AUTHPGMID	Startprüfung: Programm-ID
AUTHOBJTYP	Startprüfung: Objekttyp
AUTHOBJNAM	Startprüfung: Objektname

Dokumentation zum Berechtigungsobjekt
Dokumentation zum Objekt anzeigen

Abbildung 4.3: Berechtigungsobjekt S_START

Das Berechtigungsobjekt *S_START*, das in Abbildung 4.3 zu sehen ist, wird im Zusammenhang mit sogenannten Web-Dynpro-Anwendungen geprüft. *Web Dynpro* ist eine SAP-Technologie, mit der webgestützte Anwendungen entwickelt werden können. Eine Besonderheit besteht darin, dass die Prüfung dieses Berechtigungsobjekts nur im SAP-Standard möglich ist, nicht jedoch in kundeneigenen Programmen.

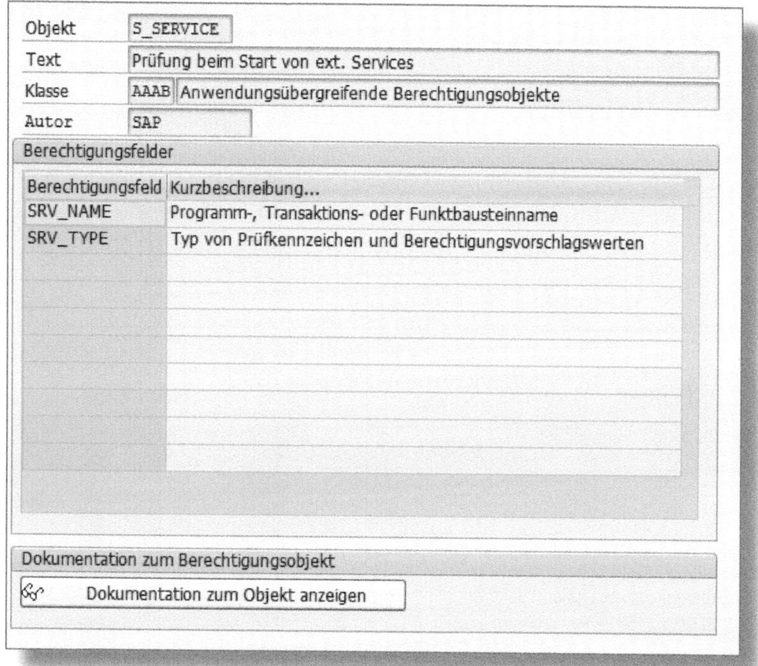

Abbildung 4.4: Berechtigungsobjekt S_SERVICE

Das Berechtigungsobjekt *S_SERVICE* aus Abbildung 4.4 wird beim Aufrufen sogenannter *externer Services* überprüft. Hierbei handelt es sich um Programme, über die Daten aus dem SAP-System abgerufen und in Webseiten (z. B. im Rahmen eines SAP-CRM-Systems) oder Fiori-Apps eingebunden werden können. Die diesbezüglich relevanten Technologien, um Ihnen zumindest die passenden Schlagwörter zu liefern, sind BSP (Business Server Pages) und UI5.

☛ Gibt es eine Startberechtigungsprüfung für ABAP-Programme?

Nach Betrachtung der verschiedenen Startberechtigungsprüfungen liegt die Frage nahe, ob es analog zur Berechtigung für einen Transaktionsstart auch eine vergleichbare Berechtigung für einen Programmstart gibt. Dem ist nicht so, wobei der Unterschied möglicherweise schwer zu erkennen ist: Die Berechtigungsprüfungen für den Start von Programmen – die in Abschnitt 4.3.1 vorgestellten Berechtigungsobjekte S_PROGRAM und S_PROGNAM – erfolgen zwar vor der eigentlichen Programmausführung, jedoch innerhalb einer Transaktion zur Ausführung von ABAP-Programmen, sodass es sich nicht um eine Startberechtigungsprüfung im beschriebenen Sinne handelt, die in der Laufzeitumgebung realisiert ist.

4.1.3 Welche Berechtigungen werden nach dem Start einer Transaktion noch geprüft?

Nach dem Start einer Transaktion aus dem Easy-Access-Menü im SAP GUI, Business Client oder WebGUI (oder über einen entfernten Zugriff wie im vorigen Abschnitt beschrieben) werden alle weiteren Berechtigungsprüfungen in den Programmen realisiert. SAP-Programme sind entweder in der SAP-eigenen Programmiersprache ABAP oder in Java geschrieben.

Wie bereits in verschiedenen Abschnitten erwähnt, können während der Ausführung eines Programms diverse Berechtigungsprüfungen erfolgen, z. B. bei Zugriffen auf geschützte Objekte bzw. Daten zu geschützten Objekten oder bei der Bereitstellung bestimmter Funktionen im Programm (z. B. Anzeigen oder Ändern der Daten, Download erlaubt etc.). Genauso kann es aber sein, dass nach dem Transaktions- bzw. Programmstart keine weitere Berechtigungsprüfung durchgeführt wird – es kommt auf die konkrete Programmierung an.

Ein weiterer Aspekt für Art und Anzahl tatsächlich durchgeführter Berechtigungsprüfungen ist das Customizing des Systems bzw. Mandanten, in dem der Benutzer arbeitet: Bestimmte Berechtigungsprüfungen können per Customizing aktiviert oder deaktiviert werden.

Berechtigungsprüfungen bei der Erfassung einer kreditorischen Rechnung in Transaktion FB60

Für die Erfassung einer kreditorischen Rechnung im externen Rechnungswesen in der Transaktion *FB60* werden im System die Berechtigungen des Benutzers ZUFALL_R zu folgenden Berechtigungsobjekten geprüft:

- S_TCODE: Startberechtigungsprüfung für die Transaktion *FB60*,
- F_BKPF_BUK: Berechtigung für Belege im Buchungskreis – Aktivität 01 »hinzufügen«,
- F_BKPF_KOA: Berechtigung für Belege, abhängig von der Kontoart (z. B. Rechnungsbeleg, Zahlungsbeleg, ...) – Aktivität 01 »hinzufügen«,
- F_LFA1_GRP: Berechtigung für Kreditoren, abhängig von der Kontengruppe (z. B. Lieferant, Mitarbeiter, ...) – Aktivität 03 »anzeigen«,
- F_LFA1_APP: Anwendungsberechtigung für Kreditoren – diverse Aktivitäten, hier Aktivität 03 für die Anzeige von Daten,
- F_LFA1_GEN: Berechtigung für die zentralen Daten der Kreditoren (z. B. Adresse und Bankverbindungen) – diverse Aktivitäten, hier Aktivität 03 für die Anzeige der Daten,
- F_SKA1_BUK: Berechtigung für Sachkonten im Buchungskreis – hier Aktivität 03 für die Anzeige der Bezeichnung,
- F_BKPF_GSB: Berechtigung für Belege im Geschäftsbereich – hier: Aktivität 01 »hinzufügen«.

Abhängig von den Systemeinstellungen sind weitere Berechtigungsprüfungen möglich, beispielsweise

- die Berechtigung für das Buchen in geschützte Buchungsperioden,
- die Berechtigung für das Buchen auf bestimmte Kontierungsobjekte im Rechnungswesen.

Beides wird in Abschnitt 4.2.1 bei den Modulspezifika im Rechnungswesen beschrieben.

Ermittlung geprüfter Berechtigungen

Eine vollständige Liste der in einem konkreten System/Mandanten in einer Transaktion geprüften Berechtigungen bietet ein sogenannter *Berechtigungstrace*. Diese Systemfunktionalität für Systembetreuer wird in Abschnitt 4.4.4 erläutert.

4.1.4 Was ist ein AUTHORITY CHECK?

Für ABAP-Programme werden Berechtigungsprüfungen durch die ABAP-Anweisung `AUTHORITY CHECK` aufgerufen. Diese Berechtigungsprüfungen steuern die Zugriffe auf Daten bzw. Objekte und das Aufrufen von Funktionen im SAP-System im Detail.

! Wann werden Berechtigungen geprüft?

Die Antwort auf die Frage, wann Berechtigungen in einem Programm geprüft werden, kann nur lauten: Vor dem Zugriff auf das geschützte Objekt – und so ist es grundsätzlich auch.

Soweit aber zunächst nur die Theorie. In der Praxis muss man einschränkend festhalten: Die Tatsache, dass im SAP-System ein Berechtigungsobjekt definiert ist, um den Zugriff auf ein Objekt im System einzuschränken, ist ein notwendiges Kriterium für eine Berechtigungsprüfung – aber noch kein hinreichendes! Nur Berechtigungsprüfungen, die von einem Programmierer in ein Programm eingebaut wurden, werden vom System durchgeführt.

Abbildung 4.5 zeigt beispielhaft einen Ausschnitt aus dem Quelltext eines Programms mit einer Berechtigungsprüfung für das Berechtigungsobjekt *F_SKA1_BUK*.

```
Berechtigunsgprüfung für Buchungskreis durchführen
-----------------------------------------------
AUTHORITY-CHECK OBJECT 'F_SKA1_BUK'
            ID 'BUKRS' FIELD XBUKRS
            ID 'ACTVT' FIELD '03'.
IF SY-SUBRC NE 0.
  Wenn nicht berechtigt -> Rücksprung
  ------------------------------------
  RAISE NOT_AUTHORIZED.
ENDIF.

Berechtigungsprüfung Kontoart Sachkonten.
------------------------------------------
AUTHORITY-CHECK OBJECT 'F_BKPF_KOA'
            ID 'KOART' FIELD 'S'
            ID 'ACTVT' FIELD '03'.
    IF SY-SUBRC <> 0.
       Wenn nicht berechtigt -> Rücksprung
       ------------------------------------
       RAISE NOT_AUTHORIZED.
    ENDIF.
SELECT SINGLE * FROM SKB1 INTO YSKB1
       WHERE BUKRS = YBUKRS
       AND   SAKNR = YSAKNR.
```

Abbildung 4.5: Quelltext mit Berechtigungsprüfung zum Berechtigungsobjekt F_SKA1_BUK

Hinweise zum Quelltext in SAP-Programmen

Der Quelltext eines ABAP-Programms enthält Kommentarzeilen, die in Abbildung 4.5 durch den kursiven Text gekennzeichnet sind. In SAP-Programmen finden sich Kommentare in Deutsch und in Englisch – oft ein Indiz, wie alt der jeweilige Quellcode ist: Da SAP in Deutschland gegründet wurde, war Deutsch im Unternehmen lange die vorherrschende Sprache, was sich auch in den Kommentaren im Programmcode niederschlug. Heute ist die SAP SE ein internationaler Konzern, deren Softwareentwickler über viele Länder der

Welt verteilt sind, sodass Englisch längst die dominierende Sprache ist.

Im System werden die verschiedenen ABAP-Sprachelemente farbig dargestellt, um die Lesbarkeit des Quelltextes zu verbessern (was die Druckausgabe dieses Buches nicht zeigt): Die kursiven Kommentare sind im System grau, die eigentlichen Programmbefehle blau dargestellt. Die in Hochkommata stehenden Zeichenketten sind im Original grün, die Parameter oder Variablen eines Programms schwarz.

Wie Sie im Programmcode in Abbildung 4.5 auch ohne Kenntnisse der Programmiersprache ABAP – zumindest nach der Lektüre einiger der bisherigen Abschnitte dieses Buches – erkennen können, werden für eine programmierte Berechtigungsprüfung nach der ABAP-Anweisung `AUTHORITY CHECK` explizit Berechtigungsobjekte (im Beispiel zunächst `F_SKA1_BUK`) und Berechtigungsfelder sowie benötigte Berechtigungswerte (z. B. `ACTVT` und `‘03‘`) angegeben.

☛ Fehlender AUTHORITY CHECK

Fehlt in einem Programm eine `AUTHORITY CHECK`-Anweisung (oder alternativ ein Absprung in ein anderes Programm mit einer entsprechenden Berechtigungsprüfung), können Zugriffe auf geschützte Objekte unabhängig von den objektbezogenen Berechtigungen eines Anwenders möglich werden. Die Frage, in welchen Fällen daraus tatsächlich ein Problem erwächst, wird in Abschnitt 4.5.1 beantwortet.

Abbildung 4.6 zeigt einen Screenshot aus einer Transaktion, in der die Berechtigung für *F_SKA1_BUK* überprüft, d. h. der Quelltext aus Abbildung 4.5 durchlaufen wird: Transaktion *FB01* für das Erfassen von Belegen in der Finanzbuchhaltung. Für das Beispiel zur Berechtigungsprüfung von besonderer Bedeutung ist der BUCHUNGSKREIS: Er wird programmintern in einem Parameter XBUKRS zwischengespeichert.

Beleg buchen: Kopfdaten

Gemerkter Beleg KontMuster Schnellerfassung Buchen mit Vorlage Bearbeitungsoptionen

Belegdatum	02.04.2016	Belegart	KR	Buchungskreis	1000
Buchungsdatum	02.04.2016	Periode		Währung/Kurs	EUR
Belegnummer				Umrechnungsdat	
Referenz				Übergreifd.Nr	
Belegkopftext					
PartnerGsber					

Abbildung 4.6: Kopfdaten der Transaktion FB01 vor der Berechtigungsprüfung

Der Ausschnitt aus dem Quelltext in Abbildung 4.5 kann (unter Vernachlässigung der Kommentare) für das Beispiel aus Abbildung 4.6 wie folgt übersetzt werden (Erläuterungen folgen im Anschluss):

1. Überprüfe die Berechtigungen des Benutzers. Suche im Benutzerpuffer des Benutzers für das Berechtigungsobjekt F_SKA1_BUK nach einer Berechtigung für das Berechtigungsfeld BUKRS mit dem Berechtigungswert, der im Parameter XBUKRS steht (1000), in Kombination mit dem Berechtigungsfeld ACTVT mit dem Berechtigungswert 03.

2. Wenn der Returncode (SY-SUBRC) nicht gleich null ist, gib eine Berechtigungsfehlermeldung aus.

3. Wenn der Returncode null ist, überprüfe erneut die Berechtigungen des Benutzers. Suche im Benutzerpuffer des Benutzers für das Berechtigungsobjekt F_BKPF_KOA nach einer Berechtigung für das Berechtigungsfeld ... usw.

Mit den Informationen insbesondere aus Kapitel 3 können Sie die Übersetzung sicher bereits recht gut verstehen. Sie benötigen jedoch eventuell noch Informationen zur Bedeutung des Returncodes.

Returncode

Der *Returncode* (abgekürzt *RC*) ist eine systeminterne Rückmeldung zum Status der zuletzt durchgeführten Aktion. Er hat einen numerischen Wert, dessen Auswertung sowohl zur Steuerung von Programmabläufen verwendet wird als auch wichtige Hinweise für Fehleranalysen liefert. Ein Returncode von null (RC = 0) bedeutet, dass die zuletzt durchgeführte Aktion erfolgreich war. RC = 4 ist allgemein definiert als Warnung, RC = 8 deutet auf einen Fehler hin. Für eine konkretere Analyse muss der Kontext, also die zuletzt im Programm durchgeführte Aktion, berücksichtigt werden.

Bezogen auf Berechtigungsprüfungen, bedeutet RC=0, dass der Benutzer im Benutzerpuffer über die benötigte Berechtigung verfügt. Ein RC ungleich null bedeutet entsprechend, dass die Berechtigungsprüfung nicht erfolgreich war.

Verfügt der angemeldete Benutzer nicht über Berechtigungen für den Buchungskreis 1000 (sondern beispielsweise nur für einen anderen Buchungskreis (2000) oder ggf. über gar keine Berechtigungen zum Berechtigungsobjekt F_SKA1_BUK), ist der RC ungleich null: Das System gibt nun über den Programmbefehl `RAISE NOT_AUTHORIZED` eine Fehlermeldung aus, statt im Programmablauf weiterzugehen und die nächste Berechtigungsprüfung für das darauffolgende Berechtigungsobjekt F_BKPF_KOA durchzuführen.

4.1.5 Berechtigungsprüfungen in CDS-Views

Seit Basisrelease 7.4 SP8 bietet die SAP die sogenannten *ABAP Core Data Services*, kurz ABAP CDS an. Mithilfe der CDS-Infrastruktur ist es u. a. möglich, Views für den Zugriff auf Tabellen zu definieren, die weit über die Möglichkeiten der View-Definition hinausgehen, die bisher mit der Transaktion *SE11* erstellt wurden. Insbesondere seit S/4HANA werden SAP-seitig CDS-Views als bevorzugtes Mittel zur Datenbeschaffung in Anwendungen eingesetzt. Aus dem Blickwinkel der Berechtigungsprüfungen ist interessant, dass bereits der Definition einer CDS-View eine Berechtigungsprüfung zugeordnet werden kann. Diese Prüfung wird dann automatisch von Anwendungen berücksichtigt, die auf diese View zugreifen, ohne dass im Programm ein expliziter AUTHORIY-CHECK programmiert wurde.

Betrachten wir dazu ein konkretes Beispiel. Abbildung 4.7 zeigt die Definition der CDS-View ZCDS_DEMO_SCARR ❶, die Daten der Tabelle SCARR ❷ liest.

```
@AbapCatalog.sqlViewName: 'ZCDSDEMOSCARR'
@AbapCatalog.compiler.compareFilter: true
@AbapCatalog.preserveKey: true
@AccessControl.authorizationCheck: #CHECK
@EndUserText.label: 'CDS-View auf Tabelle SCARR'
define view ZCDS_DEMO_SCARR    ❶
  as select from scarr      ❷
{
  key carrid   as CarrierId,
      carrname as CarrierName,
      currcode as CurrencyCode,
      url      as CarrierUrl
}
```

Abbildung 4.7: Definition einer CDS-View

Abbildung 4.8 zeigt den Report ZCDS_DEMO_SCARR ❶, der mithilfe der View ZCDS_DEMO_SCARR Daten liest und diese auf dem Bildschirm ausgibt. Da im Report kein expliziter AUTHORITY-CHECK erfolgt, werden einem SAP-Benutzer alle Daten angezeigt ❷ – und zwar unabhängig von den ihm zugewiesenen Berechtigungen.

Im Prinzip könnte man das Coding des Reports jetzt dahingehend erweitern, dass vor der WRITE-Anweisung ein AUTHORITY-CHECK z. B. für das Berechtigungsobjekt S_CARRID erfolgt, sodass nur bei erfolgreicher Prüfung die WRITE-Anweisung ausgeführt wird. Eine solche Anpassung müsste dann allerdings in allen Anwendungen erfolgen, die die View ZCDS_DEMO_SCARR nutzen.

Für den Fall, dass die View dann auch noch in Fiori-Anwendungen zum Einsatz kommt, etwa in »Benutzerdefinierte analytische Abfragen«, wird es besonders schwierig, eine Berechtigungskontrolle zu ermöglichen, da in solchen Abfragen keine Anpassung durch ABAP-Coding möglich ist.

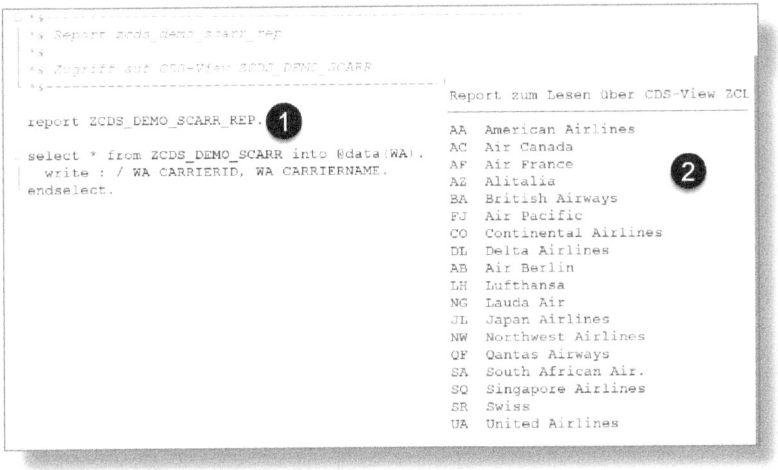

```
*&---------------------------------------------------------------------*
*& Report zcds_demo_scarr_rep
*&
*& Zugriff auf CDS-View ZCDS_DEMO_SCARR
*&---------------------------------------------------------------------*

report ZCDS_DEMO_SCARR_REP. ❶

select * from ZCDS_DEMO_SCARR into @data(WA).
  write : / WA-CARRIERID, WA-CARRIERNAME.
endselect.
```

```
Report zum Lesen über CDS-View ZCL

AA  American Airlines
AC  Air Canada
AF  Air France                ❷
AZ  Alitalia
BA  British Airways
FJ  Air Pacific
CO  Continental Airlines
DL  Delta Airlines
AB  Air Berlin
LH  Lufthansa
NG  Lauda Air
JL  Japan Airlines
NW  Northwest Airlines
QF  Qantas Airways
SA  South African Air.
SQ  Singapore Airlines
SR  Swiss
UA  United Airlines
```

Abbildung 4.8: Report mit Verwendung der CDS-View

Erfreulicherweise ist es hier aber grundsätzlich möglich, einer CDS-View direkt eine Berechtigungsprüfung zuzuordnen. Eine solche Prüfung wird durch eine Zugriffskontrolle (*Access Control)* realisiert. Abbildung 4.9 zeigt ein Beispiel einer solchen Zugriffskontrolle.

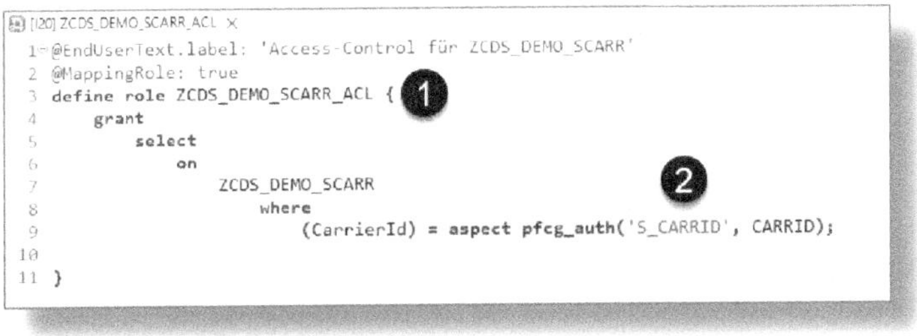

```
[120] ZCDS_DEMO_SCARR_ACL
@EndUserText.label: 'Access-Control für ZCDS_DEMO_SCARR'
@MappingRole: true
define role ZCDS_DEMO_SCARR_ACL { ❶
    grant
        select
            on
                ZCDS_DEMO_SCARR                    ❷
                    where
                        (CarrierId) = aspect pfcg_auth('S_CARRID', CARRID);

}
```

Abbildung 4.9: Beispiel für eine Zugriffskontrolle

Im konkreten Beispiel erlaubt die Zugriffskontrolle mit dem Namen ZCDS_DEMO_SCARR_ACL ❶ nur für solche Zeilen der View ZCDS_DEMO_SCARR den Zugriff, für die gilt: Der Wert des Feldes »CarrierID« gehört zu den zulässigen Werten für das Berechtigungsobjekt S_CARRID ❷ und das Berechtigungsfeld CARRID.

! Zugriffskontrolle (Role) versus PFCG-Rolle

Lassen Sie sich bitte nicht durch das »define role« im Coding der Access Control verwirren. Es wird damit keine Rolle im Sinne der Transaktion PFCG definiert. SAP verwendet den Begriff »Role« auch im Zusammenhang mit der Definition einer Zugriffskontrolle!

Greift jetzt eine Anwendung auf die View ZCDS_DEMO_SCARR zu, werden automatisch nur noch die berechtigten Zeilen geliefert, unabhängig davon, ob es sich um eine ABAP-Anwendung handelt oder z. B. um eine Fiori-App oder Schnittstellen-Anwendung!

Abbildung 4.10 zeigt das Ergebnis, das der Benutzer DEMO_BER ❶ erhält, wenn er den Report ZCDS_DEMO_SCARR_REP startet. Transaktion *SU56* zeigt, dass der Anwender DEMO_BER für das Berechtigungsobjekt S_CARRID nur Berechtigungen für die Werte »AA« und »LH« ❷ besitzt. Tatsächlich werden ihm auch nur die entsprechenden Zeilen ❸ angezeigt, obwohl im Report selbst keinerlei AUTHORITY-CHECK eingebaut ist. Dem Anwender wird zudem nirgends ein Hinweis darauf gegeben, dass nicht alle Zeilen der Tabelle geliefert wurden!

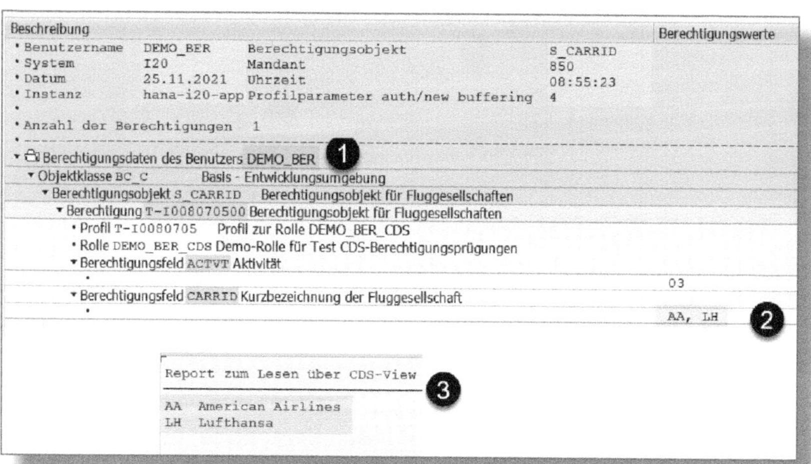

Abbildung 4.10: Auswirkung der Zugriffskontrolle

Wie gehen wir nun vor, wenn z. B. der Anwender DEMO_BER den Support kontaktiert, weil der Report nicht das erwartete Ergebnis zeigt?

Konsultieren wir zunächst einmal die Transaktion *SU53*.

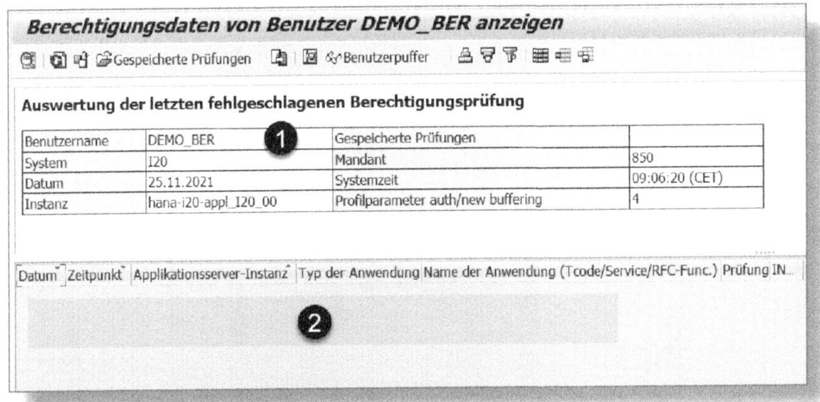

Abbildung 4.11: Berechtigungsanalyse mit SU53

Wie Abbildung 4.11 zeigt, werden für den Benutzer DEMO_BER ❶ keinerlei Berechtigungsfehler ausgewiesen ❷. Das Ergebnis sollte eigentlich auch nicht verwundern, denn SU53 zeigt nur die fehlgeschlagenen AUTHORITY-CHECKs an. Es wurden von der Anwendung aber explizit keine durchgeführt!

Bessere Informationen liefert diesbezüglich nur ein Berechtigungstrace für den Benutzer DEMO_BER mithilfe der Transaktion *STAUTHTRACE* (Abbildung 4.12).

Das Trace zeigt zunächst einmal an, dass die Berechtigungsprüfungen ausnahmslos erfolgreich waren ❶. In der Spalte ZUGRIFFSFILTERUNG ❷ deutet das Icon allerdings an, dass eine Filterung der Datenzeilen für die CDS-View ZCDS_DEMO_SCARR erfolgt ist. Mit der Funktion CDS-ZUGRIFFSKONTROLLE ❸ können wir Details zur durchgeführten Filterung abrufen. Wir sehen, dass die Access Control ZCDS_DEMO_SCARR_ACL ❹ angewendet wurde. Deren Definition können Sie betrachten, indem Sie mit Doppelklick auf die Zeile die Detailanzeige ❺ aufrufen.

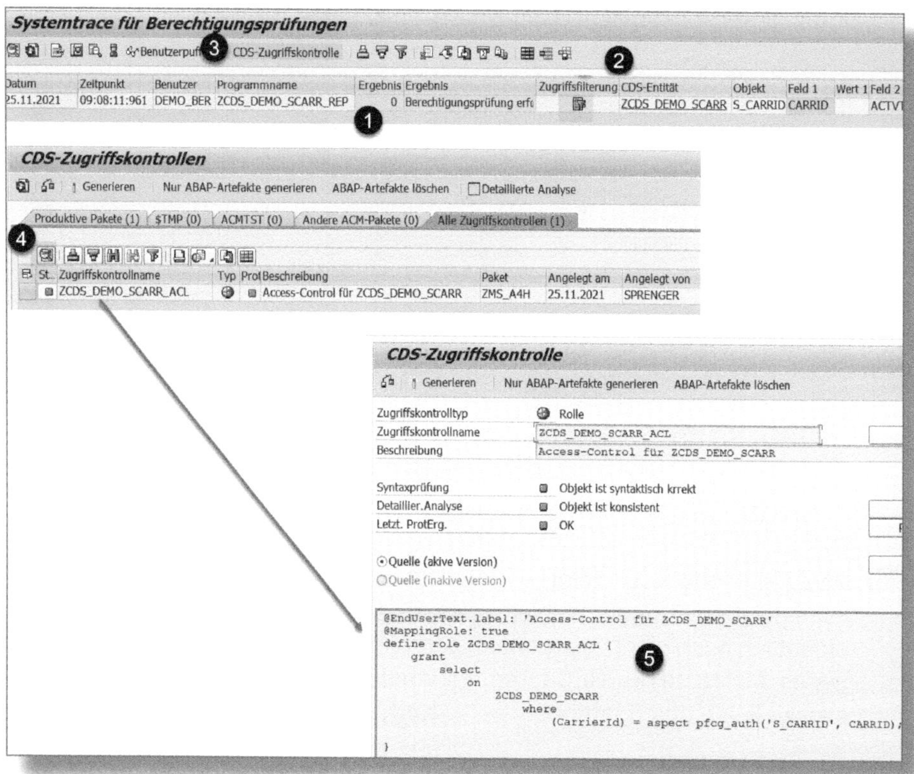

Abbildung 4.12: Ergebnis Berechtigungstrace

4.1.6 Berechtigungsprüfungen in ALV-Grid

Die SAP hat mit Basisrelease 7.51 eine neue ALV-Listdarstellung implementiert, die speziell auf S/4HANA-Systemen sehr viel performanter arbeitet als die bisherige Listdarstellung. *ALV with IDA* (ABAP List

Viewer with Integrated Data Access) unterscheidet sich aus Sicht des Endanwenders allerdings nicht wesentlich von den bekannten Darstellungsweisen. Neu in Bezug auf das Thema »Berechtigung« ist allerdings, dass bereits mit der Selektion der Daten auf der Datenbank Berechtigungsprüfungen möglich sind und nicht mehr im Coding der Anwendung mittels AUTHORITY-CHECK ausgeführt werden müssen.

Abbildung 4.13 zeigt ein Codingbeispiel. Im Programm wird zunächst eine Referenz auf ein Objekt der ALV-IDA-Klasse erstellt ❶ und dann die erforderliche Berechtigungsprüfung formuliert ❷. Daraufhin werden ohne weitere AUTHORY-CHECKS genau nur die Daten an die Listdarstellung übergeben, für die der Anwender berechtigt ist.

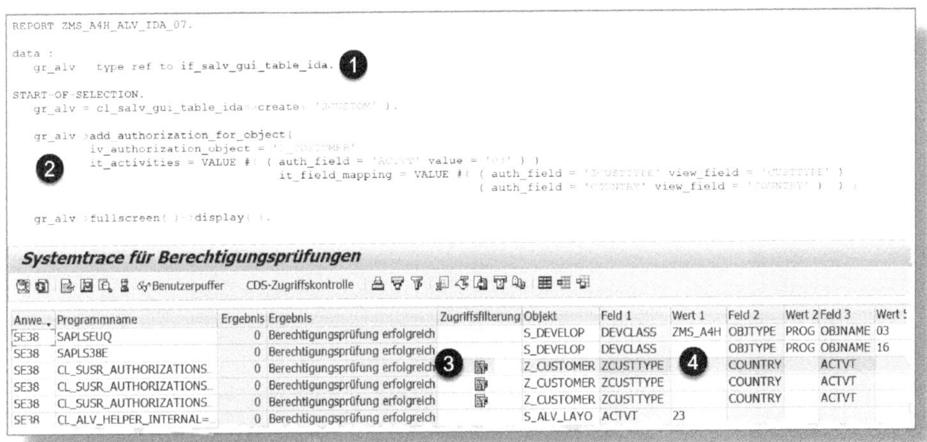

Anwe...	Programmname	Ergebnis	Ergebnis	Zugriffsfilterung	Objekt	Feld 1	Wert 1	Feld 2	Wert 2	Feld 3	Wert 3
SE38	SAPLSEUQ	0	Berechtigungsprüfung erfolgreich		S_DEVELOP	DEVCLASS	ZMS_A4H	OBJTYPE	PROG	OBJNAME	03
SE38	SAPLS38E	0	Berechtigungsprüfung erfolgreich		S_DEVELOP	DEVCLASS		OBJTYPE	PROG	OBJNAME	16
SE38	CL_SUSR_AUTHORIZATIONS...	0	Berechtigungsprüfung erfolgreich		Z_CUSTOMER	ZCUSTTYPE		COUNTRY		ACTVT	
SE38	CL_SUSR_AUTHORIZATIONS...	0	Berechtigungsprüfung erfolgreich		Z_CUSTOMER	ZCUSTTYPE		COUNTRY		ACTVT	
SE38	CL_SUSR_AUTHORIZATIONS...	0	Berechtigungsprüfung erfolgreich		Z_CUSTOMER	ZCUSTTYPE		COUNTRY		ACTVT	
SE38	CL_ALV_HELPER_INTERNAL=...	0	Berechtigungsprüfung erfolgreich		S_ALV_LAYO	ACTVT	23				

Abbildung 4.13: Berechtigungsprüfung im ALV IDA

Zu beachten ist – analog zu den in CDS-Views integrierten Berechtigungsprüfungen – dass die Transaktion SU53 keine Berechtigungsfehler ausgibt, wenn der Anwender nicht alle Datensätze angezeigt bekommt. Im Berechtigungstrace ist allerdings zu erkennen, dass eine ZUGRIFFSFILTERUNG ❸ für das im Coding angegebene Berechtigungsobjekt durchgeführt wurde. Die zur Prüfung herangezogenen Werte sind jedoch nicht erkennbar ❹!

4.2 Modulspezifische Berechtigungen

Es geht uns in diesem kompakten Schnelleinstieg nicht um die vollständige Darstellung von berechtigungstechnischen Besonderheiten aller SAP-Module, sondern vielmehr darum, Ihnen einen kurzen anwendungsbereichsbezogenen Überblick über wichtige Berechtigungsobjekte und einige Besonderheiten zu geben. Der Schwerpunkt liegt auch hier auf dem Rechnungswesen und im Detail in der Finanzbuchhaltung.

4.2.1 Rechnungswesen

In den Modulen des Rechnungswesens lassen sich die Anwendungsdaten jeweils in »Stammdaten« und »Bewegungsdaten« unterscheiden.

Finanzbuchhaltung

Im Modul FI sind Sachkonten, Kreditoren und Debitoren die wichtigsten Stammdaten. Die Stammdaten sind größtenteils buchungskreisabhängig (vgl. Strukturparameter »Buchungskreis« in Abschnitt 3.1.1). Für buchungskreisübergreifende »allgemeine« Daten zu den entsprechenden Stammdaten gibt es jeweils ein übergreifendes Kriterium, das eine Gruppierung ermöglicht:

- *Sachkonten* sind Kontenplänen zugeordnet, ihre ID (die Sachkontonummer) ist im Kontenplan eindeutig. Ein Kontenplan ist ein Verzeichnis aller Sachkonten (und jeder Buchungskreis hat genau einen Kontenplan).
- *Kreditoren* (Lieferanten) sind Kreditorenkontengruppen zugeordnet, die jeweils einen Ausschnitt aus dem Kreditorenverzeichnis bilden; ihre ID (die Kreditorennummer) ist mandantenweit eindeutig.
- *Debitoren* (Kunden) sind Debitorenkontengruppen zugeordnet, die jeweils einen Ausschnitt aus dem Debitorenverzeichnis

bilden; ihre ID (die Debitorennummer) ist ebenfalls mandantenweit eindeutig.

Neben buchungskreis- und gruppenabhängigen Berechtigungen kann für alle drei Stammdatenobjekte zudem ein Berechtigungsgruppenschutz eingerichtet werden (vgl. hierzu Abschnitt 4.3.5).

Nachfolgend finden Sie die wichtigsten Berechtigungsobjekte der drei Stammdatenobjekte gemäß der obigen Beschreibung aufgelistet, jeweils unter Angabe der Berechtigungsfelder:

- F_SKA1_BUK (Sachkonto im Buchungskreis), F_LFA1_BUK (Kreditor im Buchungskreis) und F_KNA1_BUK (Debitor im Buchungskreis) haben jeweils die Berechtigungsfelder ACTVT und BUKRS.
- F_SKA1_KTP (Sachkonto im Kontenplan) hat die Berechtigungsfelder ACTVT und KTOPL (Kontenplan), F_LFA1_GRP (Kontengruppe Kreditor) ACTVT und KTOKK (Kontengruppe Kreditor) sowie F_KNA1_GRP (Kontengruppe Debitor) die Berechtigungsfelder ACTVT und KTOKD (Kontengruppe Debitor).
- F_SKA1_BES (Berechtigungsgruppe Sachkonto), F_SKA1_BEK (Berechtigungsgruppe Kreditor) und F_SKA1_BED (Berechtigungsgruppe Debitor) weisen alle drei jeweils die Berechtigungsfelder ACTVT und BEGRU auf.

Bitte beachten Sie: Bei der Pflege der Stammdaten im Modul FI werden neben den aufgeführten Berechtigungsobjekten auch andere Berechtigungen geprüft.

Die wichtigsten Bewegungsdaten im Modul FI sind zweifelsfrei die *Belege*. Diese werden immer in einem bzw. für einen Buchungskreis erfasst, können abhängig von der Systemkonfiguration auf Geschäftsbereiche kontiert sein und enthalten neben dem *Belegkopf*, der Daten zum Beleg insgesamt beinhaltet (z. B. Datum, Währung und Belegnummern), üblicherweise zwei oder mehr *Belegpositionen*, in denen Buchungsbeträge auf Konten und Kontierungsobjekte gebucht werden.

Wichtige Berechtigungsobjekte, mit ihren Berechtigungsfeldern bezogen auf den Belegkopf, sind:

- F_BKPF_BUK (Buchhaltungsbeleg: Berechtigung für Buchungskreise),
- F_BKPF_BLA (Buchhaltungsbeleg: Berechtigung für Belegarten).

Für die Belegpositionen sind u. a. folgende Berechtigungsobjekte relevant:

- F_BKPF_GSB (Buchhaltungsbeleg: Berechtigung für Geschäftsbereiche),
- F_BKPF_KOA (Buchhaltungsbeleg: Berechtigung für Kontoarten),
- abhängig von der Kontoart F_BKPF_BES (Buchhaltungsbeleg: Kontenberechtigung für Sachkonten), F_BKPF_BEK (Buchhaltungsbeleg: Kontenberechtigung für Kreditoren) sowie F_BKPF_BED (Buchhaltungsbeleg: Kontenberechtigung für Debitoren).

! Berechtigungen für Bewegungs- und Stammdaten

Anders als man es zunächst erwarten könnte, betreffen die Berechtigungsprüfungen beim Buchen von Belegen im SAP-Standard nicht ausschließlich die o. g. belegbezogenen Berechtigungsobjekte, sondern zusätzlich auch bestimmte Berechtigungsobjekte für Stammdaten, wie das Beispiel in Abschnitt 4.1.3 veranschaulicht hat.

Zahlprogramm und elektronischer Kontoauszug

Zu den wichtigsten Funktionen im externen Rechnungswesen gehören die Verarbeitungen eingehender und ausgehender Zahlungen. Im Kontext der hierfür im System zur Verfügung stehenden Transaktionen werden vorrangig folgende Berechtigungsobjekte benötigt:

- Im *Zahlungslauf* (Auslösen von Zahlungen auf Basis fälliger Rechnungen durch das sogenannte Zahlprogramm, Transaktion *F110*) werden zwei besondere Berechtigungsobjekte verwendet: F_REGU_BUK (Automatische Zahlung: Aktionsberechtigung für Buchungskreise) mit den Berechtigungsfeldern BUKRS und FBTCH, sowie F_REGU_KOA (Automatische Zahlung: Aktionsberechtigung für Kontoarten) mit den Berechtigungsobjekten FBTCH und KOART.
- Im *elektronischen Kontoauszug* (Verarbeitung von Dateien der Hausbank für alle Kontobewegungen auf dem Bankkonto, insbesondere über die Transaktionen *FF_5* und *FEBAN*) werden neben dem spezifischen Berechtigungsobjekt F_FEBB_BU (Bankkontoauszug Buchungskreis) auch Buchungsberechtigungen für Belege in der Finanzbuchhaltung benötigt. Interessanterweise wird die Differenzierung, welche Kontoauszüge von einem Benutzer bearbeitet oder angezeigt werden können, nicht über F_FEBB_BU gesteuert, sondern über die Berechtigungen für das dem Bankkonto zugeordnete FI-Sachkonto.

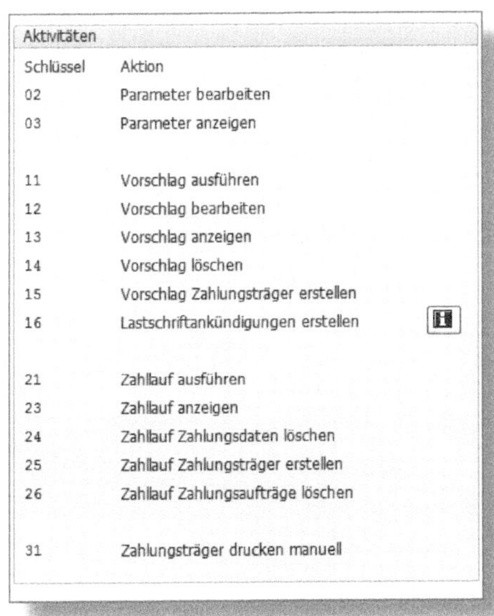

Aktivitäten

Schlüssel	Aktion
02	Parameter bearbeiten
03	Parameter anzeigen
11	Vorschlag ausführen
12	Vorschlag bearbeiten
13	Vorschlag anzeigen
14	Vorschlag löschen
15	Vorschlag Zahlungsträger erstellen
16	Lastschriftankündigungen erstellen
21	Zahllauf ausführen
23	Zahllauf anzeigen
24	Zahllauf Zahlungsdaten löschen
25	Zahllauf Zahlungsträger erstellen
26	Zahllauf Zahlungsaufträge löschen
31	Zahlungsträger drucken manuell

Abbildung 4.14: Berechtigungswerte für Aktivitäten im Zahlprogramm des Moduls FI

In Abbildung 4.14 sind die Berechtigungswerte für Aktivitäten im Zahlprogramm des Moduls FI aufgelistet. Das zugehörige Berechtigungsfeld der beiden o. g. Berechtigungsobjekte für den Zahllauf ist nicht das normalerweise für Aktivitäten verwendete (und Ihnen nach Lektüre voriger Abschnitte bereits bekannte) Berechtigungsfeld ACTVT, sondern FBTCH, da es sich hier um spezielle Aktivitäten mit Bezug zu verschiedenen Prozessschritten (Parameterpflege, Vorschlag, Zahllauf, Zahlungsträgererstellung) handelt. Die Information zu den dabei jeweils benötigten Berechtigungswerten ist – auch stellt eine Besonderheit dar – nur in der Anwendung selbst über den in der folgenden Abbildung 4.15 ersichtlichen Menüpfad aufrufbar.

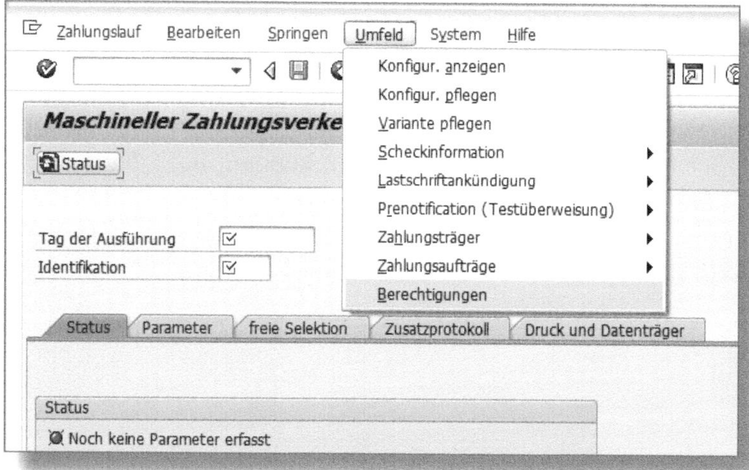

Abbildung 4.15: Menüpfad im Zahlprogramm zum Anzeigen der speziellen Zahllauf-Berechtigungswerte

Zentrale oder dezentrale Ausführung von Zahllauf und elektronischem Kontoauszug?

Die Verarbeitung von ausgehenden und eingehenden Zahlungen lässt sich im SAP-Standard unterschiedlich gut dezentralisieren. Das Auslösen von Zahlungen ist grundsätzlich eine zentrale Funktion, die idealerweise durch eine zuständige Stelle im Buchungskreis ausgeführt wird. Wie Sie an der fehlenden Erwähnung in der Beschreibung erkennen können, lassen sich Zahlläufe berechtigungstechnisch z. B. nicht pro Geschäftsbereich aussteuern. Sind separate Zahlläufe dezentraler Einheiten trotzdem erforderlich, muss die Unternehmung eine Implementierung abseits des SAP-Standards versuchen – und entweder organisatorische Regelungen definieren oder mit technischen Erweiterungen bzw. Modifikationen arbeiten.

Besser zu dezentralisieren ist die Nachbearbeitung des elektronischen Kontoauszugs. Hier besteht oft die Anforderung, dass Orgeinheiten mit eigenem Bankkonto innerhalb der Unternehmung ihre Bankauszüge im System selbstständig nachbearbeiten sollen. Wie beschrieben, wird dieses, genau wie die Anzeige eingelesener Kontoauszugdateien, nur für das eigene Bankkonto (über Transaktion *FF_6*) dezentral ermöglicht, und zwar durch eine Aussteuerung des zugehörigen Banksachkontos mit einer passenden Berechtigungsgruppe, für die den befugten Benutzern entsprechende Berechtigungen zugeordnet werden.

Buchungsperiodensteuerung

Ein weiterer interessanter Bereich für die Berechtigungen im Finanzwesen ist die *Buchungsperiodensteuerung*: Über die entsprechenden Transaktionen (für das neue Hauptbuch *FAGL_EHP4_T001B_COFI*, im klassischen Hauptbuch *S_ALR_87003642* bzw. *OB52*) wird zentral festgelegt, für welche Geschäftsjahre bzw. Monate Buchungen im Finanzwesen möglich sein sollen. Abbildung 4.16 zeigt zunächst eine Buchungsperiodensteuerung, die berechtigungsunabhängig für alle Benutzer gilt. Ohne hier auf Details einzugehen, können Sie schon anhand der Spaltenüberschriften erkennen, dass die Einträge in der abgebildeten Steuerungstabelle zwei Zeiträume umfassen und kontenabhängig erfasst wurden.

Sicht "Buchungsperioden: Zeiträume festlegen" ändern: Übersicht

Neue Einträge

Buchungsperioden: Zeiträume festlegen

Var.	K	Von Konto	Bis Konto	Von Per. 1	Jahr	Bis Per. 1	Jahr	Von Per. 2	Jahr	Bis Per. 2	Jahr	BeGr
1000	+			11	2016	12	2016	1	2017	1	2017	
1000	A		ZZZZZZZZZZ	11	2016	12	2016	1	2017	1	2017	
1000	D		ZZZZZZZZZZ	11	2016	12	2016	1	2017	1	2017	
1000	K		ZZZZZZZZZZ	11	2016	12	2016	1	2017	1	2017	
1000	M		ZZZZZZZZZZ	11	2016	12	2016	1	2017	1	2017	
1000	S		ZZZZZZZZZZ	11	2016	12	2016	1	2017	1	2017	
1000	V			11	2016	12	2016	1	2017	1	2017	

Abbildung 4.16: Buchungsperiodensteuerung im Modul FI

Wie in Abbildung 4.16 ebenfalls zu sehen ist, kann am Ende einer Zeile eine Berechtigungsgruppe eingetragen werden (Spalte BEGR). Wie beim Berechtigungsgruppenschutz üblich (vgl. hierzu Abschnitt 4.3.5), ist eine Berechtigung für einen SAP-Benutzer nicht erforderlich, wenn keine Berechtigungsgruppe gepflegt wurde. Tragen Sie in das entsprechende Feld dennoch einen Wert ein, wird die Buchungsperiode 2 geschützt: Um dann einen Beleg mit einem Buchungsdatum in diesem Zeitraum buchen zu können, muss der SAP-Benutzer in seinem Berechtigungspuffer eine passende Berechtigung für ein spezielles Berechtigungsobjekt (F_BKPF_BUP) haben, welches das Berechtigungsfeld BEGRU enthält – andernfalls wird die Buchung mit einer Berechtigungsfehlermeldung abgewiesen.

Prüfung vergangener Geschäftsjahre durch Externe

Bei Prüfungen der Rechnungslegung von Unternehmungen durch externe Prüfer ist der Zugriff auf die Daten eines SAP-Systems heutzutage selbstverständlich. Rechtlich geregelt ist dieser Zugriff auf digitale Unterlagen seit 2015 durch entsprechende Festlegungen in den GoBD (Grundsätzen zur ordnungsmäßigen Führung und Aufbewahrung von Büchern, Aufzeichnungen und Unterlagen in elektronischer Form sowie zum Datenzugriff). Die Bereitstellung der Daten für die Prüfung kann je nach Anforderung der Prüfungsgesellschaft in Form von Datenextrakten oder direkt im SAP-System erfolgen. Für direkte Zugriffe auf Daten im SAP-System besteht unternehmungsseitig häufig der Wunsch, die Zugriffsrechte auf den Prüfungszeitraum »Geschäftsjahr« einzugrenzen. Dieses ist über Berechtigungen bzw. entsprechend eingeschränkte Rollen nicht möglich – jedoch über einen anderen Mechanismus, der in Abschnitt 4.5.3 beschrieben ist.

Controlling, Projektsystem und Profit-Center-Rechnung

Das oberste Gliederungsmerkmal der Strukturparameter im internen Rechnungswesen ist der *Kostenrechnungskreis*, der die Organisationseinheiten umfasst, für die eine gemeinsame Kostenrechnung durchgeführt werden soll. Der Kostenrechnungskreis kann eine 1:1-Zuordnung zum Buchungskreis aufweisen oder mehrere Buchungskreise (d. h. mehrere selbstständig bilanzierende Einheiten im Rahmen eines Konzerns) umfassen.

Die wichtigsten Stammdaten im internen Rechnungswesen innerhalb eines Kostenrechnungskreises sind Kostenarten, Kostenstellen, Innenaufträge, PSP-Elemente sowie Profit Center:

- *Kostenarten* dienen der sachlichen Differenzierung der Kosten im internen Rechnungswesen; zu unterscheiden sind Primärkostenarten, die immer 1:1 den Sachkonten im externen Rechnungswesen entsprechen, und sekundäre Kostenarten, die ausschließlich innerhalb von Prozessen des internen Rechnungswesens benötigt werden. Ein Berechtigungsfeld für Kostenarten ist KSTAR.
- *Leistungsarten* dienen der sachlichen Differenzierung von Leistungen, die zwischen Unternehmungsteilbereichen abgerechnet werden; sie sind mit sekundären Kostenarten verknüpft und verfügen entsprechend über kein eigenes Berechtigungsfeld.
- *Kostenstellen* sind organisatorische Einheiten in einem Kostenrechnungskreis. Sie bilden die Struktur der Unternehmung in einem höheren Detaillierungsgrad ab, als es für das externe Rechnungswesen erforderlich ist. Kostenstellen werden in einer Hierarchie angeordnet. Sie sind die Objekte, denen Kosten

zugeordnet werden. Zu diesem Zweck werden Sie als Kontierungsobjekte in anderen Modulen verwendet. Ein Berechtigungsfeld für Kostenstellen ist KOSTL.

- *Innenaufträge* sind Objekte, die Kosten unter speziellen Abrechnungsaspekten gruppieren – ergänzend zur organisatorischen Zuordnung zu Kostenstellen. Innenaufträge sind Kostenträger und somit ebenfalls als Kontierungselemente in anderen Modulen verfügbar. Anders als Kostenstellen, können auf sie nicht nur Kosten, sondern auch Erlöse gebucht werden.
- *PSP-Elemente* sind ähnlich wie Innenaufträge Kontierungsobjekte und Kostenträger im internen Rechnungswesen, weisen aber zudem eine Integration ins Modul PS (Projektsystem) auf.
- *Profit Center* sind organisatorische Einheiten der Ergebnisrechnung in einem Kostenrechnungskreis: Sie verbinden die Kosten- und Erlössicht auf die Leistungen zwischen den organisatorischen Einheiten der Unternehmung. Für das Berichtswesen dienen sie als Klammer bzw. eine Gruppierungsmöglichkeit für die einzelnen Kontierungsobjekte im System, und gestatten dabei z. B. auch die gemeinsame Auswertung von Kostenstellen und Kostenträgern in einem Bericht.

Ein besonderes Berechtigungsfeld im internen Rechnungswesen ist der »Verantwortungsbereich« (RESPAREA). Es ermöglicht, Berechtigungen für die Kontierungsobjekte »Kostenstellen«, »Profit Center« und »Innenaufträge« auf Basis des jeweiligen Objekttyps (z. B. KST für Kostenstelle) für ein einziges Berechtigungsfeld zu pflegen. Dabei kann auf die Standardhierarchie der Unternehmung zurückgegriffen werden, um ein Vererbungsprinzip zu nutzen: Hat ein Benutzer die RESPAREA-Berechtigung für einen Hierarchieknoten, erlangt er automatisch die Berechtigung für alle darunter in der Hierarchie eingehängten Objekte bzw. deren Daten. Abbildung 4.17 zeigt die Pflege des Verantwortungsbereichs in den Orgebenen einer Rolle.

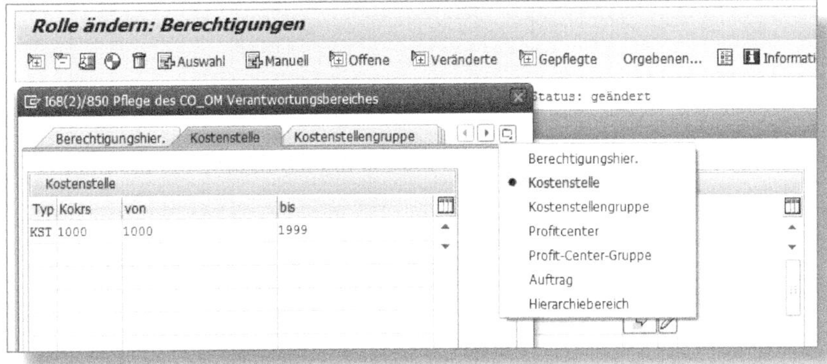

Abbildung 4.17: Pflege des Verantwortungsbereichs in den Orgebenen einer Rolle

Als spezielle Berechtigungsobjekte des internen Rechnungswesens für die Bereiche »Stammdaten« und »Bewegungsdaten« können angeführt werden:

- K_CSKS wird für die Pflege der Kostenstellenstammdaten benötigt (Berechtigungsfelder ACTVT, KOKRS und KOSTL).
- K_CCA ist ein kostenstellenbezogenes Berechtigungsobjekt, das für die Prozesse der Kostenstellenrechnung benötigt wird. Seine Berechtigungsfelder sind KOKRS, CO_ACTION, KSTAR und RESPAREA.
- K_ORDER ist das zentrale Berechtigungsobjekt für Innenaufträge in den Prozessen des internen Rechnungswesens. Es enthält die Berechtigungsfelder KOKRS, AUFART, AUTGHPHASE, CO_ACTION, KSTAR und RESPAREA.
- K_PCA als Berechtigungsobjekt für die Prozesse rund um die Profit Center enthält die Berechtigungsfelder CO_ACTION, KOKRS, KSTAR und RESPAREA.
- K_VRGNG ist ein Berechtigungsobjekt zur Vorgangsdifferenzierung im internen Rechnungswesen, wie Ist-Buchungen und Plan/Ist-Verrechnungen. Die Berechtigungsfelder sind ACTVT, CO_VRGNG (Vorgänge im CO) und KOKRS.

Aktivitäten im CO

Im Modul CO werden zwei verschiedene Berechtigungsfelder für Aktivitäten genutzt – zum einen das bekannte ACTVT, zum anderen ein CO-spezifisches Berechtigungsfeld CO_ACTION, das 14 unterschiedliche Aktivitäten als Berechtigungswerte umfasst, wie etwa

- 0001: Stammdaten anlegen,
- 0002: Stammdaten ändern,
- 0047: Aktivieren,
- 1002: Planung anlegen/ändern,
- 2003: Belege anzeigen,
- 2076: Belege erfassen,
- 3028: Einzelposten selektieren.

- K_CSKB_PLA ist ein Berechtigungsobjekt für die Kostenartenplanung,
- K_CSKS_PLA ist eines für die Kostenstellenplanung.

Weitere wichtige Berechtigungsobjekte für Berichte im internen Rechnungswesen:

- K_PCAR_REP für Summen- und Einzelpostenberichte in der Profit-Center-Rechnung, mit den Berechtigungsfeldern ACTVT, BUKRS, KSTAR und PRCTR,
- K_REPO_CCA für das Reporting auf Kostenstellen und Kostenarten, mit den Berechtigungsfeldern ACTVT, KOKRS, KOSTL und KSTAR.

4.2.2 Personalwesen

Die Berechtigungen im Personalwesen weisen einige Besonderheiten auf, die sich aus der gegenüber dem Rechnungswesen und der Logistik technisch stark abweichenden Implementierung im SAP-System ergeben. Beispielsweise basiert das komplexe Datenmodell im HCM auf sogenannten *Infotypen*. Diese können auf vielfältige Weise miteinander verknüpft werden.

Definition Infotyp

Ein Infotyp in SAP ERP ist eine Struktur, die sachlich zusammengehörige Datenfelder gruppiert sowie gleichzeitig Erfassungsmasken, Programmlogik für die Datenerfassung und eine zeitabhängige Speicherung der Daten umfasst.

Zu unterscheiden sind Infotypen der Personaladministration (PA) und der Personalplanung (PD). Beispiele für Infotypen der Personaladministration:

- **Infotyp 0002** (Daten zur Person) enthält allgemeine Daten wie Namen, Titel, Geburtstag, Geburtsort, Nationalität usw.,
- **Infotyp 0001** (organisatorische Zuordnung) enthält Angaben zum Beschäftigtenverhältnis einer Person z. B. Mitarbeitergruppe, die besetzte Stelle sowie die zugehörige Organisationseinheit, zuständige Personalsachbearbeiter usw.,
- **Infotyp 0009** (Bankverbindung) enthält die Bankverbindungen, die für Zahlungen im HCM verwendet werden können.

Zeitpunktbezogene Veränderungen an den Personenstammdaten im HCM werden über sogenannte *Maßnahmen* abgebildet. Eine Maßnahme fasst Änderungen an mehreren Infotypen zusammen, die nacheinander bearbeitet werden. Beispiele für Maßnahmen sind z. B. Einstellungen (Eintritte), Umsetzungen und Austritte.

Zudem werden in HCM sogenannte *Objekttypen* unterschieden, z. B. *Person* (P), *Stelle* (C), *Organisationseinheiten* (O) und *Planstellen* (S). Die für ein Objekt relevanten Infotypen sind maßgeblich abhängig von dessen Objekttyp. Die Infotypen der Personaladministration beziehen sich naheliegenderweise auf Objekttypen, die Personen abbilden (Objekttyp »P« ist nicht der einzige).

Beispiele für Infotypen der Personalplanung sind:

- **Infotyp 1000** (Objekt) enthält grundlegende Merkmale der Objekte, darunter sprachabhängig z. B. Kurz- und Langbezeichnung,
- **Infotyp 1001** enthält die Verknüpfungen zwischen Objekten, mit diversen Merkmalen abhängig von der Art der Verknüpfung,
- **Infotyp 1002** (verbale Beschreibung) enthält (nur) Verknüpfungen zu Beschreibungen des Objekts.

Wichtige Berechtigungsobjekte im HCM beziehen sich auf die Berechtigungsfelder für Infotypen (INFTY) und Objekttypen (OTYPE). Ebenfalls bedeutsame Berechtigungsfelder im HCM sind Personalbereiche (PERSA), Mitarbeitergruppen (PERSG) und Mitarbeiterkreise (PERSK).

Die Zugriffsrechte im HCM lassen sich gemäß Berechtigungskonzept der Unternehmung sehr differenziert ausprägen. Beispiele häufig benötigter Berechtigungsobjekte sind:

- P_ORGIN für den Zugriff auf HCM-Stammdaten enthält u. a. die Berechtigungsfelder INFTY, PERSA, PERSG und PERSK. Zur Differenzierung verschiedener Aktivitäten wird ein HCM-spezifisches Berechtigungsfeld AUTHC (Berechtigungslevel) verwendet.
- P_ORGINCON wird als »Stammdaten mit Kontext« bezeichnet und beinhaltet neben den in P_ORGIN zur Verfügung stehenden Berechtigungsfeldern zusätzlich ein Feld »Berechtigungsprofil« (PROFL, nicht zu verwechseln mit dem Profil einer Rolle vgl. Abschnitt 2.3.3), das bei entsprechender Ausprägung eine zusätzliche Einschränkung (z. B. organisationsbezogen) ermöglicht.
- PLOG ist ein zentrales Berechtigungsobjekt der Personalplanung. Zur Trennung der Prozesse im Bereich Personaladministration und Personalplanung wird hier ein abweichendes Berechtigungsfeld für den Infotyp verwendet (INFOTYP). Darüber hinaus sind der Objekttyp OTYPE, eine Planvariante PLVAR und ein Planungsstatus ISTAT wichtige Berechtigungsfelder. Die

Aktivitäten in der Personalplanung werden über ein Berechtigungsfeld »Funktionscode« (PPFCODE) differenziert.

Im Unterschied zu den Ihnen aus Abschnitt 3.1.1 bekannten Aktivitäten im Berechtigungsfeld ACTVT werden im HCM also eigene Berechtigungsfelder verwendet. AUTHC zeichnet sich dabei dadurch aus, dass die Berechtigungswerte abhängig vom Kontext der Berechtigungsprüfung unterschiedlich interpretiert werden (was die Sache grundsätzlich nicht einfacher macht). Zudem ermöglicht es aber neben normalen Anzeigeberechtigungen (Berechtigungswert R) auch das Anzeigen von Datensätzen in Suchhilfen (Berechtigungswert M) separat steuern lässt. Die Berechtigungswerte zum Ändern von Daten (D, E, S und W) lassen darüber hinaus die Abbildung eines Vier-Augen-Prinzips zu.

Die Berechtigungen für Aktivitäten im Berechtigungsfeld PPFCODE können ebenfalls sehr differenziert gesteuert werden: Zulässige Feldwerte sind z. B. DISP (Anzeige), COP (Kopieren), AEND (Ändern), DEL (Löschen) usw.

Zugriff auf die Daten zur eigenen Person

Besondere Beachtung erfordern im HCM Zugriffe auf Daten zur eigenen Person. Diese Steuerung erfolgt über das Berechtigungsobjekt P_PERNR: Hierüber kann der Zugriff auf Infotypen (Berechtigungsfeld INFTY) für unterschiedliche Aktivitäten bzw. Berechtigungslevel (AUTHC) abhängig von einem weiteren Berechtigungsfeld PSIGN entweder zugelassen (Berechtigungswert »I« für »include«) oder ausgeschlossen (Berechtigungswert »E« für »exclude«) werden.

Gesonderte HCM-Transaktionsberechtigungen

Eine weitere Besonderheit des HCM stellt das Berechtigungsobjekt P_TCODE dar: Über dieses müssen für einige HCM-Transaktionen die Transaktionscodes über die üblichen Transaktionsstart-Berechtigungen hinaus zusätzliche Berechtigungen vorhanden sein. Genau wie das Berechtigungsobjekt S_TCODE (vgl. Abschnitt 4.1.1) enthält auch das Berechtigungsobjekt P_TCODE nur ein Berechtigungsfeld: TCD für den Transaktionscode.

Strukturelle Berechtigungen

Strukturelle Berechtigungen sind eine Spezialform organisationsbezogener Berechtigungen, die ausschließlich im Modul HCM eingesetzt werden und ergänzend neben den Berechtigungen aus Benutzerrollen stehen. Ihre Besonderheiten liegen zum einen in der technischen Realisierung unabhängig von Rollen und Profilen, zum anderen in der Berücksichtigung von Objektverknüpfungen im HCM-Organisationsmanagement.

Die Transaktion zur Pflege struktureller Berechtigungen ist die *OOSP* (Berechtigungsprofil ändern). Mit dieser Transaktion werden sogenannte »Berechtigungsprofile« in Tabellenform erfasst bzw. bearbeitet, wie in Abbildung 4.18 zu erkennen ist.

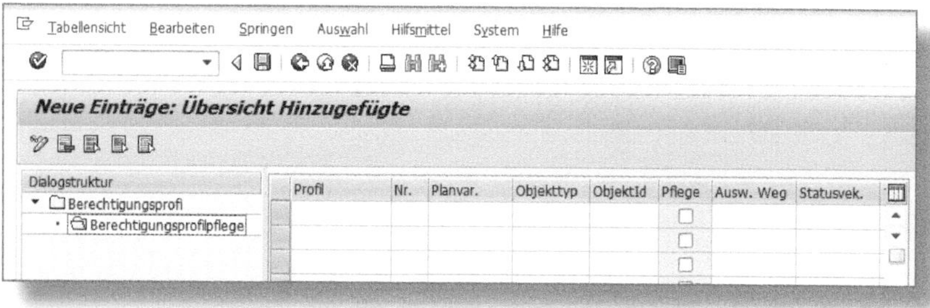

Abbildung 4.18: Transaktion OOSP

Strukturelle Berechtigungen in SAP HCM beziehen sich auf die Objekttypen »Organisationseinheit«, »Stelle« und »Planstelle« im Organisationsmanagement, welche über die Felder OBJEKTTYP und OBJEKTID spezifiziert werden. Die entsprechenden Objekte sind einander durch Verknüpfungen zugeordnet, die jeweils einen Zeitbezug aufweisen und entsprechend nicht statisch sind.

Für die strukturellen Berechtigungsprofile wird in der Transaktion *OOSP* u. a. festgelegt, in welcher Reihenfolge die Objekte und Verknüpfungen im Organisationsmanagement für die Berechtigungsprüfung ausgewertet werden (festgelegt im sogenannten *Auswertungsweg*), in welchem *Status* sich die Daten befinden (z. B. »geplant« oder »aktiv«), wie viele *Ebenen* des Organisationsmodells ausgehend vom Startpunkt der Auswertung berücksichtigt werden und für welchen *Zeitraum* diese Auswertung zulässig ist.

Eine wesentliche Einschränkung für die Verwendung struktureller Berechtigungen kann die Systemauslastung sein, da die Berechtigungen für Zugriffe auf die Objekte des Organisationsmanagements in der beschriebenen Detaillierung zur Laufzeit ermittelt werden müssen.

4.2.3 Logistik

Die Module der Logistik in SAP ERP umfassen, anders als beim Rechnungs- oder Personalwesen, weite Teile der Wertschöpfungskette vom Einkauf bis zum Verkauf, mit so unterschiedlichen Bereichen wie Beschaffung, Produktion, Lagerhaltung, Distribution und Transport. Technisch steht die Logistik in SAP ERP dem Rechnungswesen näher als dem Personalwesen, und im Berechtigungswesen bestehen viele direkte Bezüge zu den Strukturparametern des internen und externen Rechnungswesens.

Als wichtige Strukturparameter der Logistik sind anzuführen:

- *Werk* (Berechtigungsfeld WERKS) – bildet i. d. R. eine Niederlassung bzw. einen Standort der Unternehmung ab. Werke sind der zentrale Strukturparameter der Logistik und werden einem Buchungskreis zugeordnet (zu einem Buchungskreis können beliebig viele Werke gehören).
- *Einkaufsorganisation* (Berechtigungsfeld EKORG) – der zentrale Strukturparameter im Einkauf. Sie ist verantwortlich für die Beschaffung von Material oder Dienstleistungen und kann in *Einkäufergruppen* (Berechtigungsfeld EKGRP) gegliedert werden. Eine Zuordnung zu einem oder mehreren Buchungskreisen ist optional.
- *Verkaufsorganisation* (Berechtigungsfeld VKORG) – die zentrale Organisationseinheit im Verkauf, die für den Absatz von Waren und Dienstleistungen verantwortlich ist. Eine weitere Untergliederung kann in Form von *Verkaufsbüros* (Berechti-

gungsobjekt VKBUR) und *Verkäufergruppen* (Berechtigungsobjekt VKGRP) erfolgen. Auch *Vertriebswege* (Berechtigungsobjekt VTWEG) dienen der Differenzierung der Aktivitäten im Vertrieb: Sie bilden verschiedene Absatzwege in SAP ERP ab.

Wichtigstes Stammdatenobjekt in der Logistik ist das *Material*. Berechtigungstechnisch wird der Zugriff auf Materialien, abgesehen von den Strukturparametern, vorwiegend über Berechtigungsgruppen gesteuert, sowohl auf Ebene der einzelnen Materialstammsätze als auch bezogen auf deren verschiedene Materialarten (z. B. Handelswaren, Rohstoffe, Hilfs-/Betriebsstoffe usw.). Materialarten, Materialtypen o. Ä. sind nicht als Berechtigungsfelder im System verfügbar. Zur Veranschaulichung sollen einige wenige der zahlreichen Berechtigungsobjekte für den Materialstamm betrachtet werden:

- Berechtigungsobjekt M_MATE_MAT mit der Bezeichnung »Aktivität per Material« enthält die Berechtigungsfelder »Aktivität (ACTVT)« und »Berechtigungsgruppe (BEGRU)«, letztere zu pflegen im Materialstammsatz (in Transaktion *MM01*).
- Berechtigungsobjekt M_MATE_MAR, »Aktivität per Materialart«, enthält ebenfalls die Berechtigungsfelder »Aktivität (ACTVT)« und »Berechtigungsgruppe (BEGRU)«, wobei Letztere in diesem Fall im Customizing der Materialarten zu hinterlegen ist.
- Auch Berechtigungsobjekt M_MATE_WGR, »Aktivität per Warengruppe«, enthält nur ACTVT und BEGRU.

Auf die vielzähligen weiteren Berechtigungsobjekte der Logistik aus den Bereichen Bestellabwicklung, Lagerhaltung, Warenbewegungen usw. kann im Rahmen dieses Schnelleinstiegs leider nicht vertiefend eingegangen werden.

4.3 Spezielle Berechtigungsprüfungen

4.3.1 Ausführen von ABAP-Programmen

Beim Start von ABAP-Programmen führt das SAP-System eine Prüfung auf das Berechtigungsobjekt *S_PROGRAM* aus. In Abbildung 4.19 ist ersichtlich, dass dieses Berechtigungsobjekt zwei Berechtigungsfelder beinhaltet, eine *Benutzeraktion* (*P_ACTION*) und eine Berechtigungsgruppe (*P_GROUP*), jedoch kein Berechtigungsfeld für den Programmnamen.

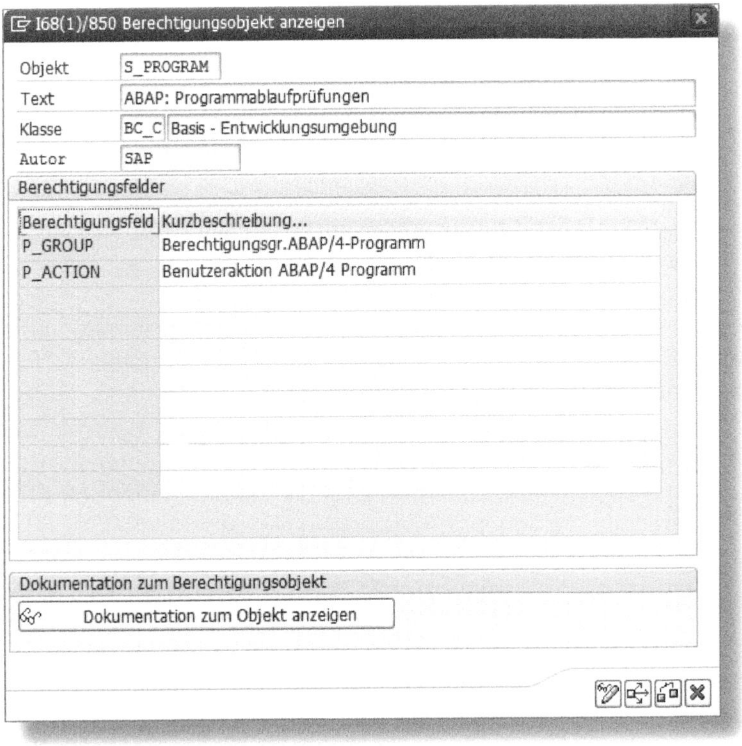

I68(1)/850 Berechtigungsobjekt anzeigen

Objekt: S_PROGRAM
Text: ABAP: Programmablaufprüfungen
Klasse: BC_C Basis - Entwicklungsumgebung
Autor: SAP

Berechtigungsfelder

Berechtigungsfeld	Kurzbeschreibung...
P_GROUP	Berechtigungsgr.ABAP/4-Programm
P_ACTION	Benutzeraktion ABAP/4 Programm

Dokumentation zum Berechtigungsobjekt

Dokumentation zum Objekt anzeigen

Abbildung 4.19: Berechtigungsobjekt S_PROGRAM

Das direkte Ausführen von Programmen kann auf zwei Arten erfolgen: zum einen durch Starten einer Transaktion wie *SA38* (ABAP-Reporting) oder z. B. auch *SE38* (ABAP-Editor) oder *SE80* (ABAP-Workbench). Diese Transaktionen bieten jeweils die Möglichkeit, Programmnamen einzugeben bzw. auszuwählen und die Programme auszuführen; und sie überprüfen dabei die Berechtigung für S_PROGRAM entsprechend über einen `AUTHORITY CHECK`.

Zum anderen können ABAP-Programme über den Menüpfad SYSTEM • REPORTING • AUSFÜHREN gestartet werden – dahinter verbirgt sich allerdings wiederum das Programm zur Transaktion *SA38*.

Die Benutzeraktionen, die beim Ausführen von ABAP-Programmen per Berechtigung überprüft werden können, sind:

- SUBMIT: Ausführen des ABAP-Programms,
- BTCSUBMIT: Ausführen des ABAP-Programms im Hintergrund als Job,
- VARAINT: Ausführen und Variantenpflege für das ABAP-Programm.

Diese Benutzeraktionen sind bzgl. der Programmausführung differenzierter als die in Abschnitt 3.1.2 für das Berechtigungsfeld ACTVT vorgesehene Aktivität »16« (Ausführen), da sie explizit das direkte Ausführen im Dialog (verbunden mit einer begrenzten Laufzeit des Programms, ehe es zu einem Abbruch kommt) vom Ausführen als Hintergrundjob unterscheidet. Zudem wird für die Variantenpflege eine besondere Berechtigung benötigt.

Berechtigungen für Variantenpflege

Programmaufrufe über Transaktionen können fest mit Varianten für das Selektionsbild verknüpft sein. Als mögliche Gründe kommen sowohl eine Vereinfachung für die Anwender (Vorbelegung von bestimmten Feldern im Selektionsbild) als auch sicherheitsbezogene Gründe in Betracht: Möglicherweise ist eine freie Selektion durch die Anwender nicht gewünscht, da eine zu weitreichende Einsicht in die im System gespeicherten Daten möglich wäre. Voraussetzung für einen entsprechenden Schutz über eine Variante ist in diesem Fall jedoch, dass die Anwender eine voreingestellte Variante nicht eigenständig ändern können. Die Berechtigung zur Variantenpflege wird somit zu einer kritischen Berechtigung.

Abbildung 4.20 zeigt den Quellcode einer Berechtigungsprüfung für das Berechtigungsobjekt S_PROGRAM beim Aufrufen eines Programms.

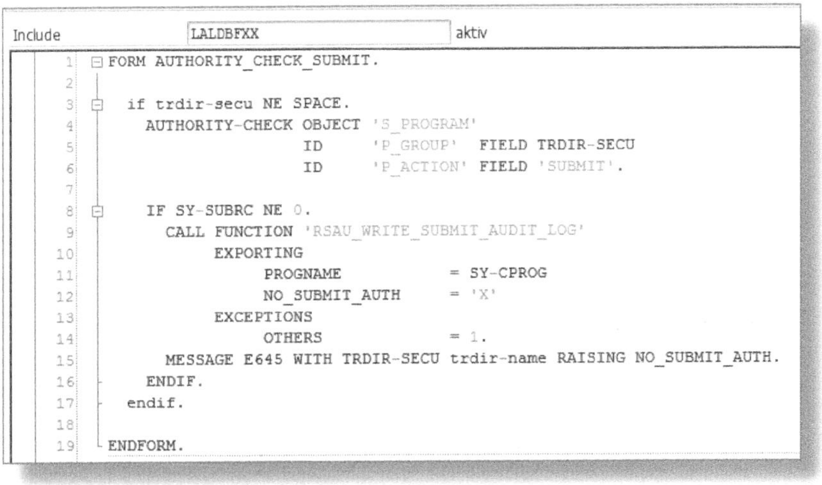

Include LALDBFXX aktiv

```
1  FORM AUTHORITY_CHECK_SUBMIT.
2
3    if trdir-secu NE SPACE.
4      AUTHORITY-CHECK OBJECT 'S_PROGRAM'
5                      ID      'P_GROUP'  FIELD TRDIR-SECU
6                      ID      'P_ACTION' FIELD 'SUBMIT'.
7
8      IF SY-SUBRC NE 0.
9        CALL FUNCTION 'RSAU_WRITE_SUBMIT_AUDIT_LOG'
10            EXPORTING
11                 PROGNAME           = SY-CPROG
12                 NO_SUBMIT_AUTH     = 'X'
13            EXCEPTIONS
14                 OTHERS             = 1.
15       MESSAGE E645 WITH TRDIR-SECU trdir-name RAISING NO_SUBMIT_AUTH.
16     ENDIF.
17   endif.
18
19 ENDFORM.
```

Abbildung 4.20: Berechtigungsprüfung für S_PROGRAM mit SUBMIT-Berechtigung

Wie in der Abbildung ersichtlich, gibt das SAP-System bei nicht erfolgreicher Berechtigungsprüfung (Zeile 8: `SY-SUBRC NE 0`, d. h., der Returncode ist nicht gleich null) eine Fehlermeldung aus (`MESSAGE E645`, d. h. eine Nachricht mit der Nummer 645 und mit Nachrichtentyp »Fehler/Error«). Diese ist in der folgenden Abbildung 4.21 dargestellt.

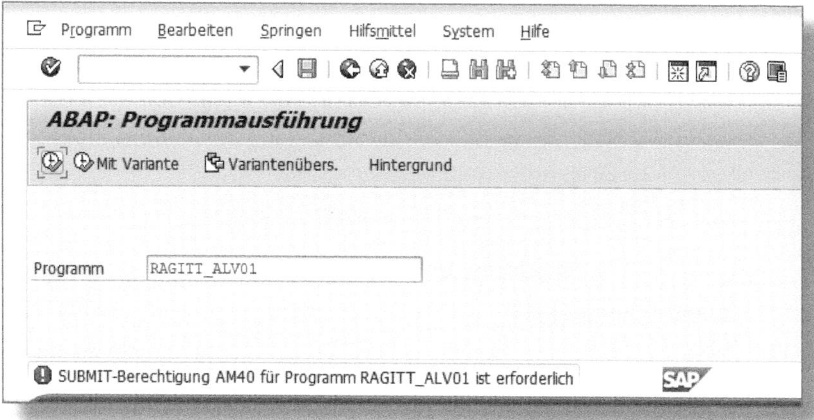

Abbildung 4.21: Berechtigungsfehler zu S_PROGRAM

Wie bereits in anderen Abschnitten dieses Buches angeführt, sind Berechtigungen zum direkten Ausführen von Reports über die Transaktion *SA38* kritisch und sollen in produktiven Systemen nicht an Anwender vergeben werden. Hintergrund ist vor allem das Berechtigungsobjekt S_PROGRAM:

- Nicht alle ABAP-Programme sind über eine Berechtigungsgruppe geschützt. Wie in Abschnitt 4.3.5 noch beschrieben wird, wird für Objekte (hier: Programme) ohne Berechtigungsgruppe keine berechtigungsgruppenspezifische Prüfung durchgeführt.
- Insbesondere kundeneigene Programme (die nicht von der SAP SE erstellt und ausgeliefert, sondern durch Systembetreuer/Softwareentwickler der Unternehmung oder durch Dritte, z. B. Projektpartner, Drittfirmen oder Freelancer, entwickelt wurden) weisen oft keinen Berechtigungsgruppenschutz auf, da das entsprechende Feld in den Programmeigenschaften kein Pflichtfeld ist.
- Angesichts der Vielzahl an Programmen und möglichen Änderungen durch die SAP (Änderungen von Berechtigungsgruppen oder Auslieferung neuer Programme innerhalb einer bereits vorhandenen Berechtigungsgruppen) ist die Handhabung dieser Gruppen, deren Inhalt/Programmzuordnung man im

SAP-Standard zudem nicht beeinflussen kann, schwierig und entsprechend nicht gut geeignet für die Feinsteuerung von Zugriffsrechten.

Eine Berechtigungsprüfung in Abhängigkeit vom Programmnamen statt von einer Berechtigungsgruppe hätte den Vorteil, dass eine deutlich genauere Steuerung der Berechtigungen möglich wäre – allerdings verbunden mit der Konsequenz, dass die Pflege der Berechtigungen in diesem Bereich aufwendiger wird.

Die SAP SE hat sich dieses alten Problems im Rahmen eines Upgrades angenommen und ein neues Berechtigungsobjekt ausgeliefert, das genau diese Berechtigungssteuerung abhängig vom Programmnamen ermöglicht. In Abbildung 4.22 ist das »neue« Berechtigungsobjekt *S_PROGNAM* abgebildet, das in aktuellen SAP-Releases zur Verfügung steht.

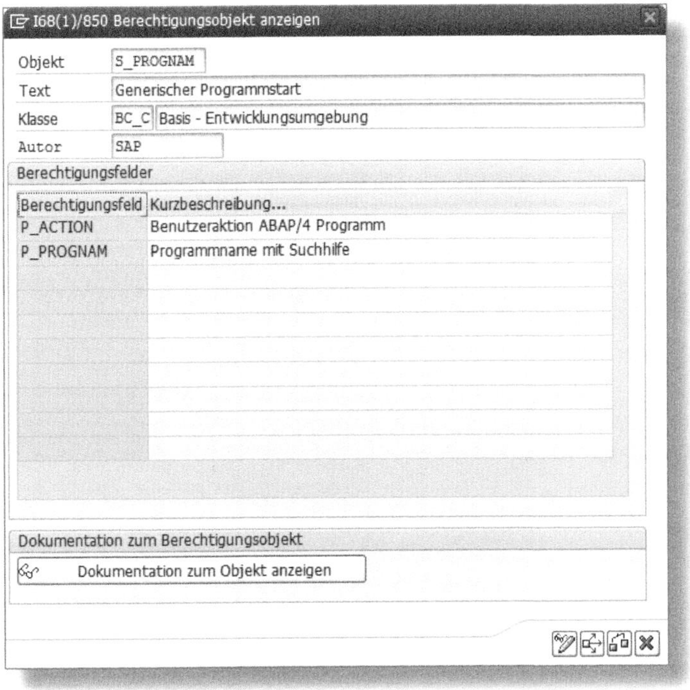

I68(1)/850 Berechtigungsobjekt anzeigen

Objekt S_PROGNAM
Text Generischer Programmstart
Klasse BC_C Basis - Entwicklungsumgebung
Autor SAP

Berechtigungsfelder

Berechtigungsfeld	Kurzbeschreibung...
P_ACTION	Benutzeraktion ABAP/4 Programm
P_PROGNAM	Programmname mit Suchhilfe

Dokumentation zum Berechtigungsobjekt

Dokumentation zum Objekt anzeigen

Abbildung 4.22: Berechtigungsobjekt S_PROGNAM

Passend zum neuen Berechtigungsobjekt gibt es natürlich auch eine zusätzliche Berechtigungsprüfung. Diese ergänzte Prüfung auf den Programmnamen beim direkten Start eines Reports ist allerdings optional: Sie muss in den SAP-Systemen einer Unternehmung explizit aktiviert werden. Die SAP SE hat hierfür, anders als bei »normalen« Berechtigungsprüfungen, eine Möglichkeit zum An- und Ausschalten über sogenannte *Szenarien* (»schaltbare Berechtigungsszenarien«) vorgesehen. Der Hintergrund dieser Vorgehensweise ist, dass eine neue Berechtigungsprüfung an einer so zentralen Stelle beim Starten von Programmen sehr weitreichende Auswirkungen auf die Berechtigungen von Benutzern hat. In einem produktiven System müssen dann sehr viele Rollen um entsprechende Berechtigungen ergänzt werden, und ohne korrespondierende Tests wäre sicher mit einer nennenswerten Anzahl von Berechtigungsproblemen nach dem entsprechenden Upgrade zu rechnen. Durch die Realisierung einer separat aktivierbaren Berechtigungsprüfung haben SAP-Kunden die Möglichkeit,

- die Notwendigkeit dieser Änderung genau zu prüfen (in den vielen Jahren vor dieser Neuerung haben sich die SAP einsetzenden Unternehmungen auf die Prüfung von *S_PROGRAM* eingestellt und ihre Berechtigungskonzepte entsprechend gestaltet), und
- den Zeitpunkt losgelöst vom Zeitpunkt eines Updates individuell festzulegen.

! S_PROGRAM und S_PROGNAM in Transaktionen

Passende Berechtigungen für die Berechtigungsobjekte *S_PROGRAM* und *S_PROGNAM* bleiben auch beim transaktionsbasierten Aufruf von Programmen erforderlich: Nach der Prüfung der Berechtigung für einen Z-Transaktionscode über *S_TCODE* wird das verknüpfte Programm aufgerufen. Anschließend erfolgt wie immer die beschriebene Prüfung auf *S_PROGRAM* sowie optional die Prüfung auf *S_PROGNAM*.

4.3.2 Zugriffe auf Dateien, Uploads und Downloads

Berechtigungsprobleme beim Zugriff auf Dateien lassen sich in zwei Kategorien unterteilen – je nachdem, ob die Dateien auf den Instanzen des SAP-Systems liegen oder lokal beim Anwender gespeichert sind.

Zugriffe auf Verzeichnisse und Dateien auf dem Server werden im SAP-System insbesondere mit dem Berechtigungsobjekt S_DATASET geschützt. In Abbildung 4.23 ist *S_DATASET* mit seinen Berechtigungsobjekten dargestellt.

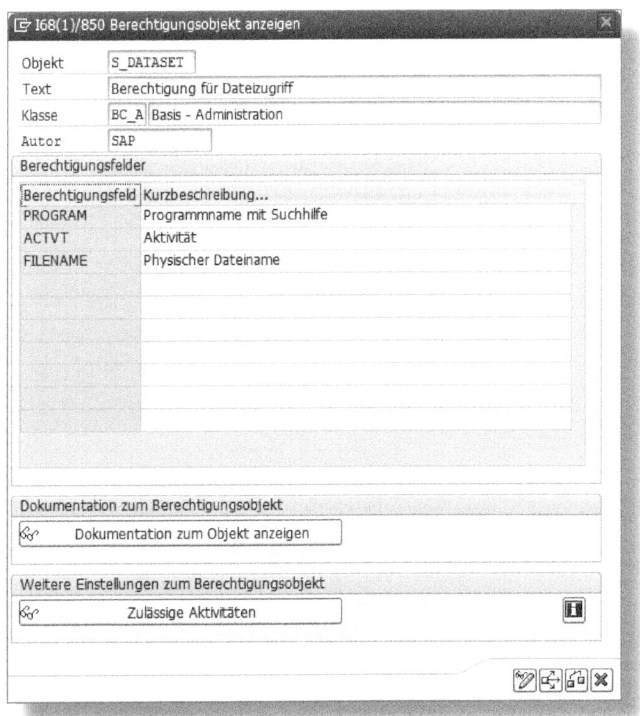

Abbildung 4.23: Berechtigungsobjekt S_DATASET

Die Pfadangaben für Dateizugriffe über S_DATASET können in Form einfacher Dateinamen im Standardverzeichnis der Applikation, als absolute Pfade unter Angabe des Applikationsservers oder als relative Pfade ausgehend vom Standardverzeichnis angegeben werden.

Für den Anwender ist diese Unterscheidung im Produktivsystem ohne Bedeutung, solange der Zugriff funktioniert. Nach Mandantenkopien kann es auf einem Testsystem allerdings zu Schwierigkeiten kommen.

! Datei-Zugriffsberechtigungen nach Mandantenkopien

Nach Mandanten- oder Systemkopien müssen die Pfadangaben in allen Berechtigungsobjekten, die das Berechtigungsfeld FILE verwenden, überprüft werden:

- Relative Pfade können auf Produktiv- und Testsystem identisch sein, theoretisch aber auch voneinander abweichen. In jedem Fall zeigen sie nach einer Kopie auf ein Verzeichnis auf einem anderen Applikationsserver.
- Absolute Pfade unter Einbeziehung des Server-Namens hingegen sind nach Kopien unverändert gültig – was jedoch Gefahren mit sich bringt: Aus beiden Systemen, Produktiv- und Testsystem, wird nach einer Kopie auf dasselbe Verzeichnis und dieselben Dateien zugegriffen. Hier sind unerwünschte Effekte (Überschreiben produktiv benötigter Daten durch Testdaten) denkbar.
- Absolute Pfade mit Angabe von Laufwerksbuchstaben zeigen genau wie relative Pfade nach der Kopie auf ein Verzeichnis gleichen Namens, das sich aber auf einem anderen Server befindet.

Die Unterscheidung von S_DATASET-Berechtigungen für die Anwender im SAP-System hat einen wichtigen Hintergrund: Bei Zugriffen auf das Dateisystem ist es betriebssystemseitig nicht möglich, den SAP-Anwender zu identifizieren. Alle Zugriffe aus SAP ERP heraus erfolgen unter einer einzigen technischen Nutzerkennung des zugrunde liegenden Betriebssystems. Abbildung 4.24 zeigt beispielhafte Zugriffe zweier Benutzer auf eine Datei über ein Programm aus Sicht des SAP-Systems sowie aus Sicht des Betriebssystems.

Der Up- und Download von Dateien sowie der Zugriff auf Pfade bzw. Verzeichnisse des Anwender-Computers im Netzwerk werden über das Berechtigungsobjekt *S_GUI* geschützt. Up- und Download werden dabei durch verschiedene Aktivitäten (60 bzw. 61) differenziert (siehe Beispiel in Abbildung 4.25).

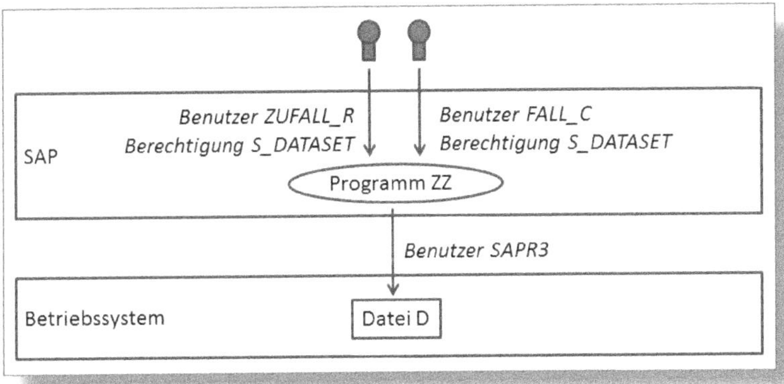

Abbildung 4.24: Zugriffe auf Dateien auf dem Applikationsserver

168(1)/850 Berechtigungsobjekt anzeigen

Objekt S_GUI
Text Berechtigung für GUI-Aktivitäten
Klasse BC_A Basis - Administration
Autor SAP

Berechtigungsfelder

Berechtigungsfeld	Kurzbeschreibung...
ACTVT	Aktivität

Dokumentation zum Berechtigungsobjekt

Dokumentation zum Objekt anzeigen

Weitere Einstellungen zum Berechtigungsobjekt

Zulässige Aktivitäten

Abbildung 4.25: Berechtigungsobjekt S_GUI

Das Betriebssystem des Computers des SAP-Anwenders hat keine Kenntnis von den SAP-Benutzern. Hier kann nur der Zugriff des am lokalen Betriebssystem (z. B. Windows) angemeldeten Nutzers auf lokale Pfade, Netzwerkadressen bzw. Dateien geschützt werden.

☛ Unterschiede S_DATSET und S_GUI

Während S_DATASET für Dateizugriffe auf den Applikationsservern eine differenzierte Angabe zu Pfad und Dateinamen ermöglicht, bietet S_GUI für Dateizugriffe auf dem lokalen Rechner des Anwenders nichts Vergleichbares. Dies ist allerdings auch nicht sinnvoll möglich, da sich Laufwerke und Pfade der Frontends nahezu beliebig unterscheiden können.

4.3.3 Zugriff auf Tabellen und Views

Zugriffe auf Tabellen in der SAP-Datenbank über Auswertungswerkzeuge wie SAP Query (Transaktionscode *SQ01*) oder den Data Browser (Transaktionscodes *SE16N* bzw. *SE16*) werden über die Berechtigungsobjekte S_TABU_NAM und S_TABU_DIS geschützt.

Abbildung 4.26 zeigt die Berechtigungsfelder des Berechtigungsobjekts *S_TABU_DIS*: Eine Tabellenberechtigungsgruppe *DICBERCLS* und das Ihnen inzwischen gut bekannte Berechtigungsfeld *ACTVT* (*Aktivität*).

Tabellenberechtigungsgruppen gehören zu den Eigenschaften von Datenbanktabellen, wobei viele verschiedene Tabellen derselben Berechtigungsgruppe zugeordnet sein können. Eine präzise Einschränkung von Berechtigungen ist über dieses Berechtigungsobjekt schwierig, zumal die Berechtigungsgruppen von SAP-Standardtabellen jederzeit von der SAP geändert werden können, aber nicht modifikationsfrei von den SAP-Kunden selbst.

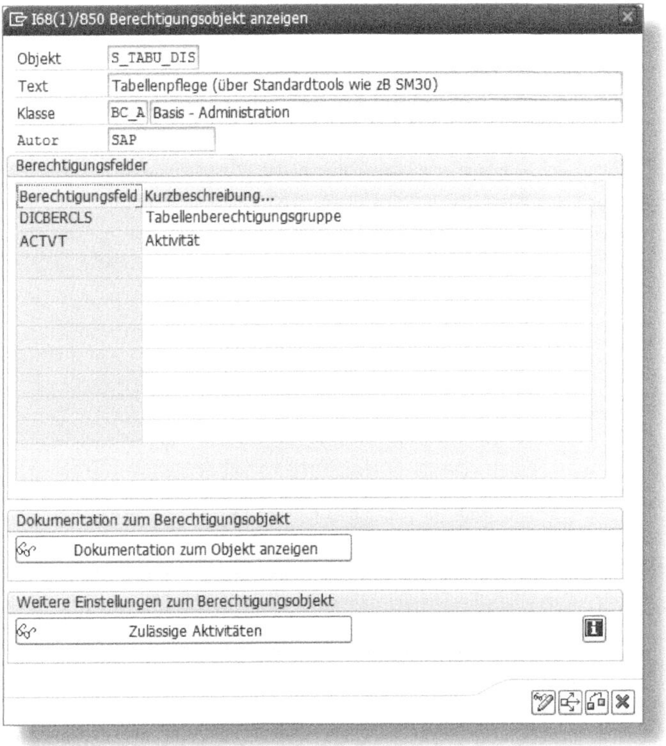

I68(1)/850 Berechtigungsobjekt anzeigen

Objekt S_TABU_DIS
Text Tabellenpflege (über Standardtools wie zB SM30)
Klasse BC_A Basis - Administration
Autor SAP

Berechtigungsfelder

Berechtigungsfeld	Kurzbeschreibung...
DICBERCLS	Tabellenberechtigungsgruppe
ACTVT	Aktivität

Dokumentation zum Berechtigungsobjekt
Dokumentation zum Objekt anzeigen

Weitere Einstellungen zum Berechtigungsobjekt
Zulässige Aktivitäten

Abbildung 4.26: Berechtigungsobjekt S_TABU_DIS

☛ Transaktionen vs. Datenzugriffe über Tabellen

Den Anwendern in SAP ERP sind die dem System zugrunde liegenden Tabellen i. d. R. nicht bekannt, anders als den Systembetreuern. Daten zu Objekten (z. B. Zahlungspartner im Modul FI oder Personen im Modul HCM) werden jeweils in diversen Tabellen gespeichert, die miteinander verknüpft sind. Die Pflege der Daten erfolgt nicht auf Tabellenebene, sondern transaktionsbasiert: Transaktionen sorgen für konsistente Änderungen in allen zugrunde liegenden Tabellen bei der Bearbeitung von Objekten, vgl. Abschnitt 1.1.6.

Die in diesem Abschnitt betrachteten Berechtigungsobjekte S_TABU_NAM und S_TABU_DIS sind entsprechend für alle normalen

Modul-Transaktionen im SAP-Standard nicht von Bedeutung, da dort Berechtigungsprüfungen für die üblichen Berechtigungsobjekte implementiert sind. *SQ01*, *SE16N* und auf Queries basierende kundeneigene Transaktionen sind hingegen keine Standard-Modul-Transaktionen: Hier greift der Tabellenzugriffsschutz über diese beiden Berechtigungsobjekte.

Eine dritte Kategorie sind kundeneigene Programme, die auf Daten aus geschützten Tabellen zugreifen: Hier ist der Programmierer dafür zuständig, eine Berechtigungsprüfung in das Programm einzubauen, vgl. z. B. Abschnitt 6.3.4.

Erschwerend kommt hinzu, dass Datenbanktabellen keiner Berechtigungsgruppe zugeordnet werden müssen, da das entsprechende Feld optional (kein Mussfeld) ist. Wie auch in Abschnitt 4.3.5 beschrieben wird, ist damit bei einer Berechtigungsprüfung auf S_TABU_DIS für eine ungeschützte Tabelle die Prüfung immer erfolgreich.

Um zu verhindern, dass der Zugriff immer gelingt, hat die SAP in aktuellen Releases eine weitere Berechtigungsprüfung ergänzt: Eine Prüfung auf das Berechtigungsobjekt *S_TABU_NAM*. Abbildung 4.27 zeigt zunächst das Berechtigungsobjekt mit seinen Berechtigungsfeldern.

Die BERECHTIGUNGSFELDER des Berechtigungsobjekts *S_TABU_NAM* sind *ACTVT* sowie der *Tabellenname*. Im Unterschied zur Tabellenberechtigungsgruppe ist hier eine sehr differenzierte Berechtigungssteuerung möglich – und für alle ansonsten ungeschützten Datenbanktabellen auch erforderlich, um einen Zugriff von Anwendern über die eingangs erwähnten generischen Auswertungswerkzeuge oder Transaktionen, die auf diesen Werkzeugen basieren, zu ermöglichen.

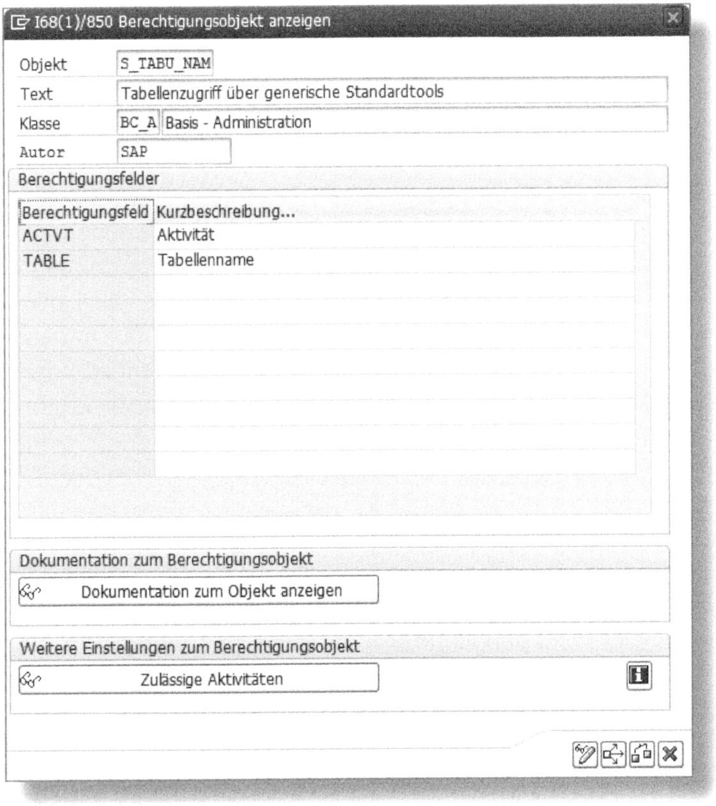

I68(1)/850 Berechtigungsobjekt anzeigen

Objekt S_TABU_NAM
Text Tabellenzugriff über generische Standardtools
Klasse BC_A Basis - Administration
Autor SAP

Berechtigungsfelder

Berechtigungsfeld	Kurzbeschreibung...
ACTVT	Aktivität
TABLE	Tabellenname

Dokumentation zum Berechtigungsobjekt
Dokumentation zum Objekt anzeigen

Weitere Einstellungen zum Berechtigungsobjekt
Zulässige Aktivitäten

Abbildung 4.27: Berechtigungsobjekt S_TABU_NAM

! Unbemerkte Tabellenzugriffe über Transaktionen

Der Schutz von Tabellenzugriffen ist nicht vollumfänglich auf die o. g. Auswertungswerkzeuge beschränkt, die normalen Anwendern i. d. R. nicht zur Verfügung stehen. Wird z. B. für eine mit SAP Query erstellte Auswertung ein Transaktionscode im Kundennamensraum erzeugt, um Endanwendern die Berechtigung dafür zuweisen zu können, ist für den Anwender nicht transparent, dass der aufgerufene Bericht eine Query-Auswertung ist. Die Berechtigungen für S_TABU_NAM und S_TABU_DIS werden trotzdem geprüft.

☛ Implementierungsabhängige Berechtigungsprüfung

Beachten Sie, dass die Berechtigungsprüfung beim Tabellenzugriff von der Art der Implementierung abhängig ist: Eine Query-Auswertung führt zur Prüfung der Berechtigungen für S_TABU_NAM und S_TABU_DIS. Wird jedoch die gleiche Auswertung als normaler ABAP-Report programmiert, kann dieser ohne Berechtigungsprüfung für beide Objekte realisiert werden – es ist sogar so, dass diese Berechtigungsprüfungen durch den Entwickler explizit programmiert werden müssten, wenn sie gewünscht sind. Der Endanwender bemerkt Unterschiede zwischen den Implementierungen höchstens im Selektionsbild der Transaktionen, während die Ergebnislisten praktisch identisch gestaltet werden können.

Eine Anmerkung am Rande: Während für Programme, wie die in Abschnitt 4.3.1 beschriebenen, von der SAP SE eine neue Berechtigungsprüfung bezogen auf den Objektnamen (also den Programmnamen) als schaltbare Berechtigungsprüfung implementiert wurde, hat man bei der hier betrachteten Ergänzung der Berechtigungsprüfung auf einen Datenbanktabellennamen auf einen Schalter verzichtet: Entweder wurde der Bedarf an zusätzlichem Schutz geringer eingeschätzt, oder die am Ende von Abschnitt 4.3.1 beschriebenen Auswirkungen werden anders gewichtet.

4.3.4 Varianten und Layouts

Die Berechtigungen zum Ändern und Abspeichern von Varianten und Layouts werden über verschiedene Berechtigungsobjekte geschützt, da in den heutigen SAP-Systemen unterschiedliche Berichtstechniken im Einsatz sind – zudem gibt es einige modulspezifische Layout-Berechtigungsobjekte.

In sogenannten *ABAP-Listen*, die eine sehr alte Technik darstellen, können Layouts häufig nicht durch die Anwender selbst geändert werden, sondern müssen durch die Systembetreuer im Rahmen des Customizings definiert und in das Produktivsystem transportiert werden. Der Anwender wählt lediglich im Selektionsbild eines der vorab definierten Layouts für die Ergebnisliste seines Berichts aus.

In modernen *ALV-Listen* können Anwender die Gestaltung von Layouts eigenständig vornehmen. Berechtigungsobjekte, die diese Pflege von Layoutvarianten ermöglichen, sind *S_ALV_LAYO* und *S_ALV_LAYR* für benutzerunabhängige Standardlayouts. In Berichten, deren Layouts über diese Berechtigungsobjekte geschützt sind, gilt:

- Benutzerspezifische (eigene) Layouts können ohne Vorliegen einer gesonderten Layout-Berechtigung gesichert und verwendet werden.
- Für globale (benutzerunabhängige) Layouts werden hingegen Berechtigungen zu den beiden Berechtigungsobjekten geprüft: Während das Berechtigungsobjekt S_ALV_LAYO nur das Berechtigungsfeld ACTVT (Aktivität) mit dem einzig zulässigen Berechtigungswert 23 (Pflegen) enthält, können über S_ALV_LAYR abhängig vom Programm (bzw. Report) Berechtigungen vergeben werden (das Berechtigungsobjekt enthält vier Berechtigungsfelder, darunter ACTVT sowie REPORT für den Programmnamen). Das System prüft zunächst, ob Layout-Pflegeberechtigungen zu S_ALV_LAYO vorhanden sind. Ist das nicht der Fall, prüft es im nächsten Schritt das Vorhandensein reportspezifischer S_ALV_LAYR-Berechtigungen. Fehlen beide, steht dem Benutzer das Speichern globaler Layouts nicht zur Verfügung.

Das Berechtigungsobjekt *S_ALV_LAYR* ist in Abbildung 4.28 dargestellt.

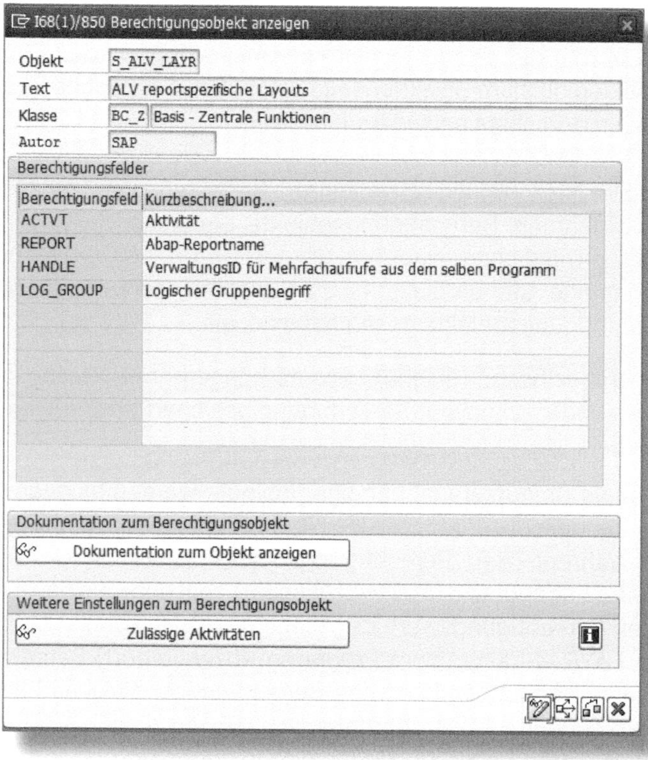

I68(1)/850 Berechtigungsobjekt anzeigen

Objekt S_ALV_LAYR
Text ALV reportspezifische Layouts
Klasse BC_Z Basis - Zentrale Funktionen
Autor SAP

Berechtigungsfelder

Berechtigungsfeld	Kurzbeschreibung...
ACTVT	Aktivität
REPORT	Abap-Reportname
HANDLE	VerwaltungsID für Mehrfachaufrufe aus dem selben Programm
LOG_GROUP	Logischer Gruppenbegriff

Dokumentation zum Berechtigungsobjekt
Dokumentation zum Objekt anzeigen

Weitere Einstellungen zum Berechtigungsobjekt
Zulässige Aktivitäten

Abbildung 4.28: Berechtigungsobjekt S_ALV_LAYR für reportabhängige Layout-Berechtigungen

Im Modul FI gibt es mit dem Berechtigungsobjekt *F_IT_ALV* ein eigenes Berechtigungsobjekt für die Pflege von Layouts in Einzelpostenlisten. Dieses enthält wiederum nur das Berechtigungsfeld *ACTVT*, unterscheidet jedoch vier zulässige Aktivitäten, wie in Abbildung 4.29 deutlich wird.

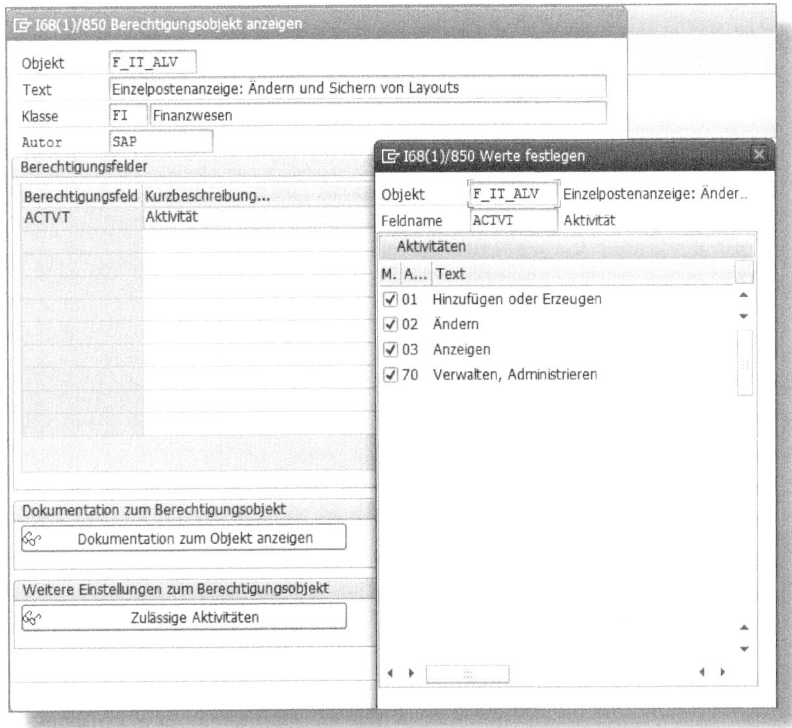

Abbildung 4.29: Berechtigungsobjekt F_IT_ALV mit zulässigen Aktivitäten

Ausgestaltung der Layout-bezogenen Berechtigungen

Welche Berechtigungen für Auswahl, Bearbeitung und Speichern von Layouts erforderlich sind, ist abhängig vom jeweiligen Programm bzw. Bericht; nicht auszuschließen ist zudem, dass sich abhängig vom Releasestand Unterschiede ergeben: Die Prüfung des Berechtigungsobjekts S_ALV_LAYR ist beispielsweise jüngeren Ursprungs. Für die unternehmungsbezogene Ausgestaltung von Layout-Berechtigungen ist eine Analyse der konkret vom System geprüften Berechtigungen über einen Berechtigungstrace (vgl. Abschnitt 4.4.4) durch entsprechend berechtigte Systembetreuer zu empfehlen.

4.3.5 Berechtigungsgruppen

Berechtigungsgruppen sind beliebige vierstellige IDs, die nicht zwingend im Customizing zu definieren sind, sondern im Rahmen der Stammdatenpflege bzw. bei der Bearbeitung von zu schützenden Objekten im SAP-System frei gewählt werden können. Sinnvolle Werte für Berechtigungsgruppen sind dabei nur solche, für die im Produktivsystem auch explizit Berechtigungen über Rollen an Benutzer vergeben sind bzw. werden.

Die Besonderheit des Berechtigungsgruppenschutzes besteht darin, dass hier **ausnahmsweise nicht** das Minimalprinzip realisiert ist: Nur wenn ein Objekt explizit mit einer Berechtigungsgruppe geschützt wird, ist für den Zugriff auf dieses Objekt eine besondere Berechtigung erforderlich – Objekte mit einem leeren Feld »Berechtigungsgruppe« können hingegen ohne gesonderte Zugriffsprüfung bearbeitet werden.

Berechtigungsgruppe als Mussfeld

Die Abweichung vom Minimalprinzip der Berechtigungsvergabe ist konzeptionell problematisch, weicht sie doch vom sonst üblichen Standard ab. Es ist daher zu empfehlen, für Stammdatenobjekte mit optionalem Berechtigungsgruppenschutz vorab zu prüfen, ob dieser sinnvoll ist bzw. benötigt wird.

Ist dies der Fall, sollte das Feld »Berechtigungsgruppe« für das Objekt zum Pflichtfeld bei der Stammdatenpflege werden, um ungeschützte Stammdatenobjekte zu verhindern: Im Customizing kann hierfür i. d. R. eine Anpassung im Feldstatus vorgenommen werden. Dieses erfordert anschließend folgende Aktivitäten:

- Festlegung der zulässigen/benötigten Berechtigungswerte für die Berechtigungsgruppe und Dokumentation im Berechtigungskonzept der Unternehmung;
- Identifizieren aller Berechtigungsobjekte für die Prüfung der betreffenden Berechtigungsgruppe;
- Identifizieren und Überprüfen aller Rollen, die identifizierte Berechtigungsobjekte enthalten;

- Entscheidung, ob die Berechtigungsgruppe innerhalb der bestehenden Rollen gepflegt werden kann und soll oder ob neue Rollen benötigt werden, sowie
- Pflege der Rollen.

Wird das Feld »Berechtigungsgruppe« auf ein Pflichtfeld bei der Stammdatenpflege umgestellt, sind Tests dieser Änderungen im Testsystem dringend anzuraten, da Auswirkungen auf die bestehenden Berechtigungen der Anwender in diesem Fall ja gewünscht sind – es aber trotzdem nicht zu unbeabsichtigten Beeinträchtigungen im Rahmen des planmäßigen Geschäftsbetriebs kommen soll.

! Unterschiedliche Zugriffsarten und freier Zugriff auf Berechtigungsgruppen

Bedenken Sie bei einer Konzeption von Berechtigungsgruppen folgende Aspekte:

- In den meisten Berechtigungsobjekten zu Berechtigungsgruppen (Berechtigungsfeld BEGRU) ist zusätzlich das Feld »Aktivität« (ACTVT) enthalten: Die Zugriffe auf ein geschütztes Objekt müssen also nach Zugriffsarten differenziert werden. Für lesende Zugriffe gelten häufig andere Restriktionen als für schreibende.
- Für Stammdatenobjekte, die bisher ungeschützt waren (ohne eingetragene Berechtigungsgruppe), wird oftmals ein Berechtigungswert für einen mehr oder weniger freien Zugriff (im Rahmen der üblichen Geschäftsprozesse) benötigt. Abhängig vom jeweiligen Konzept könnten Werte wie »FREI«, »ALLE« oder »0000« sinnvoll sein. Für diese Berechtigungswerte müssen die Rollen der Benutzer ebenso angepasst werden wie für alle beschränkten Zugriffe: Sämtliche Benutzer müssen zur Erhaltung des Status quo eine Berechtigung für den Zugriff auf die »freie« Berechtigungsgruppe über eine geeignete Rolle erhalten.

Die Komplexität des Zugriffsschutzes über Berechtigungsgruppen veranschaulicht das folgende Beispiel.

Für Berechtigungsgruppen gibt es verschiedene Berechtigungsfelder – da diese jedoch nicht modul- oder anwendungsbereichsbezogen sind, sondern stattdessen systemweit in ganz unterschiedlichen Kontexten zum Einsatz kommen, ist eine Verwendung dieser Berechtigungsfelder als Orgebene i. d. R. nicht zu empfehlen. Berechtigungsfelder für Berechtigungsgruppen sind z. B.:

- BEGRU: Verwendung in 122 Berechtigungsobjekten diverser Module,
- PCBEGRU: Berechtigungsgruppe Produktkatalog, Verwendung in nur zwei Berechtigungsobjekten,
- P_GROUP: Berechtigungsgruppe ABAP/4-Programm, Verwendung in acht Berechtigungsobjekten.

Beispielsweise folgende Berechtigungsobjekte enthalten eines der genannten Berechtigungsfelder für einen Berechtigungsgruppenschutz:

- B_BUPA_GRP: Stammdaten zentrale Geschäftspartner (modulunabhängig),
- C_CABN_GRP: Berechtigungsgruppe im Merkmalsstamm,
- C_MLST_BGR: Meilensteine im PS,
- F_BKPF_BUP: Buchhaltungsbeleg-Berechtigung für Buchungsperioden,
- F_FICA_FSG: Berechtigungsgruppe der Finanzstelle,
- F_KKVK_BEG: Berechtigungsgruppe im FI-CA-Vertragskonto,
- M_BBP_PC: Einkäuferkartenstammdaten,
- M_MATE_MAR: Aktivität per Materialart,
- M_MATE_MAT: Aktivität per Material.

4.3.6 LSMW- und Batch-Input-Berechtigungen

LSMW steht für *Legacy System Migration Workbench* und ist ein beliebtes Werkzeug, um Datenübernahmen in ein SAP-System zu realisieren. Dabei werden Daten aus einer strukturierten Datenquelle (häufig eine Excel-Datei, die im Format »Text mit Tabulator« gespeichert wird) ins SAP-System übernommen. LSMWs basieren auf Aufzeichnungen mit einer festgelegten Abfolge von Bearbeitungsschritten in einer Transaktion im SAP-System. Den in der Aufzeichnung verwendeten Feldern in der gewählten Transaktion (»Zielfelder«) werden Felder aus der Quelldatei (»Quellfelder«) zugeordnet. Über die gleichnamige Transaktion *LSMW* werden die Daten ins SAP-System eingelesen. Für Endanwender wird häufig die Bereitstellung der Daten in Form einer sogenannten *Batch-Input-Mappe* gewählt, die anschließend abgespielt werden muss.

LSMWs werden über sogenannte *Projekte*, *Teilprojekte* und *Objekte* definiert. Diese drei Ebenen bilden eine hierarchische Struktur, über welche die in einem System vorhandenen LSMWs strukturiert sind: Projekte setzen sich aus Teilprojekten zusammen, Teilprojekte wiederum aus Objekten. Abbildung 4.30 zeigt das Einstiegsbild der Transaktion *LSMW*.

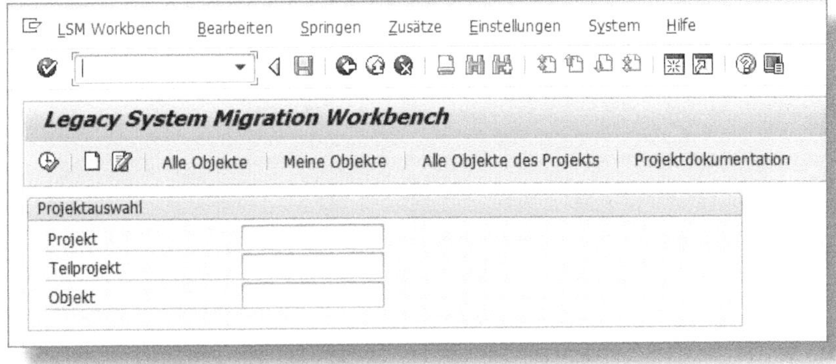

Abbildung 4.30: Einstiegsbild der Transaktion LSMW

Die Berechtigungen für LSMW-Projekte werden hauptsächlich über zwei Berechtigungsobjekte vergeben: *B_LSMW_PRO* und *B_LSMW*. Abbildung 4.31 und Abbildung 4.32 zeigen die Berechtigungsobjekte im Detail.

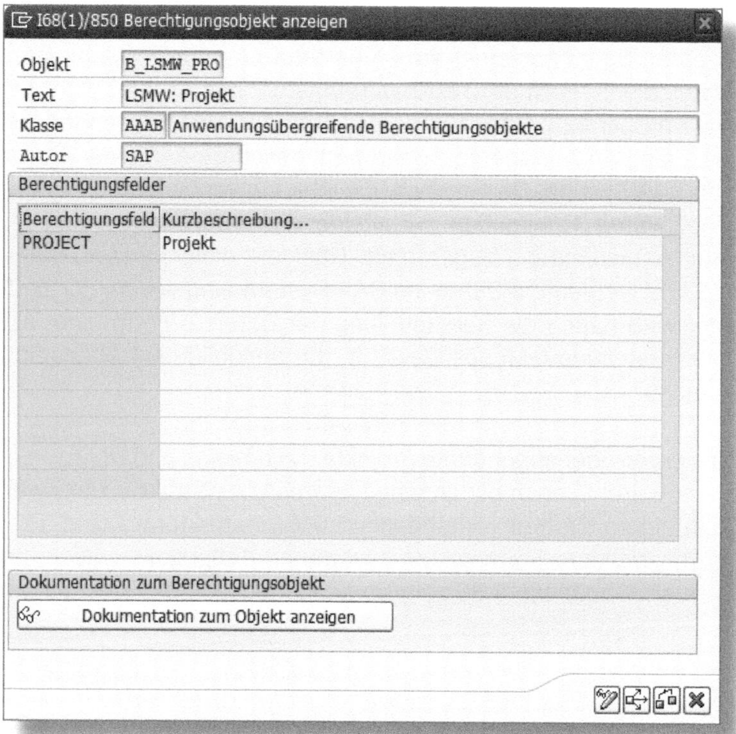

Abbildung 4.31: Berechtigungsobjekt B_LSMW_PRO

LSMW-Zugriffsrechte für Teilprojekte oder Objekte

Eine Steuerung der LSMW-Berechtigungen unterhalb der Ebene »Projekt« ist über die beiden Berechtigungsobjekte leider nicht möglich. Eine Möglichkeit zur weiteren Differenzierung besteht in der Einschränkung der für LSMW ebenfalls benötigten S_DATASET-Berechtigungen, wenn die Dateinamen auf den Applikationsservern den Standardwerten entsprechende Angaben zu allen drei Ebenen »Projekt«, »Teilprojekt« und »Objekt« enthalten.

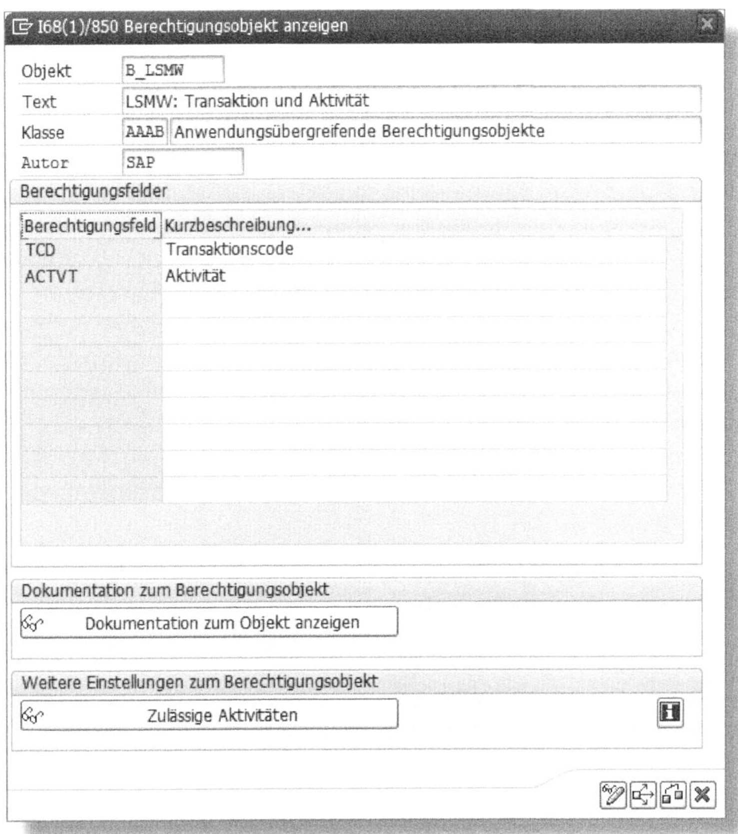

Abbildung 4.32: Berechtigungsobjekt B_LSMW

Ein für den Anwender nicht ersichtliches Detail der LSMW-Technik kann zu Berechtigungsproblemen z. B. nach Mandantenkopien führen, wenn die Zugriffsrechte für zwischengespeicherte Dateien gemäß Minimalprinzip ausgestaltet sind: Die Programme für das Einlesen und Umsetzen der LSMW-Quelldaten werden auf Basis der Aufzeichnungen dynamisch generiert, wobei der Programmname eine fortlaufende Nummer enthält. Diese ist systemabhängig, d. h. normalerweise in Test- und Produktivsystem unterschiedlich. Nach einer Mandantenkopie enthalten die Berechtigungen der Benutzer im kopierten Mandanten die Rollen/Berechtigungen mit den Programmnamen aus dem

Produktivsystem – LSMW-Projekte sind jedoch mandantenunabhängig und werden entsprechend nicht kopiert.

Die Berechtigungen, *Batch-Input-Mappen* zur Verarbeitung von Massendaten im System über die Transaktion *SM35* zu bearbeiten, wird vorwiegend über das Berechtigungsobjekt S_BDC_MONI gesteuert. Als Berechtigungsfelder stehen der Mappenname (Berechtigungsfeld BDCGROUPID) sowie sogenannte Batch-Input-Aktivitäten (Berechtigungsfeld BDCAKTI) zur Verfügung. Eine Besonderheit besteht darin, dass hier neben der Differenzierung verschiedener Funktionen (Mappe abspielen, Mappe analysieren, Mappe löschen usw.) auch spezielle Aktivitäten definiert wurden, die sich auf eigene Batch-Input-Mappen beziehen, d. h. eine Identität von Mappenersteller und aktivem Benutzer (durch Vergleich der Benutzernamen) erfordern. Abbildung 4.33 zeigt einen entsprechenden Ausschnitt aus den Berechtigungswerten zum Berechtigungsfeld BDCAKTI.

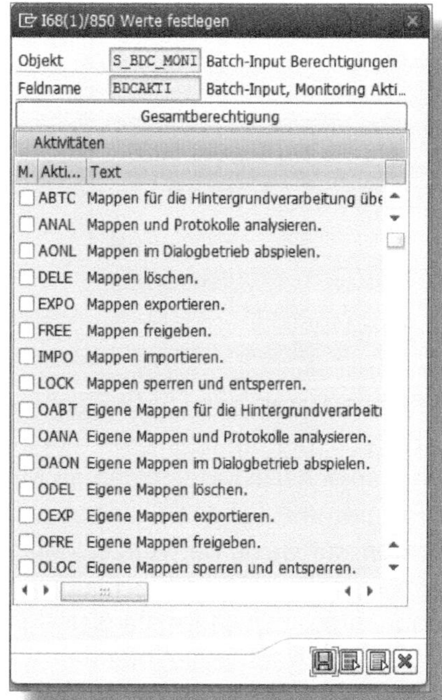

Abbildung 4.33: Besondere Aktivitäten des Berechtigungsfeldes BDCAKTI für Batch-Input-Mappen

4.4 Kontrolle fehlgeschlagener Berechtigungsprüfungen

4.4.1 Wie sieht eine fehlgeschlagene Berechtigungsprüfung aus?

Während der Arbeit in einem SAP-System werden im Hintergrund ständig Berechtigungsprüfungen durchgeführt, meist ohne dass die Anwender dieses bemerken. Fehlgeschlagene Berechtigungen machen sich auf verschiedene Arten bemerkbar:

- Das System gibt eine Fehlermeldung aus, die auf einen Berechtigungsfehler hinweist, und verweigert entsprechend z. B. den Zugriff auf eine Transaktion oder erwartet eine Änderung der Eingaben vom Benutzer.
- Das System gibt keinen Hinweis auf eine fehlgeschlagene Berechtigungsprüfung aus, stellt aber bestimmte Funktionalitäten nicht zur Verfügung. Dies kann sich z. B. so auswirken, dass Menüfunktionen oder Schalter inaktiv bleiben.
- Das System gibt keinen Hinweis auf eine fehlgeschlagene Berechtigungsprüfung aus, sondern weist in einer Fehlermeldung auf ein anderes Problem hin, das eigentlich ein Folgefehler des Berechtigungsfehlers ist.

Die nachfolgenden Abbildungen zeigen Beispiele für fehlgeschlagene Berechtigungsprüfungen.

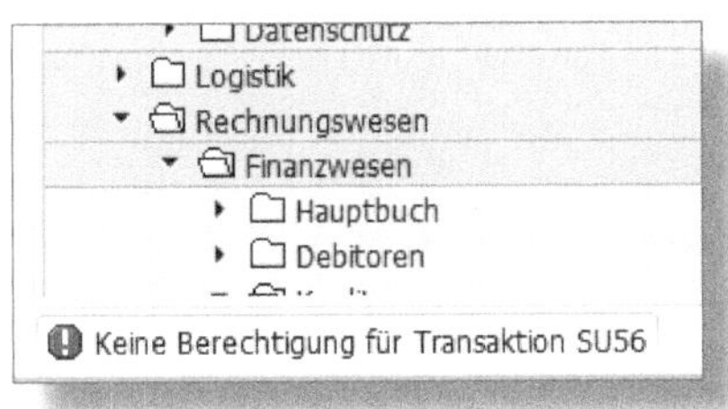

Abbildung 4.34: Berechtigungsfehler beim Transaktionsstart

Abbildung 4.34 zeigt einen Berechtigungsfehler beim Versuch, eine Transaktion zu starten. Weitere Hinweise zu Transaktionsberechtigungen finden Sie in Abschnitt 4.1.1. Die angezeigte Fehlermeldung wird hier in der Statusleiste ausgegeben – nach Betätigung der [Enter]- oder [ESC]-Taste oder einem beliebigen weiteren Klick mit der Maus im aktuellen Dynpro ist sie nicht mehr zu sehen. Es ist eine arbeitsplatzbezogene Einstellung, ob die Anzeige der Meldungen nur in der Statuszeile oder stattdessen (wie im folgenden Beispiel in Abbildung 4.35) in einem kleinen Dialogfenster erfolgt.

Dialogfenster für Meldungen

Über den Schalter ANPASSUNG DES LOKALEN LAYOUTS in der Symbolleiste kann die Ausgabe von Meldungen abhängig vom Meldungstyp benutzerbezogen und pro Arbeitsplatz (d. h. pro GUI-Installation) gesteuert werden. Über den Eintrag OPTIONEN... können die Optionen für den SAP GUI aufgerufen werden: Hier findet man die Einstellungen unter INTERAKTIONSDESIGN • BENACHRICHTIGUNGEN im Abschnitt MELDUNGEN.

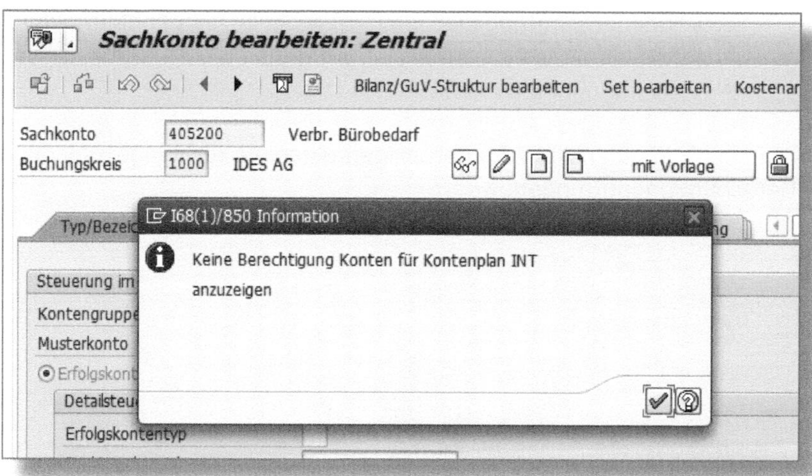

Abbildung 4.35: Berechtigungsfehler bei einer Berechtigungsprüfung in einer Transaktion

Abbildung 4.35 zeigt einen Berechtigungsfehler innerhalb einer Transaktion. In diesem Beispiel wird die Meldung in einem Dialogfenster ausgegeben, das mit `Enter` bestätigt/geschlossen werden muss. Wie im Hinweiskasten beschrieben, ist die Ursache der abweichenden Anzeige eine geänderte Einstellung und nicht der Zeitpunkt des Berechtigungsfehlers (beim Transaktionsstart bzw. innerhalb einer Transaktion).

Berechtigungsfehler in einer Transaktion

Der Sachbearbeiter ZUFALL_R erhält beim Versuch, die Transaktion *FS00* zur Anzeige eines Sachkontos im Modul FI aufzurufen, den in Abbildung 4.35 gezeigten Berechtigungsfehler. Zwar gelingt der Transaktionsstart, und er kann ein Sachkonto zur Anzeige auswählen. Danach schlägt jedoch eine Berechtigungsprüfung innerhalb des Programms (zur Transaktion) fehl.

Im Unterschied zum Berechtigungsfehler in Abbildung 4.34, der direkt im *SAP Easy Access* ausgegeben wurde, ist dieses Mal das Start-Dynpro der Transaktion *FS00* aufgrund des geglückten Transaktionsstarts zu sehen, und erst dann verhindert der Berechtigungsfehler, dass es danach weitergeht: Der Anwender hat nun entweder die Möglichkeit, die Eingaben zu korrigieren (z. B. ein Sachkonto eines anderen Kontenplans auszuwählen, falls es sich z. B. um eine Fehleingabe handelte) oder beim zuständigen Systembetreuer um eine Erweiterung der Berechtigung zu bitten – je nachdem, welcher Lösungsweg zum gewünschten Ziel führt.

4.4.2 Transaktion SU53

Das vermutlich am häufigsten eingesetzte Werkzeug in der Kommunikation bzgl. Berechtigungsproblemen in SAP-Systemen ist die Transaktion *SU53*. Diese dient der Auswertung fehlgeschlagener Berechtigungsprüfungen. Im Unterschied zur *SU56* (Anzeige des Benutzerpuffers) gehört die *SU53* zu den unkritischen Transaktionen: Jeder SAP-Anwender kann bzw. sollte die Berechtigung hierfür haben.

Das SAP-System speichert eine bestimmte Anzahl fehlgeschlagener Berechtigungsprüfungen vorübergehend ab, um Systembetreuern eine Auswertung dieser Daten mittels der Transaktion *SU53* zu ermöglichen.

☛ Geänderter Funktionsumfang der SU53

In aktuellen SAP-Releaseständen wird eine nennenswerte Anzahl fehlgeschlagener Berechtigungsprüfungen in einem sogenannten *Ringpuffer* der Applikationsserver gespeichert, damit eine Auswertung mit möglichst wenigen Einschränkungen erfolgen kann. Die Anzahl der gespeicherten Prüfungen ist abhängig von Systemparametern und beträgt im Standard:

- 100 Berechtigungsprüfungen pro *Workprozess*
- für eine Dauer von maximal drei Stunden.

Die tatsächlich gespeicherte Anzahl und die Dauer der Speicherung sind also abhängig von der Konfiguration und der Auslastung des Systems sowie von der Anzahl der fehlgeschlagenen Berechtigungsprüfungen aller Nutzer im System. Selbst bei Kenntnis der technischen Konfiguration ist es entsprechend schwierig, eine Schätzung vorzunehmen.

Für die Auswertung Ihrer fehlgeschlagenen Berechtigungsprüfungen starten Sie die Transaktion *SU53* am besten unmittelbar nach einem Berechtigungsfehler. Dazu gibt es mehrere Möglichkeiten:

1. Sie öffnen einen neuen Modus (ein neues GUI-Fenster) und starten darin die Transaktion *SU53* entweder durch Eingabe des Transaktionscodes in das Kommandofeld oder durch Doppelklick auf die Transaktion im Menü bzw. in Ihren Favoriten.

2. Sie geben direkt nach der Fehlermeldung ohne Moduswechsel in das Kommandofeld in der Menüzeile */nSU53* ein. Das System öffnet die Auswertung im selben Modus.

3. Sie geben direkt nach der Fehlermeldung im selben Modus in das Kommandofeld in der Menüzeile */oSU53* ein. Das System öffnet einen neuen Modus und startet in diesem die Auswertung Ihrer fehlgeschlagenen Berechtigungen.

Eine Erklärung der vor einem Transaktionscode eingebbaren Kommandos */n* und */o* finden Sie in Abschnitt 1.1.6.

Aufruf fehlgeschlagener Berechtigungsprüfungen mit der SU53

Das Beispiel in Abbildung 4.36 zeigt die fehlgeschlagenen Berechtigungsprüfungen des Anwenders *ZUFALL_R*, der wie im Beispiel am Ende des vorigen Abschnitts versucht hat, in der Transaktion *FS00* zur Anzeige bzw. Bearbeitung von Sachkonten im FI ein Konto (*405200*: »Verbr. Bürobedarf«) aus dem Kontenplan *KINT* auszuwählen und anzuzeigen.

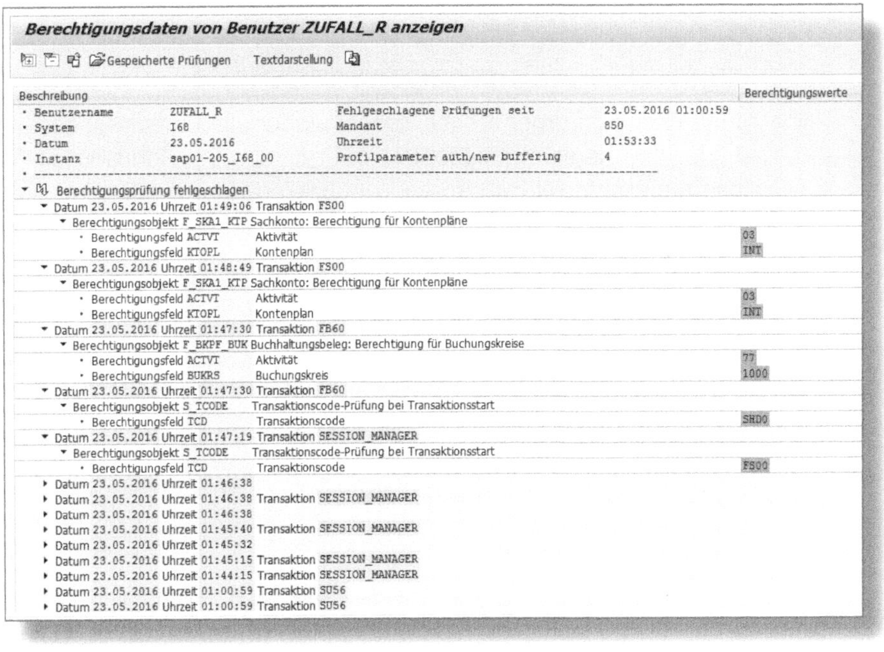

Berechtigungsdaten von Benutzer ZUFALL_R anzeigen

Gespeicherte Prüfungen   Textdarstellung

Beschreibung				Berechtigungswerte
• Benutzername	ZUFALL_R	Fehlgeschlagene Prüfungen seit	23.05.2016 01:00:59	
• System	I68	Mandant	850	
• Datum	23.05.2016	Uhrzeit	01:53:33	
• Instanz	sap01-205_I68_00	Profilparameter auth/new buffering	4	

```
▾ Berechtigungsprüfung fehlgeschlagen
  ▾ Datum 23.05.2016 Uhrzeit 01:49:06 Transaktion FS00
    ▾ Berechtigungsobjekt F_SKA1_KTP Sachkonto: Berechtigung für Kontenpläne
      • Berechtigungsfeld ACTVT   Aktivität          03
      • Berechtigungsfeld KTOPL   Kontenplan         INT
  ▾ Datum 23.05.2016 Uhrzeit 01:48:49 Transaktion FS00
    ▾ Berechtigungsobjekt F_SKA1_KTP Sachkonto: Berechtigung für Kontenpläne
      • Berechtigungsfeld ACTVT   Aktivität          03
      • Berechtigungsfeld KTOPL   Kontenplan         INT
  ▾ Datum 23.05.2016 Uhrzeit 01:47:30 Transaktion FB60
    ▾ Berechtigungsobjekt F_BKPF_BUK Buchhaltungsbeleg: Berechtigung für Buchungskreise
      • Berechtigungsfeld ACTVT   Aktivität          77
      • Berechtigungsfeld BUKRS   Buchungskreis      1000
  ▾ Datum 23.05.2016 Uhrzeit 01:47:30 Transaktion FB60
    ▾ Berechtigungsobjekt S_TCODE   Transaktionscode-Prüfung bei Transaktionsstart
      • Berechtigungsfeld TCD     Transaktionscode   SHD0
  ▾ Datum 23.05.2016 Uhrzeit 01:47:19 Transaktion SESSION_MANAGER
    ▾ Berechtigungsobjekt S_TCODE   Transaktionscode-Prüfung bei Transaktionsstart
      • Berechtigungsfeld TCD     Transaktionscode   FS00
  ▸ Datum 23.05.2016 Uhrzeit 01:46:38
  ▸ Datum 23.05.2016 Uhrzeit 01:46:38 Transaktion SESSION_MANAGER
  ▸ Datum 23.05.2016 Uhrzeit 01:46:38
  ▸ Datum 23.05.2016 Uhrzeit 01:45:40 Transaktion SESSION_MANAGER
  ▸ Datum 23.05.2016 Uhrzeit 01:45:32
  ▸ Datum 23.05.2016 Uhrzeit 01:45:15 Transaktion SESSION_MANAGER
  ▸ Datum 23.05.2016 Uhrzeit 01:44:15 Transaktion SESSION_MANAGER
  ▸ Datum 23.05.2016 Uhrzeit 01:00:59 Transaktion SU56
  ▸ Datum 23.05.2016 Uhrzeit 01:00:59 Transaktion SU56
```

Abbildung 4.36: Beispiel einer SU53-Anzeige

Im oberen Bereich BESCHREIBUNG der *SU53*-Anzeige gibt das System u. a.

- den BENUTZERNAMEN des Users, dessen fehlgeschlagene Berechtigungsprüfungen angezeigt werden,
- SYSTEM und MANDANT sowie
- DATUM und UHRZEIT aus.

In dieser Darstellung werden die fehlgeschlagenen Berechtigungsprüfungen chronologisch absteigend angezeigt; die neueste steht in der Hierarchie ganz oben. Die Details zu jeder Prüfung können durch Anklicken des kleinen Dreiecks vor dem gewünschten Eintrag geöffnet werden:

- Auf der obersten Ebene werden Datum, Uhrzeit und die Transaktion, in der die Berechtigungsprüfung fehlgeschlagen ist, angezeigt. Falls die Prüfung im Rahmen eines RFC-Aufrufs oder eines Service fehlschlug (vgl. Abschnitt 4.1.2), wird statt einer Transaktion das jeweilige Objekt angegeben.
- Auf der nächsten Ebene wird das geprüfte Berechtigungsobjekt mit ID und Bezeichnung ausgewiesen.
- Eine Ebene darunter stehen nacheinander alle Berechtigungsfelder des Berechtigungsobjekts mit ID und Bezeichnung sowie rechts am Bildschirmrand die überprüften und (in dieser Kombination) nicht vorhandenen Berechtigungswerte.

SU53-Beispiel (Fortsetzung)

Die zuletzt fehlgeschlagene Berechtigungsprüfung des Anwenders ZUFALL_R ist die Prüfung auf die Kombination *KTOPL* (Berechtigungsfeld Kontenplan) mit dem Wert *INT* und *ACTVT* (Berechtigungsfeld Aktivität) mit dem Wert *03*. Diese Kombination ist nicht im Benutzerpuffer des Benutzers vorhanden.

Im unteren Teil der *SU53*-Anzeige, die evtl. (je nach Anzahl und Darstellung der fehlgeschlagenen Berechtigungsprüfungen) über den

Scrollbalken rechts an der Seite des GUI-Fensters ins Blickfeld gerückt werden muss, stehen als zusätzliche Information alle Berechtigungen des Benutzers zu den geprüften Objekten, die in seinem Benutzerpuffer enthalten sind.

Dieser Teil ähnelt der Bildschirmausgabe der Transaktion *SU56* zur Anzeige des Benutzerpuffers. Der einzige Unterschied besteht darin, dass die in der *SU53* angezeigten Berechtigungsdaten des Benutzers nicht nach Objektklassen gruppiert sind, sondern stattdessen nach den IDs der Berechtigungsobjekte sortiert aufgelistet werden.

SU53-Anzeige per Mail

Anwender mit SAP-Berechtigungsproblemen werden von den zuständigen Systembetreuern häufig aufgefordert, nach einer fehlgeschlagenen Berechtigungsprüfung einen Screenshot der *SU53*-Anzeige per Mail zu schicken. Theoretisch gibt es für die Systembetreuer noch andere Möglichkeiten, diese Daten einzusehen, wie in Abschnitt 4.4.3 beschrieben wird. Trotzdem kann dieses Vorgehen aus folgenden Gründen sinnvoll sein:

- Zeitraum zwischen Auftreten des Berechtigungsfehlers und Beginn der Bearbeitung des Berechtigungsfehlers: Durch das Zusenden des Screenshots per Mail wird der wichtigste Teil der *SU53*, unabhängig von der Dauer der Speicherung im SAP-Server, außerhalb des Systems verfügbar gehalten.
- Der wichtigste Teil ist der obere Abschnitt der fehlgeschlagenen Berechtigungsprüfungen, wenn die *SU53* direkt nach Auftreten des Fehlers aufgerufen wird. Die u. U. lange Liste darunter ist i. d. R. zu vernachlässigen. Die am Ende der *SU53* angezeigten Daten aus dem Benutzerpuffer sind für Systembetreuer zudem jederzeit und vollumfänglich über die Transaktion *SU56* verfügbar.
- Ein Screenshot eines Benutzers kann zur Dokumentation der Änderung an den Berechtigungen verwendet werden.

In Abschnitt 4.4.3 wird etwas ausführlicher beschrieben, wie die *SU53* sinnvoll eingesetzt werden kann bzw. welche Möglichkeiten sich rund um diese Transaktion bieten.

Anzumerken ist an dieser Stelle noch, dass nicht alle in der *SU53* angezeigten (und entsprechend im Hintergrund durch das SAP-System durchgeführten) fehlgeschlagenen Berechtigungsprüfungen relevant bzw. problematisch sind. Auch hierauf werden wir im folgenden Abschnitt eingehen.

Beispiel SU53 (Fortsetzung)

Die in Abbildung 4.36 nach den Berechtigungsprüfungen für *F_SKA1_KTP* stehenden fehlgeschlagenen Berechtigungsprüfungen für die Berechtigungsobjekte *F_BKPF_BUK* und *S_TCODE* wurden vom System aufgezeichnet, als der Anwender ZUFALL_R die Transaktion *FB60* aufrief. Der Anwender bekam keinen Berechtigungsfehler angezeigt, obwohl diese beiden Berechtigungsprüfungen fehlgeschlagen waren: Das System hat das Vorhandensein dieser Berechtigungen überprüft, um Funktionalitäten bereitzustellen, die mangels Berechtigung anschließend nicht zur Verfügung standen.

4.4.3 Wie setzt man die SU53 sinnvoll ein?

In diesem Abschnitt wollen wir kurz die Grenzen der *SU53* betrachten. Zudem soll erläutert werden, warum die Transaktion trotzdem ein wichtiges Werkzeug der Systemadministration ist, das die Kommunikation über Berechtigungsprobleme zwischen Systembetreuern und Anwendern stark vereinfachen kann.

SU53 früher und heute

In älteren SAP-Releases zeigte die Transaktion *SU53* immer nur die zuletzt fehlgeschlagene Berechtigungsprüfung eines Benutzers an – und nicht wie in Abschnitt 4.4.2 beschrieben eine ganze Liste mit Datum und Uhrzeit. Die SAP SE hat die Funktionalität der *SU53* vor einiger Zeit erweitert, wodurch sich der Nutzen der ohnehin schon immer wichtigen Transaktion deutlich vergrößert hat. Dafür waren einige grundlegende technische Änderungen bzgl. der Speicherung der fehlgeschlagenen Berechtigungen im Speicher der SAP-Applikationsserver erforderlich.

Die Anzeige fehlgeschlagener Berechtigungsprüfungen kann, sofern die entsprechenden Berechtigungen erteilt wurden, theoretisch jeder Anwender selbst aufrufen. Es ist jedoch für die Anwendungsbetreuer auch möglich, diese Auswertung für andere SAP-Benutzer einzusehen: In Abbildung 4.37 ist der Schalter, über den die Anzeige für einen anderen Benutzer aufgerufen werden kann, mit ❶ gekennzeichnet.

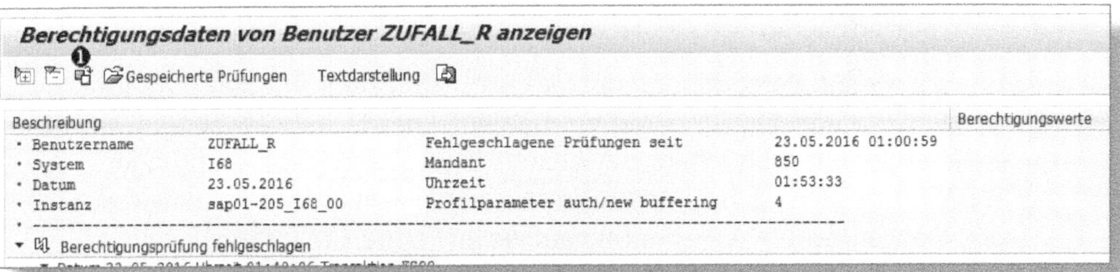

Abbildung 4.37: Wechsel des Benutzers in der SU53-Anzeige

Obwohl der Wechsel des Benutzers in der *SU53*-Anzeige für Systembetreuer möglich ist, kann es – wie im vorigen Abschnitt 4.4.2 bereits beschrieben – sinnvoll sein, die Anwender darum zu bitten, einen Screenshot der *SU53*-Auswertung per Mail an die zuständige Stelle in der Unternehmung zu schicken. Die wichtigsten Gründe sind zum einen die Dokumentation des Berechtigungsfehlers und zum anderen die zeitliche Entkopplung der Bearbeitung des Berechtigungsfehlers von dessen Auftreten.

Instanzabhängige SU53-Anzeige

Die Anzeige der fehlgeschlagenen Berechtigungsprüfungen eines anderen Benutzers ist u. U. abhängig von der Instanz (dem konkreten Applikationsserver des Systems, vgl. Abschnitt 1.1.3), auf der

der Anwender angemeldet ist: Ist der Systembetreuer auf einer anderen Instanz angemeldet, muss er möglicherweise auf denselben Applikationsserver wechseln, bevor die aktuellen *SU53*-Einträge angezeigt werden. Der Wechsel des Servers ist über Transaktion *SM51* möglich.

Zwei wichtige Einschränkungen der Transaktion *SU53* sind allerdings zu berücksichtigen:

- Sie zeigt zwar die meisten, aber nicht alle Berechtigungsfehler an.
- Nicht alle in der *SU53* angezeigten Berechtigungsfehler sind relevant für die Aktivität, die der Benutzer auszuführen versucht.

Dass manche Berechtigungsfehler nicht angezeigt werden, hat folgenden Hintergrund: Im Programmablauf kommt es, wie bereits an anderer Stelle beschrieben, zu vielen Verzweigungen und Absprüngen. Programme rufen z. B. Unterprogramme oder Funktionsbausteine auf, und dieses geschieht mehrstufig auf vielen Ebenen. Manchmal werden dabei nach gescheiterten Berechtigungsprüfungen die Informationen zur fehlenden Berechtigung programmintern nicht weitergegeben, sodass es statt eines Berechtigungsfehlers zu einer anderen Fehlermeldung kommt, z. B. einer fehlerhaften Kontierungsableitung. Dieses ist jedoch vergleichsweise selten der Fall – andernfalls wäre die *SU53* für die Auswertung fehlgeschlagener Berechtigungsprüfungen auch nicht wirklich geeignet.

Das Dilemma eines »nicht zum Problem passenden Berechtigungsfehlers« wurde in Abschnitt 4.4.2 beschrieben: Einige Programme/Transaktionen stellen abhängig von den Berechtigungen der Anwender bestimmte Funktionalitäten bereit, die bei fehlender Berechtigung inaktiv bleiben.

Ein weiteres Problem beim Einsatz der Transaktion *SU53* ist konzeptioneller Natur: Die Aufzeichnung und Auswertung von Berechtigungsfehlern kann sich nur auf das beziehen, was im System durchgeführt wurde. Beim Auftreten eines Berechtigungsfehlers erhält der Anwender in vielen Fällen eine Fehlermeldung, sodass die systembasierte Bearbeitung an dieser Stelle unterbrochen wird. Es besteht entsprechend keine Möglichkeit, abzuschätzen, ob der aktuelle Fehler der einzige bzw. letzte ist. Möglicherweise muss sich der Anwender von Berechtigungsfehler zu Berechtigungsfehler vorwärtshangeln, bis er die gewünschte Funktionalität fehlerfrei ausführen kann; eine solche Abfolge wird auch als *Fehlerkaskade* bezeichnet.

Vermeidung einer Fehlerkaskade

Zur Vermeidung einer möglichen Fehlerkaskade bei der Bearbeitung von Berechtigungsfehlern mittels Transaktion *SU53* bietet sich ein *Berechtigungstrace* an, der im folgenden Abschnitt 4.4.4 betrachtet wird.

Trotz der beschriebenen Einschränkungen ist die *SU53* ein sinnvolles Instrument:

- Einfache Berechtigungsfehler, die in der SU53 stehen, sind schnell zu lösen. Häufig entstehen diese z. B., wenn die für eine Aktivität erforderlichen Berechtigungen nicht in einer Rolle gebündelt werden, sodass eine Kombination aus mehreren Rollen benötigt wird, bei der Übertragung von Berechtigungen von Nutzer zu Nutzer aber eine dieser Rollen vergessen wurde.
- Einige einfache Anwenderfehler, die trotz umfassender Kenntnisse immer passieren können, sind in der *SU53* direkt erkennbar, z. B. versehentliches Arbeiten in einem falschen System (Produktiv- statt Testsystem) oder Mandanten.
- Manchmal kommt es zu ungünstigen zeitlichen Überlappungen: z. B. dann, wenn ein Benutzer einen Test ausführt, kurz bevor er die Berechtigung bekommt – mit dem Ergebnis, dass er zum Zeitpunkt der Berechtigungsfehlermeldung an den Systembetreuer bereits über alle benötigten Rechte verfügt. Die Angaben zu Datum und Uhrzeit in der *SU53*-Anzeige ermöglichen »begründete Vermutungen« zu diesem Phänomen.

- Anwender, die mit der *SU53* vertraut sind, stellen den Systembetreuern häufig ungefragt eine Vielzahl an Details zum Berechtigungsproblem zur Verfügung, die bei dessen Lösung hilfreich sind: Das beschleunigt die Problemlösung mitunter erheblich, da der Systembetreuer ohne viele Rückfragen schneller zum Kern des Problems vorstößt.

! Vermeidbare Rückfragen

Als Anwender sind Sie verständlicherweise sehr daran interessiert, dass Ihre Berechtigungsprobleme zeitnah gelöst werden. Vermeiden Sie daher nach Möglichkeit Anfragen der Kategorie »Hier klappt etwas nicht, können Sie bitte mal nachsehen?«, ohne nähere Angaben zu machen.

Was hier nach einem humorigen Einwurf klingt, kommt in der Praxis tatsächlich immer wieder vor, nicht nur bei Neulingen oder Berufseinsteigern, sondern auch bei Anwendern mit mehrjähriger SAP-Erfahrung. Bedenken Sie: Ihre Systembetreuer beschäftigen sich oft mit vielen Sachverhalten gleichzeitig, entsprechend erinnern Sie sich nicht in allen Fällen immer sofort an alles, was sie theoretisch wissen könnten oder (aus Ihrer Sicht) müssten.

Aufbau einer Berechtigungsmeldung

Eine Berechtigungsmeldung sollte nach Möglichkeit folgende Angaben enthalten:

- Benutzer
- System und Mandant
- Transaktion
- zuletzt durchgeführte Aktion
- Fehlermeldung
- Datum und Uhrzeit

Die meisten wichtigen Angaben ergeben sich für den Systembetreuer zudem direkt aus einem Screenshot der *SU53*-Anzeige, den Sie im Idealfall direkt nach der Fehlermeldung über das Kommandofeld mit Eingabe */nSU53* aufrufen. Neben einer Erwähnung der in der Transaktion zuletzt durchgeführten Aktion (z. B. »beim Klick auf den Schalter XYZ« oder »beim Versuch zu speichern«) sind auch Angaben zu eventuellen Auffälligkeiten im Systemverhalten hilfreich, wie etwa »folgende vorher ausgegebene Warnmeldung ist neu« oder »anders als sonst war Feld ZYX nicht eingabebereit, sondern ausgegraut«.

Ein erfahrener Systembetreuer liest über Informationen, die für ihn irrelevant oder überflüssig sind, hinweg und sucht sich die für ihn wichtigen Angaben aus Ihrer Beschreibung – zu viele Angaben sind immer besser als zu wenige und ersparen allen Beteiligten vermeidbare Rückfragen, die die Fehlerbehebung verzögern. Ob Sie Ihren Ansprechpartnern allerdings einen Gefallen tun, indem Sie ergänzende Beschreibungen ausführlich in Prosa formulieren, anstatt kurz und knackig einige Stichworte aufzulisten, bleibt eine Sache bilateraler Abstimmung.

4.4.4 Was ist ein Berechtigungstrace?

Das SAP-System bietet die Möglichkeit, die Aktivitäten von Benutzern im System im Rahmen eines sogenannten *Trace* entweder benutzerbezogen oder benutzerübergreifend aufzuzeichnen. Das ist datenschutzrechtlich grundsätzlich nicht unproblematisch und der Einsatz dieses Werkzeuges durch die Systemadministration entsprechend zu hinterfragen: Dieses Instrument sollte nur problembezogen eingesetzt werden, insbesondere darf es keine allgemeinen/unspezifischen oder dauerhaften Aufzeichnungen geben. Aufgezeichnet werden können u. a. Transaktionsaufrufe, Zugriffe auf geschützte Objekte und Systemtabellen, Warn- und Fehlermeldungen, Objektsperren usw.

Ein Trace kann entsprechend im Rahmen der Bearbeitung von Berechtigungsproblemen hilfreich sein, um Fehlerkaskaden zu vermeiden (vgl. Abschnitt 4.4.3). In Testumgebungen wird er zudem häufig eingesetzt, um Rollen bzw. Berechtigungen für bestimmte systembasierte Aktivitäten zusammenzustellen. Es ist dabei möglich, die Aufzeichnung auf Berechtigungsprüfungen einzugrenzen. In aktuellen SAP-Releases gibt es zur Vereinfachung eine separate Transaktion für einen speziellen Berechtigungstrace, die am Ende dieses Abschnitts beschrieben wird.

Die Transaktion für einen **allgemeinen Trace**, der auch als *Systemtrace* bezeichnet wird, ist *ST01*. Abbildung 4.38 zeigt das Startbild der Transaktion mit Schaltflächen zum Aktivieren (TRACE AN) und Deaktivieren (TRACE AUS) des Systemtraces in der Anwendungsfunktionsleiste ❶. Im Bereich TRACE KOMPONENTEN ❷ können Systembetreuer wählen, welche Vorgänge aufgezeichnet werden sollen.

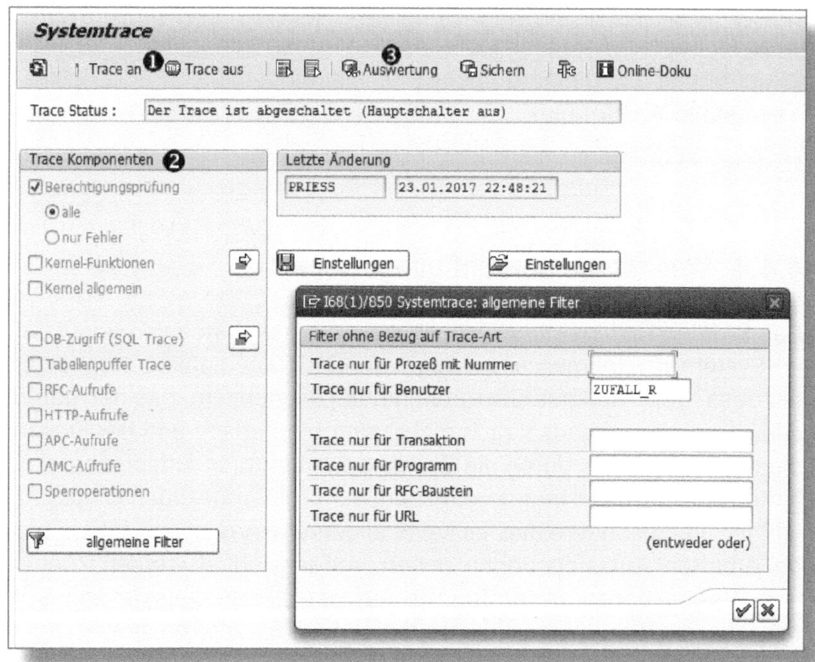

Abbildung 4.38: Startbild des Systemtraces in Transaktion ST01

Über die Drucktaste AUSWERTUNG ❸, ebenfalls in der Anwendungsfunktionsleiste der *ST01*, kann die Auswertung vorher aufgezeichneter Trace-Daten gestartet werden. In Abbildung 4.39 wird die Traceanzeige für Berechtigungsprüfungen des Benutzers *ZUFALL_R* gestartet.

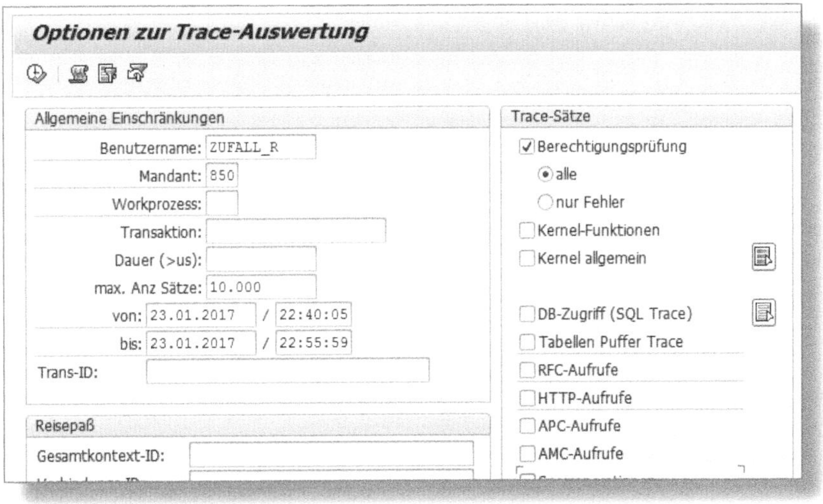

Abbildung 4.39: Selektionsbild zur Trace-Auswertung in ST01

Abbildung 4.40 zeigt die Trace-Auswertung gemäß der Selektion in Abbildung 4.39. In mehreren Abschnitten werden nach einigen allgemeinen Daten (u. a. MANDANT, BENUTZER, Anfang und Ende des jeweiligen Zeitraums) einzelne Trace-Datensätze in Tabellenform ausgegeben:

- Datum und Uhrzeit (HH:MM:SS,MS),
- TYP des Trace-Satzes (bei Berechtigungsprüfungen immer AUTH),
- OBJEKT, hier in Form des Berechtigungsobjekts, gefolgt vom Returncode (z. B. *S_TCODE RC=0*),
- TEXT: Hier werden u. a. der Transaktionscode sowie die Berechtigungsfelder des Berechtigungsobjekts mit den geprüften (d. h. den erforderlichen) Berechtigungswerten angegeben (z. B. *TCD=FB60;...*).

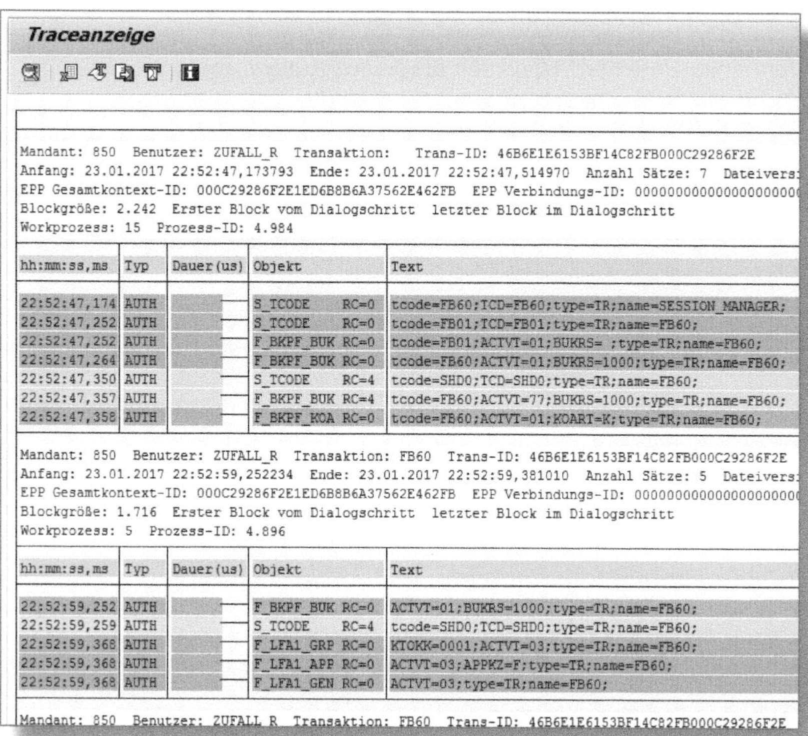

Abbildung 4.40: Traceanzeige in Transaktion ST01

Die in Abbildung 4.40 in der Tabelle der Trace-Sätze heller hinterlegten Zeilen kennzeichnen Berechtigungsprüfungen, die fehlgeschlagen sind: Zu erkennen ist dieses an der Angabe *RC=4* am Ende der Spalte OBJEKT. Erfolgreiche Berechtigungsprüfungen weisen einen Eintrag *RC=0* auf.

Die Transaktion für einen **speziellen Berechtigungstrace** ist *STAUTHTRACE*. Abbildung 4.41 zeigt das Selektionsbild, das im Unterschied zur *ST01* weniger Optionen bietet.

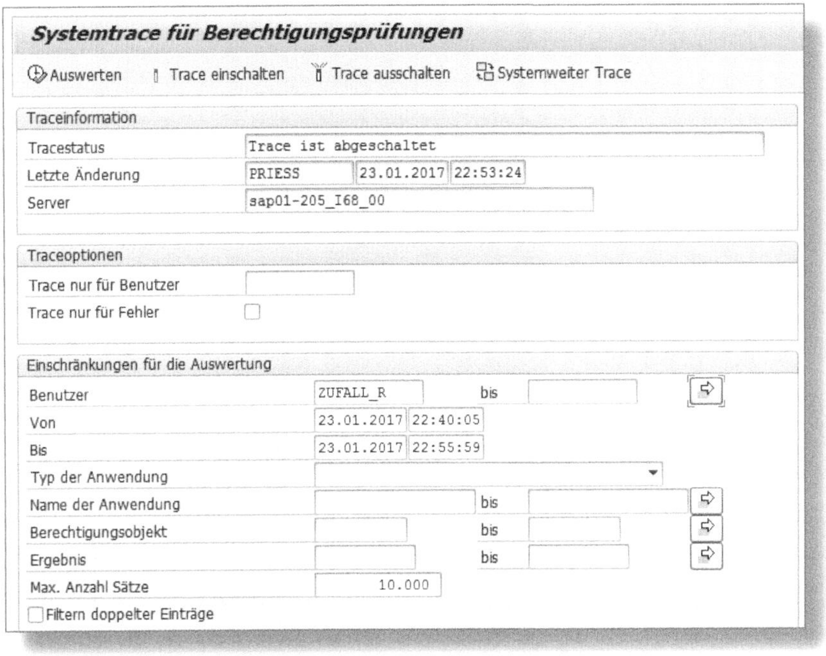

Abbildung 4.41: Selektionsbild der Transaktion STAUTHTRACE

Startet man im Selektionsbild der *STAUTHTRACE* die Traceanzeige über den Schalter AUSFÜHREN, werden die Trace-Daten anders als beim allgemeinen Trace (dessen Ergebnisliste als ABAP-Liste realisiert ist) in einer ALV-Liste ausgegeben, in der die wesentlichen Informationen in separaten Spalten stehen. Zudem stehen hier alle bekannten ALV-Funktionalitäten zur Verfügung. Abbildung 4.42 zeigt die Auswertung derselben Trace-Daten, die auch in Abbildung 4.40 ausgewertet wurden.

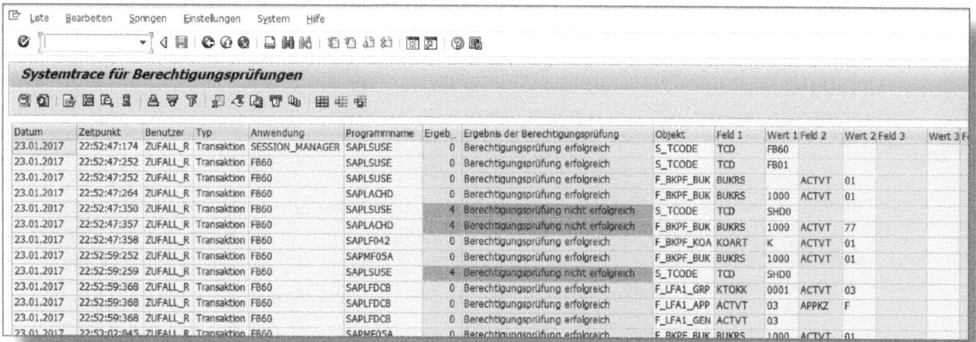

Liste Bearbeiten Springen Einstellungen System Hilfe

Systemtrace für Berechtigungsprüfungen

Datum	Zeitpunkt	Benutzer	Typ	Anwendung	Programmname	Ergeb...	Ergebnis der Berechtigungsprüfung	Objekt	Feld 1	Wert 1	Feld 2	Wert 2	Feld 3	Wert 3
23.01.2017	22:52:47:174	ZUFALL_R	Transaktion	SESSION_MANAGER	SAPLSUSE	0	Berechtigungsprüfung erfolgreich	S_TCODE	TCD	FB60				
23.01.2017	22:52:47:252	ZUFALL_R	Transaktion	FB60	SAPLSUSE	0	Berechtigungsprüfung erfolgreich	S_TCODE	TCD	FB01				
23.01.2017	22:52:47:252	ZUFALL_R	Transaktion	FB60	SAPLSUSE	0	Berechtigungsprüfung erfolgreich	F_BKPF_BUK	BUKRS		ACTVT	01		
23.01.2017	22:52:47:264	ZUFALL_R	Transaktion	FB60	SAPLACHD	0	Berechtigungsprüfung erfolgreich	F_BKPF_BUK	BUKRS	1000	ACTVT	01		
23.01.2017	22:52:47:350	ZUFALL_R	Transaktion	FB60	SAPLSUSE	4	Berechtigungsprüfung nicht erfolgreich	S_TCODE	TCD	SHD0				
23.01.2017	22:52:47:357	ZUFALL_R	Transaktion	FB60	SAPLACHD	4	Berechtigungsprüfung nicht erfolgreich	F_BKPF_BUK	BUKRS	1000	ACTVT	77		
23.01.2017	22:52:47:358	ZUFALL_R	Transaktion	FB60	SAPLF042	0	Berechtigungsprüfung erfolgreich	F_BKPF_KOA	KOART	K	ACTVT	01		
23.01.2017	22:52:59:252	ZUFALL_R	Transaktion	FB60	SAPMF05A	0	Berechtigungsprüfung erfolgreich	F_BKPF_BUK	BUKRS	1000	ACTVT	01		
23.01.2017	22:52:59:259	ZUFALL_R	Transaktion	FB60	SAPLSUSE	4	Berechtigungsprüfung nicht erfolgreich	S_TCODE	TCD	SHD0				
23.01.2017	22:52:59:368	ZUFALL_R	Transaktion	FB60	SAPLFDCB	0	Berechtigungsprüfung erfolgreich	F_LFA1_GRP	KTOKK	0001	ACTVT	03		
23.01.2017	22:52:59:368	ZUFALL_R	Transaktion	FB60	SAPLFDCB	0	Berechtigungsprüfung erfolgreich	F_LFA1_APP	ACTVT	03	APPKZ	F		
23.01.2017	22:52:59:368	ZUFALL_R	Transaktion	FB60	SAPLFDCB	0	Berechtigungsprüfung erfolgreich	F_LFA1_GEN	ACTVT	03				
23.01.2017	22:53:02:845	ZUFALL_R	Transaktion	FB60	SAPMF05A	0	Berechtigungsprüfung erfolgreich	F_BKPF_BUK	BUKRS	1000	ACTVT	01		

Abbildung 4.42: Traceanzeige in Transaktion STAUTHTRACE

☛ Berechtigungstrace für die Erstellung von Rollen

Bei der Erstellung neuer Rollen durch einen Systembetreuer kann ein Berechtigungstrace als Grundlage dienen. Im Unterschied zur iterativen Zusammenstellung von Berechtigungsobjekten für die Berechtigungsdaten einer Rolle wird dafür ein Berechtigungstrace eines Benutzers aufgezeichnet, der über umfassende Berechtigungen verfügt. Die Trace-Daten müssen anschließend kritisch überarbeitet werden, da nicht jede vom System überprüfte Berechtigung für die Bearbeitung einer Transaktion unabdingbar erforderlich ist, vgl. Abschnitt 4.4.3.

In der Transaktion *PFCG* zur Erstellung von Rollen/Profilen/Berechtigungen über den Profilgenerator, vgl. Abschnitt 3.2.1, besteht sogar die Möglichkeit, Daten eines Berechtigungstraces direkt für die Erstellung einer Rolle zu verwenden.

Aus Sicht der Anwender ist eine möglichst umfangreiche Überprüfung von Rollen/Berechtigungen durch die Systembetreuer bereits vor einem eigenen Test bzw. vor dem produktiven Einsatz einer Rolle wünschenswert. Theoretisch ist das sicher möglich; zu beachten ist jedoch, dass dies aus zeitlichen oder wirtschaftlichen Gesichtspunkten nicht immer realistisch ist. Eine manuelle Überarbeitung systemseitig vorgeschlagener Berechtigungen und Tests unter Echtbedingungen bleibt zudem vielfach erforderlich, um den Anforderungen des Minimalprinzips bei der Berechtigungsvergabe gerecht zu werden.

4.4.5 Warum werden Benutzer geklont?

Berechtigungsfehler gehören in vielen Fällen zu den Problemen, die von Systembetreuern aufgrund von Erfahrung und/oder mithilfe gezielter Auswertung von Daten (*SU53* oder Berechtigungstrace) aus der Ferne behoben werden können. Einige Fehlersituationen, von denen Anwender berichten, lassen sich jedoch durch die Systembetreuer nur schwer nachvollziehen oder nachstellen, und manchmal ist dabei auch unklar, ob unterschiedliche Benutzerberechtigungen in SAP ERP zur Fehlerursache gehören oder nicht.

Zur Komplexität tragen in diesem Umfeld folgende Faktoren nicht unwesentlich bei:

- unterschiedliche Berechtigungen von Anwendern und Anwendungsbetreuern,
- benutzerabhängige Einstellungen im Mandanten, z. B. Benutzerparameter (Transaktion *SU3*),
- arbeitsplatzbezogene Einstellungen, z. B. GUI-Einstellungen,
- serverbezogene Einstellungen, z. B. unterschiedliche Konfiguration der Instanzen eines SAP-Systems (Profilparameter der Systeme).

Das Nachstellen von schwierigen Fehlern, die i. d. R. in Produktivmandanten auftreten, sollte zudem grundsätzlich in Testumgebungen und nach Möglichkeit nicht in Produktivmandanten erfolgen. Hintergrund hierfür ist, dass Systembetreuer oft über umfassendere Rechte als Anwender verfügen und keinen direkten fachlichen Bezug zu den zu verarbeitenden Daten haben; entsprechend sollen sie keine Daten in produktiven Systemen/Mandanten verändern. Im Rechnungswesen kann die Änderung produktiver Daten durch Anwendungsbetreuer kritisch sein und die Frage danach ist daher ein wichtiger Teil der Jahresabschluss-bezogenen Prüfungen durch System- bzw. Wirtschaftsprüfer.

Für das Nachstellen von Fehlersituationen in Testsystemen besteht zusätzlich zur obigen Liste der komplexitätssteigernden Faktoren das Problem, dass die Daten, die in der Fehlersituation bearbeitet werden, möglicherweise nicht gleich sind. Um dieses Problem zu vermeiden, werden von Zeit zu Zeit (u. U. periodisch geplant, häufig aber auf Anfrage einer dazu berechtigten Stelle) Mandanten- oder Systemkopien vom Produktiv- auf ein Testsystem erstellt (vgl. hierzu auch Abschnitt 1.1.5). Aufseiten der SAP-Basis sind diese Kopien mit vielen begleitenden Aktivitäten verbunden: Vielfach gibt es Listen mit Vor- und Nacharbeiten zuständiger Stellen, z. B. die Vorbereitung der Datenbank des Testsystems für eine Mandantenkopie und Transportabgleiche vor einer Kopie sowie Angleichung von Systemeinstellungen und modulbezogene Nacharbeiten (bei Mandantenkopien insb. Anpassung von Nummernständen).

Bei Mandanten- und Systemkopien werden neben allen Daten und mandanten- bzw. systemabhängigen Einstellungen auch alle Benutzer und Zugangsdaten kopiert, sodass nach Freigabe der Kopie für die Anwender Tests unter Echtbedingungen mit einem aktuellen Datenbestand möglich werden.

In einem Testmandanten mit aktuellem Stand bietet es sich an, für realitätsnahe Tests von Benutzerberechtigungen durch Anwendungsbetreuer eine Kopie des Anwender-Benutzers anzufertigen (für den kopierten Benutzer sagt man auch *Klon* des Anwender-Benutzers und bezeichnet den Kopiervorgang selbst als *Klonen* eines SAP-Benutzers) und diese mit abweichenden Zugangsdaten für den Systembetreuer zu versehen. Benutzerabhängige und arbeitsplatzbezogene Phänomene können auf diese Weise gut voneinander abgegrenzt werden. In Situationen, in denen ein Berechtigungstrace oder ein Try-and-Error-Vorgehen per *SU53* gemeinsam mit dem Anwender nicht zielführend sind, stellt ein Test mit einem geklonten SAP-Benutzer in einem Testsystem einen einfachen Lösungsweg dar.

! Kein Klonen in Produktivmandanten

Aus lizenztechnischen Gründen sowie aufgrund der besonderen Anforderungen an die Datenhaltung produktiver Systeme dürfen Benutzer-Klone nur in Testsystemen erstellt werden.

4.5 Fehlende Berechtigungsprüfungen

4.5.1 Wie erkennt man eine fehlende Berechtigungsprüfung?

In Abschnitt 4.1.4 haben Sie den `AUTHORITY CHECK` kennengelernt. Nur durch diesen Programmbefehl werden vom System durch Berechtigungsprüfungen die konkreten Berechtigungen eines SAP-Anwenders für den Zugriff auf ein Objekt im SAP-System überprüft.

Da der Quellcode aller Programme im SAP-System einsehbar ist, kann man sich nun die Frage stellen, ob man fehlende Berechtigungsprüfungen im Quellcode erkennen kann.

Dazu ist zunächst festzustellen: Theoretisch ist das möglich – für eher kleine Programme mit überschaubarem Quellcode, sofern sie gut strukturiert programmiert und zudem möglichst über Kommentare gut dokumentiert sind sowie nur wenige Verknüpfungen zu anderen Programmen bestehen. Praktisch ist das Fehlen einer Berechtigungsprüfung allerdings für die meisten Programme schwer zu erkennen.

Komplexität von SAP-Programmen

Auch wenn der Quellcode von Programmen in SAP ERP offenliegt und damit für Anwender mit Programmierkenntnissen lesbar ist, gestaltet es sich vielfach schwierig, die Programmabläufe vollumfänglich zu erfassen:

- Programme sind vielfältig mit anderen Programmen verknüpft, z. B. durch Aufrufe von *Unterprogrammen* (technisch u. a. sogenannte *Includes*), *Funktionen* (im System bereitgestellt über *Funktionsgruppen*) oder *Methoden* von Objekten (für die objektorientierte Programmierung stehen in ABAP Programmbefehle der Programmiersprache ABAP Objects zur Verfügung): Hinter all diesen verbergen sich technisch wiederum Programme mit eigenem Quellcode. Auch Dynpros, die in Programmen aufgerufen werden, verfügen u. U. über eigenen Quellcode.
- Jeder Programmierer hat einen eigenen Programmierstil. Versteht man Programme als einen aufgeschriebenen Lösungsweg für eine Problemstellung, wird schnell deutlich: So, wie es oft verschiedene Lösungswege gibt, die zum selben Ergebnis führen können, gibt es diverse Möglichkeiten, ein Programm für eine gegebene Problemstellung zu schreiben. Man muss sich beim Lesen eines Programms neben dem Übersetzen des Quellcodes also zusätzlich in die Logik des Programmierers hineindenken.

An welcher Stelle in einem Programmablauf eine Berechtigungsprüfung erfolgen muss, lässt sich daher schwerlich verallgemeinern, sondern hängt vom Einzelfall ab. Speziell der über viele Schritte erfolgende Aufruf von Programmen aus Programmen heraus erschwert die Identifizierung des »richtigen« Zeitpunkts für eine Berechtigungsprüfung.

Der beste und vielfach sogar einzige Weg, eine fehlende Berechtigungsprüfung zu erkennen, ist daher der Test eines Programms bzw. einer Transaktion unter möglichst realistischen Bedingungen, d. h. mit echten Anwender-Berechtigungen. Erforderlich sind hierbei zwei Testläufe:

1. Positiv-Test: Ein Anwender, der Zugriffsrechte für ein geschütztes Objekt hat, soll über das Programm Zugriff erlangen können – die

Berechtigungsprüfung verhindert also nicht fälschlicherweise einen Zugriff.

2. Negativ-Test: Einem Anwender ohne spezifische Zugriffsrechte soll der Zugriff auf das Objekt verwehrt werden – im Idealfall unter Ausgabe einer aussagekräftigen Fehlermeldung.

4.5.2 Wie werden berechtigungsbezogene Programmfehler korrigiert?

Fehlende Berechtigungsprüfungen können sowohl von der SAP ausgelieferte als auch in der Unternehmung eigenständig entwickelte Programme betreffen.

Die Wahrscheinlichkeit, eine fehlende Berechtigungsprüfung festzustellen, ist bei eigenentwickelten Programmen theoretisch größer (wenn die SAP-Systeme auf einem aktuellen Stand sind): Der SAP-Standard kommt aufgrund der großen Verbreitung der SAP-Software in sehr vielen Unternehmungen weltweit zum Einsatz – entsprechend unwahrscheinlich ist es, als erster einen Fehler im Standard zu finden.

Programmfehler in SAP-Standard-Programmen werden von SAP im Rahmen der Wartung korrigiert: Die SAP SE stellt dafür sogenannte *Hinweise* (*SAP-Notes*) mit Programmkorrekturen zur Verfügung (vgl. hierzu auch Abschnitt 7.3). Im Bedarfsfall können diese im Rahmen einer *Vorabkorrektur* von den jeweiligen Systembetreuern in die Systeme aller SAP-Kunden übernommen werden. Später werden Hinweise von der SAP in *Patches* (*Support Packages*) gebündelt und über diese von Zeit zu Zeit im Rahmen von Updates/Upgrades in die Systeme übernommen.

Nach Programmkorrekturen sind ausführliche Tests erforderlich: Wurde das Problem behoben? Funktioniert das Programm ansonsten weiterhin einwandfrei? Und: Gibt es Auswirkungen auf andere Programme, also »Risiken und Nebenwirkungen« der Korrektur?

Für Programmfehler in eigenentwickelten Programmen einer Unternehmung ist selbstverständlich nicht die SAP zuständig: Ansprechpartner sind hier die Systembetreuer. Abhängig davon, wie der SAP-Systembetrieb in Ihrer Unternehmung organisiert ist, kann eine Korrektur evtl. intern durch Ihre IT-Abteilung bzw. Ihr CCoE (siehe Abschnitt 6.1.3) erfolgen, oder es müssen Unternehmensexterne kontaktiert werden (z. B. externe Systementwickler, Projektpartner oder Freelancer).

In eigenentwickelten Programmen ist es nicht immer möglich, dass der ursprüngliche Programmierer einen Fehler in »seinem« Programm korrigiert. Gerade vor diesem Hintergrund wird die Bedeutung einer sinnvollen Dokumentation von Eigenentwicklungen deutlich. Neben Kommentaren im Quellcode werden i. d. R. Dokumentationen erstellt, die als separate Dokumente/Dateien vorliegen und bei Anpassungen entsprechend fortgeschrieben werden müssen.

Programmierungen durch die Entwickler der SAP SE unterliegen der Qualitätskontrolle von SAP, die die Einhaltung der entsprechenden Richtlinien, Vorgaben oder Empfehlungen für die Softwarenentwicklung überprüft, bevor Änderungen am Quellcode veröffentlicht werden. Für eigene Softwareentwicklungen benötigt jede Unternehmung ein eigenes Qualitätsmanagement. Auf Richtlinien für die Programmierung sowie für Dokumentationen wird in Abschnitt 6.3.4 etwas detaillierter eingegangen.

4.5.3 Welche Alternativen zur Berechtigungsprüfung gibt es?

Trotz der Leistungsfähigkeit des SAP-Berechtigungswesens kann es Funktionen bzw. Prozesse geben, in denen die zur Verfügung stehende Berechtigungssteuerung für eine Unternehmung nicht ausreichend ist. Wenn sogenannte »organisatorische Lösungen« vermieden werden sollen, also eine systemtechnische Abbildung erforderlich ist, gilt es, Möglichkeiten zur Abweichung vom SAP-Standard ausfindig zu machen und umzusetzen, z. B. durch Programmierung zusätzlicher Berechtigungsprüfungen. Möglich sind etwa die Aktivierung von User Exits bzw. Funktionsexits oder Modifikationen der Standardprogramme.

Es gibt jedoch auch technische Alternativen zu Berechtigungsprüfungen – dabei sollte allerdings die Konsistenz einer gewählten Lösung zum Berechtigungskonzept (vgl. hierzu Abschnitt 6.3.3) sichergestellt sein. Zu möglichen Alternativen, die hier beschrieben werden sollen, gehören die Hinterlegung von Daten in Tabellen sowie (im Rechnungswesen) die Validierung von Feldinhalten in einer Transaktion.

Eine zu große Vielfalt an technischen Lösungen wird schnell unübersichtlich oder intransparent. Allerdings muss darauf verwiesen werden, dass auch im SAP-Standard einige Alternativen zur Autorisierung über das SAP-Berechtigungswesen implementiert wurden:

- Die Änderungsbestätigung für kritische Felder in den Stammdaten von Zahlungspartnern im FI zur Abbildung eines Vier-Augen-Prinzips sieht beispielsweise vor, dass nach einer Erfassung oder Änderung eine zweite Person die geänderten Daten bestätigen muss. Für diese Funktion gibt es eigene Transaktionen (*FK08*, *FK09*) sowie spezielle Aktivitäten für das Berechtigungsfeld ACTVT, die alle Gegenstand des »üblichen« Berechtigungswesens sind. Die Anforderung, eigene Änderungen nicht, Änderungen anderer Benutzer aber durchaus bestätigen zu dürfen, ist darüber allerdings nicht abbildbar. Entsprechend ist im Quellcode des entsprechenden Programms ein Vergleich der Benutzernamen programmiert, der eine Bestätigung selbst getätigter Änderungen verhindert.
- Die Anforderung, externen Prüfern im Rahmen einer Jahresabschlussprüfung Zugriff auf die Daten eines bestimmten Geschäftsjahres im Rechnungswesen zu geben, ist ebenfalls im Rahmen des Standard-Berechtigungswesens nicht abbildbar (insb. nicht über die Berechtigungsgruppe der Buchungsperiodensteuerung, da diese sich auf das Buchungsgeschäft und nicht auf Auswertungen von Konten und Belegen bezieht (vgl. Abschnitt 4.2.1)). SAP liefert daher im Standard drei Transaktionen aus, über die benutzerbezogen Zugriffe auf Belege und Einzelposten bestimmter Geschäftsjahre freigeschaltet werden können. Diese ergänzende Zugriffskontrolle wurde nur für bestimmte Standard-Programme implementiert und ausgeliefert und muss pro Programm aktiviert werden (Transaktion *TPC4*). Benutzer werden anschließend einer sogenann-

ten frei wählbaren »Benutzergruppe« zugeordnet (Transaktion *TPC2*), für welche die Zugriffsrechte sodann datumsabhängig freigeschaltet werden können (Transaktion *TPC6*).

Nachfolgend sind zwei Beispiele für unternehmungsspezifische Implementierungen von Alternativen zur Berechtigungsprüfung aufgeführt:

- Über Validierungen von Feldinhalten bei der Belegerfassung im Rechnungswesen kann z. B. abhängig vom Benutzernamen gesteuert werden, ob bestimmte Benutzereingaben akzeptiert werden oder nicht – ohne zusätzliche Berechtigungsprüfung. Diese Technik kann z. B. zum Einsatz kommen, wenn die beiden im Rahmen der Buchungsperiodensteuerung zur Verfügung stehenden Zeitintervalle berechtigungstechnisch nicht ausreichen, um ein komplexeres Konzept umzusetzen. Entsprechende Validierungen können im Rechnungswesen über die Transaktionen *OB28* (im FI) oder *OKC7* (im CO) definiert werden: Benutzername und Buchungsdatum stehen als Felder für Prüfungen bei der Belegerfassung zur Verfügung.
- Um benutzerabhängig Zugriffe auf bestimmte Daten bzw. Objekte systemseitig ausschließen, können in einer Tabelle zulässige (oder unzulässige) Kombinationen aus Benutzer und Objekt hinterlegt werden. Diese können sowohl von Programmen ausgewertet als auch in Berichten, z. B. basierend auf Queries, verwendet werden.

Die Ausgestaltung von Alternativen zur Berechtigungsprüfung ist hier keineswegs als generelle Empfehlung zu verstehen. Situativ kann es in Unternehmungen immer vorkommen, dass eine der aufgezeigten Alternativen eine bessere, schnellere oder sogar die einzige Möglichkeit zur Implementierung einer bestimmten Zugriffsbeschränkung darstellt – was nicht zuletzt auch die beiden Beispiele aus dem SAP-Standard zeigen. Wichtig ist es, solche Besonderheiten im Berechtigungskonzept zu verankern und auf die Konsistenz und Transparenz des Gesamtkonstruktes zu achten.

5 Berechtigungen für das Fiori Launchpad

Wie bereits im ersten Kapitel angedeutet, bildet das Fiori Launchpad die webbasierte Oberfläche für die Arbeit von Anwendern mit dem S/4HANA-System. Ein Anwender benötigt zunächst einmal Berechtigungen, um das Fiori Launchpad überhaupt starten zu können, und weitere Berechtigungen, um Funktionen wie »Enterprise Search« oder »Personalisierung« nutzen zu können. Auch das Angebot an aufrufbaren Apps wird durch Rollen beeinflusst. In diesem Kapitel erfahren Sie, wie Sie die notwendigen Berechtigungen für das Fiori Launchpad vergeben.

5.1 Grundlagen SAP Fiori Launchpad

In diesem Abschnitt erläutern wir einige Grundlagen für die Benutzung des Launchpads sowie wichtige Begriffe, bevor wir auf spezifische Berechtigungsaspekte eingehen.

Wenn Sie sich im Fiori Launchpad anmelden, werden Kacheln ❶ und Links ❷ angezeigt, mit deren Hilfe Sie Anwendungen, im Fiori-Sprachgebrauch *Apps*, starten können (Abbildung 5.1).

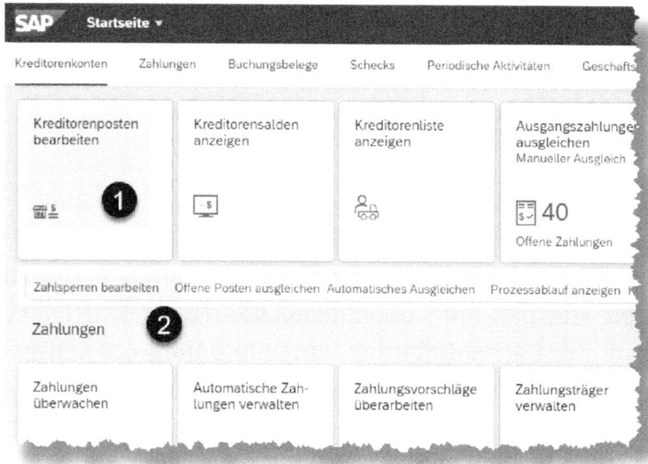

Abbildung 5.1: Kacheln und Links im Fiori Launchpad

Die Kacheln und Links lassen sich zur besseren Übersicht gruppieren. Diese *Launchpad-Gruppen* können von Entwicklern vorgegeben oder im Zuge der Personalisierungsmöglichkeiten auch vom Anwender selbst gestaltet werden. Für die Launchpad-Gruppe verwendet SAP synonym auch Begriffe wie »Kachelgruppe« und »Business Gruppe«. Abbildung 5.2 zeigt Beispiele für Launchpad-Gruppen.

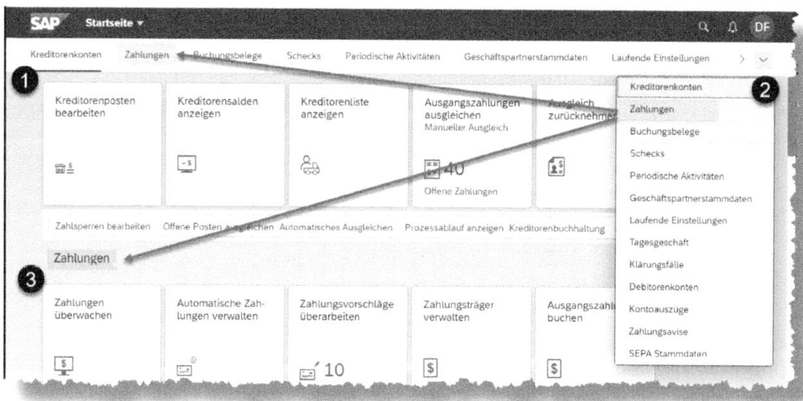

Abbildung 5.2: Launchpad-Gruppen

Die verfügbaren Launchpad-Gruppen werden sowohl als Karteikartenreiter (Tabs) ❶ als auch in der Dropdown-Liste ❷ angezeigt. Unter der Gruppenüberschrift ❸ sind alle Kacheln und Links aufgeführt, die der ausgewählten Gruppe zugeordnet sind.

Prinzipiell ist es möglich, dass dem Anwender auch Apps zur Verfügung stehen, die nach der Anmeldung im Launchpad nicht sofort innerhalb einer Gruppe angezeigt werden. Wollen Sie eine Übersicht aller verfügbaren Apps erhalten, klicken Sie auf STARTSEITE ❶ (Abbildung 5.3). Unter der Rubrik MEINE APPS ❷ werden sämtliche Apps aufgeführt, für die ein Anwender eine Startberechtigung besitzt. Dort sind sie in sogenannte *Launchpad-Kataloge* gruppiert. Im konkreten Beispiel fasst der Katalog DEBITORENBUCHHALTUNG – AUSGLEICH ❸ die rechts unter ❹ aufgeführten Apps zusammen. Launchpad-Kataloge werden definiert, um Apps zu bündeln, für die eine gemeinsam vergebene Startberechtigung sinnvoll erscheint. Analog zur Launchpad-Gruppe verwendet SAP synonym zu »Launchpad-Katalog« auch die Begriffe »Kachelkatalog« oder »Business Katalog«.

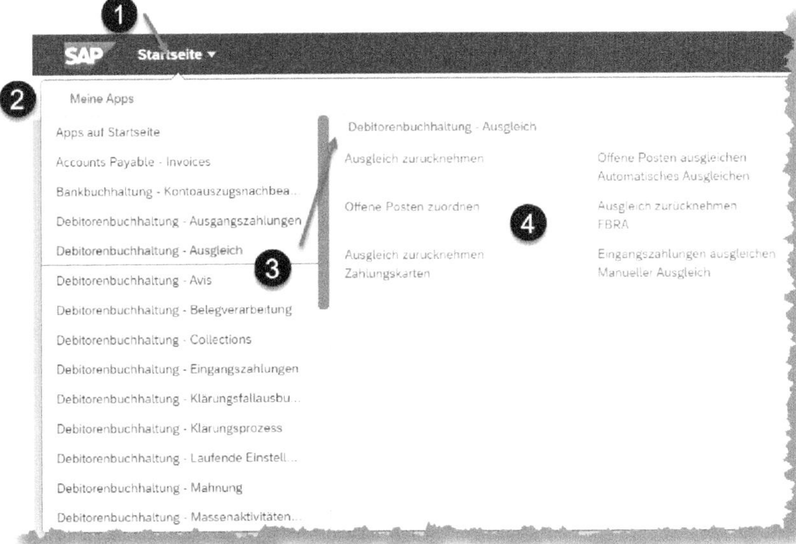

Abbildung 5.3: Übersicht »Meine Apps«

Wenn Sie in Abbildung 5.4 APPS AUF STARTSEITE ❶ wählen, erscheint eine Übersicht aller Launchpad-Gruppen ❷ mit den jeweils zugeordneten Apps ❸.

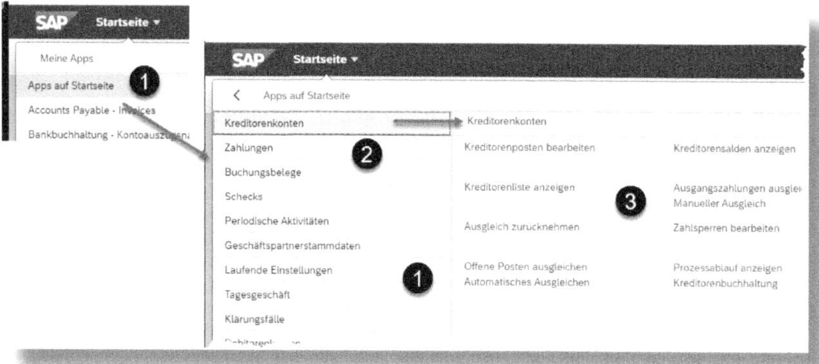

Abbildung 5.4: Apps auf Startseite

Eine weitere Möglichkeit, eine Übersicht über die startbaren Apps zu erhalten, bietet der *App Finder* (❶ in Abbildung 5.5).

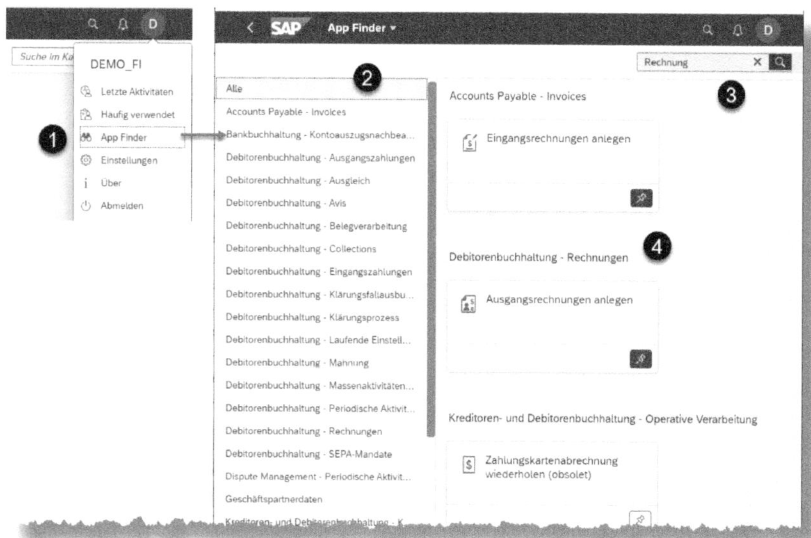

Abbildung 5.5: App Finder

Es erscheint zunächst eine Übersicht über alle für den Anwender verfügbaren Launchpad-Kataloge ❷ mit den zugewiesenen Apps. Die Suchfunktion ❸ erleichtert es Ihnen, die Liste der aufgeführten Apps einzuschränken.

5.2 Fiori-Frontend-Rollen

Sie werden sich jetzt sicherlich fragen, wie man eigentlich festlegt, welche Launchpad-Kataloge und -Gruppen für einen Anwender relevant sind, wenn er sich im Launchpad anmeldet.

Die Antwort lautet: Die Zuordnung erfolgt durch Rollen, denen links über die Menü-Struktur (HIERARCHIE) die erforderlichen Kataloge und Gruppen zugewiesen werden.

Abbildung 5.6: Rollen mit Launchpad-Gruppen und -Katalogen

Abbildung 5.6 zeigt als Beispiel die Menüstruktur der Rolle Z_BR_AP_ ACCOUNTANT ❶. Die Rolle beinhaltet u. a. die Launchpad-Gruppe mit der Überschrift ZAHLUNGEN ❷ (SAP_SFLIN_BCG_PAYMENTS) und den Launchpad-Katalog GESCHÄFTSPARTNERDATEN ❸ (SAP_CMD_BC_BP_MAINT).

Für das Einfügen von Gruppen und Katalogen in das Menü bietet die Transaktion *PFCG* entsprechende Funktionen an (Abbildung 5.7).

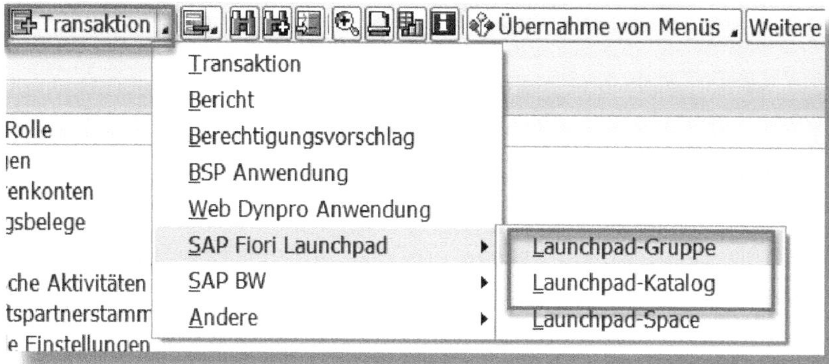

Abbildung 5.7: Einfügen von Launchpad-Gruppen und -Katalogen

Rollen, die Launchpad-Gruppen und -Kataloge enthalten, können nun in gewohnter Weise einem SAP-Benutzerstammsatz zugeordnet werden (Abbildung 5.8).

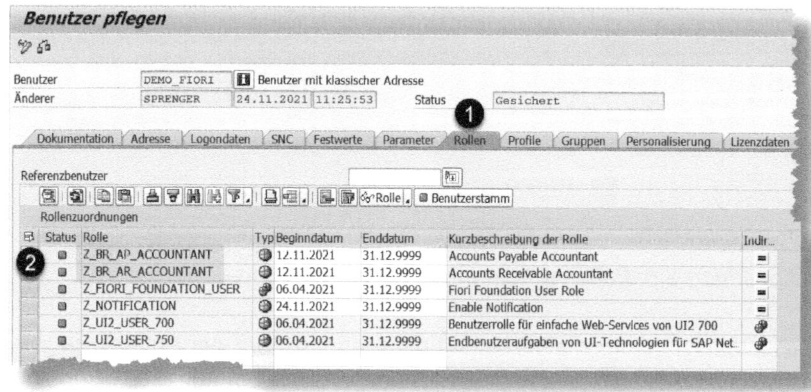

Abbildung 5.8: Zuordnung von Rollen zum Benutzerstammsatz

Dem BENUTZER DEMO_FIORI sind in diesem Beispiel die Rollen Z_BR_AP_ACCOUNTANT und Z_BR_AR_ACCOUNTANT zugeordnet. Ihm stehen damit alle diesen Rollen per Launchpad-Katalog zugeordneten Apps im Launchpad zur Verfügung.

Fassen wir anhand von Abbildung 5.9 die bisherigen Erkenntnisse noch einmal zusammen.

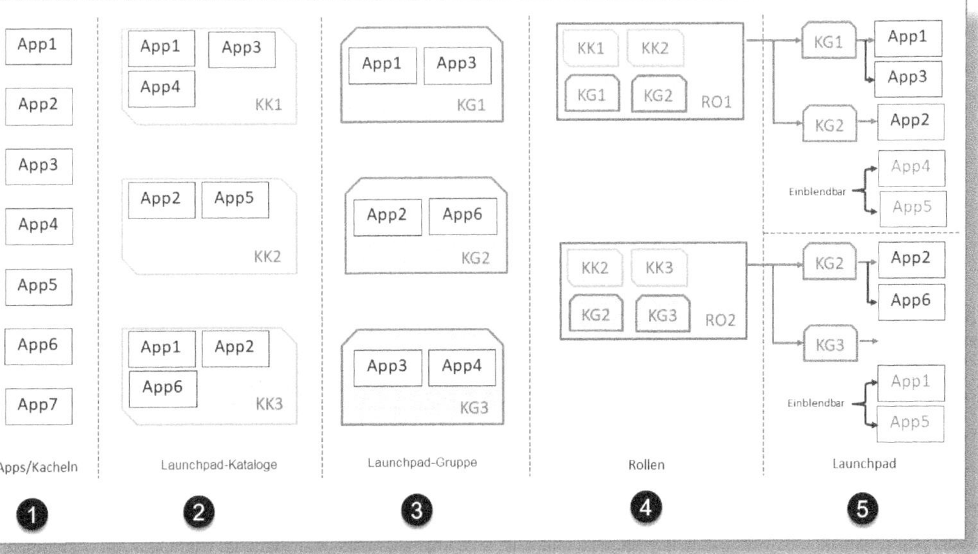

Abbildung 5.9: Apps/Kataloge/Gruppen/Rollen

❶ Für das Starten von Anwendungen werden Kacheln (Apps) definiert.

❷ Die Kacheln sind Launchpad-Katalogen zugeordnet. Mithilfe dieser Kataloge werden Kacheln gruppiert, die gemeinsam für den Start durch einen Anwender freigeschaltet werden sollen.

❸ Kacheln können zusätzlich Launchpad-Gruppen zugewiesen werden. Launchpad-Gruppen legen fest, wie Kacheln im Launchpad übersichtlich anzuordnen sind.

❹ Den Launchpad-Katalogen und -Gruppen können Rollen zugeordnet werden. Verfügt ein Anwender über eine bestimmte Rolle, kann er alle Apps starten, die in den ihr zugewiesenen Katalogen enthalten sind. Im Launchpad angezeigt werden aber davon zunächst nur die Kacheln, die in den Launchpad-Gruppen enthalten sind.

❺ Im konkreten Beispiel kann ein Anwender, dem die Rolle RO1 zugewiesen ist, die Apps APP1, APP3 und APP4 aus dem Katalog KK1 und die Apps APP2 und APP5 aus dem Katalog KK2 starten. Im Launchpad werden in der Gruppe KG1 die Apps APP1 und APP3 angezeigt und in der Gruppe KG2 sieht man die App APP2. Die Apps APP4 und APP5 sind, da sie weder in KG1 noch in KG2 enthalten sind, zunächst einmal nicht sichtbar, aber z. B. mithilfe des App-Finders trotzdem aufrufbar. APP6, die in Gruppe KG2 enthalten ist, wird nicht angezeigt und steht auch im App-Finder nicht zur Verfügung, da APP6 in keinem Katalog enthalten ist, der der Rolle RO1 zugewiesen ist.

5.3 Fiori-Frontend-Server und Backend-Systeme

Als Anwender, der mit Fiori-Apps arbeiten möchte, werden Sie es am Anfang unter Umständen etwas verwirrend finden, dass Sie für zwei verschiedene SAP-Systeme Benutzerkennungen und Berechtigungen benötigen, um sich im Fiori Launchpad anmelden und Apps starten zu können und dann auch noch die passenden Daten angezeigt zu bekommen.

Versuchen wir, anhand einer stark vereinfachten Darstellung etwas Licht ins Dunkel zu bringen (siehe Abbildung 5.10).

Bei der, sagen wir einmal »klassischen«, Vorgehensweise meldet man sich direkt – z. B. mithilfe von SAP GUI – in einem SAP-System an, in dem sowohl die Anwendungen (Transaktionen) als auch die erforderlichen Anwendungsdaten bereitgestellt werden. In der neuen »Fiori«-Sichtweise spielt dieses System jetzt die Rolle des *Backend-Systems* ❶, d. h., dieses System übernimmt im Wesentlichen die Aufgabe, Daten für Apps zur Verfügung zu stellen oder diejenigen Daten zu sichern, die durch die Apps neu erfasst oder geändert wurden. Damit eine Fiori-App mit dem Backend-System kommunizieren kann, müssen im Backend-System zusätzliche Komponenten vorhanden sein; dazu gehören das *SAP NW Gateway* für die Kommunikation und die *Fiori-Integration AddOns* ❷ für eine App-gerechte Bereitstellung und Verarbeitung der Daten.

Der Kontakt zum Endanwender erfolgt im Normalfall über ein separates SAP-System, den sogenannten *Frontend-Server* ❸. Auf diesem Server sind z. B. die Kacheldefinitionen, Launchpad-Kataloge und Launchpad-Gruppen definiert ❹. Auch zwei wesentliche Eigenschaften von Fiori-Apps, nämlich die Gestaltung der Benutzeroberfläche (UI = User Interface) und die Kommunikation mit dem Endanwender, werden vom Frontend-Server übernommen.

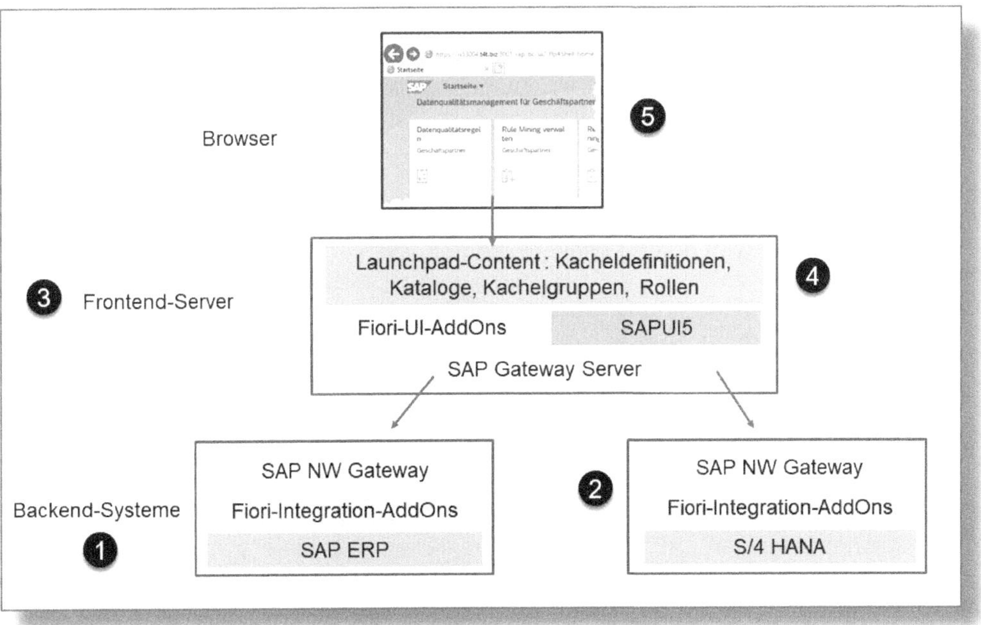

Abbildung 5.10: Fiori-Frontend-Server und Backend-Systeme

Wenn Sie als Anwender das Fiori Launchpad ❺ im Browser starten, müssen Sie sich zunächst am Frontend-Server anmelden. Dazu benötigen Sie also schon einmal eine **SAP-Benutzerkennung**. Die Ihrem Benutzer auf diesem Frontend-Server zugewiesenen Rollen legen fest, welche Kacheln Ihnen im Launchpad in welcher Gruppierung angezeigt werden. Starten Sie nun eine App, beginnt die Ausführung im Frontend-Server. Abhängig vom Coding der App fordert diese (über das Gateway) Daten vom Backend-System an. Damit dies möglich ist, benötigen Sie auch für das Backend-System einen **Benutzerstammsatz**. Die Rollen, die diesem Benutzer im Backend-System zugewiesen sind, legen im Wesentlichen fest, welche Daten Ihnen zur Verfügung gestellt werden.

Buchungungsbeleg anzeigen

Sie möchten eine App starten, die einen Buchungsbeleg anzeigen soll. Dazu müssen Sie im Frontend-System eine Rolle besitzen, die Ihnen das Starten der App erlaubt. Im Backend-System benötigen Sie dementsprechend eine Rolle, die Ihnen den Zugriff auf Belegdaten ermöglicht.

Kürzer ausgedrückt:

1. Das Fiori Launchpad kontaktiert den Frontend-Server. Das Kachelangebot wird durch Rollen im Frontend-Server bestimmt.
2. Die Rollenzuordnung im Backend-System legt fest, welche Daten überhaupt zur Verfügung stehen und ggf. auch geändert werden können.

Integriertes Deployment

Es ist technisch möglich, Frontend-Server und Backend-Server in einem einzigen SAP-System zu installieren. Man spricht in diesem Zusammenhang von einem *integrierten Deployment*. In dieser Deployment-Variante benötigen Sie dann nur eine Benutzerkennung!

5.4 Basisberechtigungen für das Fiori Launchpad

Wir hatten in Abschnitt 5.2 beschrieben, wie einem Anwender durch Rollenzuordnungen Launchpad-Gruppen sowie Launchpad-Kataloge und damit die ausführbaren Apps zugewiesen werden. Trotz einer korrekten Rollenzuordnung kann es dann aber immer noch passieren, dass nach dem Login im Launchpad keinerlei Kacheln angezeigt werden ❶, oder bei der Suche nach Apps ❷ eine Fehlermeldung ❸ ausgegeben wird (Abbildung 5.11):

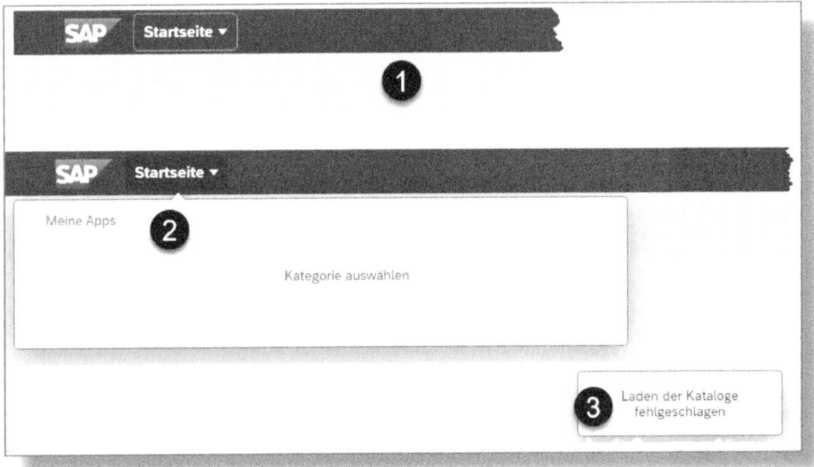

Abbildung 5.11: Fehler im Launchpad

Die Ursache liegt darin, dass ein Benutzer auch für das Fiori Launchpad selbst noch grundsätzliche Berechtigungen benötigt, die es ihm beispielsweise ermöglichen, überhaupt den Inhalt von Launchpad-Katalogen und -Gruppen zu lesen. Zudem sind für die Nutzung der Suchfunktionen und für die Personalisierung des Launchpads weitere Berechtigungen erforderlich.

Mit der korrekten Ersteinrichtung von Fiori werden auf dem Frontend-Server SAP-Musterrollen angelegt, die Sie den Benutzern zuweisen können, die das Launchpad nutzen sollen.

Achten Sie bitte darauf, dass die generierten Musterrollen Release-abhängig sind. Ab S/4HANA 2020 ist »Z_FLP_USER« die von SAP ausgelieferte aktuelle Musterrolle, in älteren Releases sollten Sie die Sammelrolle Z_FIORI_FOUNDATION_USER verwenden.

! Fiori-Musterrollen

Die von SAP ausgelieferte Musterrolle Z_FLP_USER vergibt die ALL-Berechtigung für die Nutzung der Suchfunktion im Launchpad, d. h., es werden beispielsweise Optionen für die Suche von Bestellungen angeboten, obwohl der Anwender keine Berechtigung für das Starten von Apps besitzt, die etwas mit dem Thema »Bestellungen« zu tun haben!

Bei Bedarf können Sie auch eine Rolle selbst definieren, die nur die für das Fiori Launchpad erforderlichen minimalen Berechtigungen erhält. SAP liefert für die einzelnen Funktionen Berechtigungsvorschläge aus, die Sie in die Rolle übernehmen können.

Abbildung 5.12 zeigt, wie Sie dabei vorgehen sollten. Wählen Sie unter TRANSAKTION die Option ❶ BERECHTIGUNGSVORSCHLAG und als Berechtigungsvorschlag SAP GATEWAY SERVICE GROUPS METADATA bzw. SAP GATEWAY BUSINESS SUITE ENABLEMENT – SERVICE ❷.

In Abbildung 5.13 sind die Berechtigungsvorschläge aufgeführt, die mindestens in der Rolle FIORI_MINIMAL_WIT_PERS verwendet werden sollten und folgende Funktionen ermöglichen:

- Anzeige von Gruppen und Katalogen im Launchpad
- Nutzung des App-Finders
- Personalisierung des Launchpads

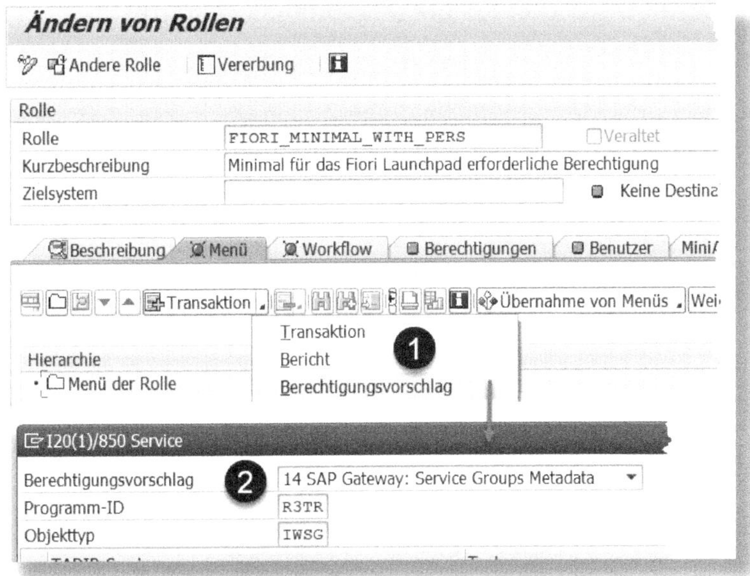

Abbildung 5.12: Berechtigungsvorschläge in Rolle übernehmen

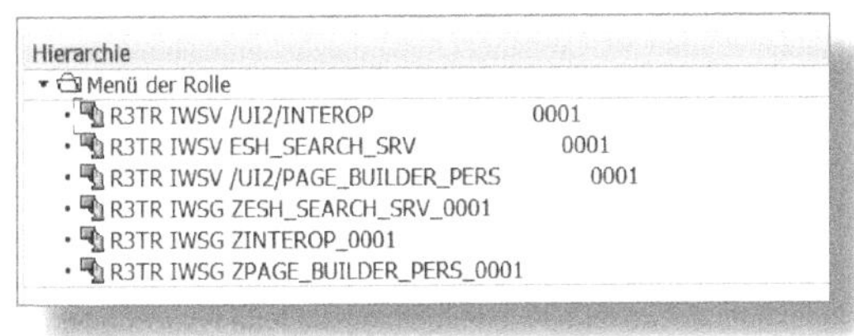

Abbildung 5.13: Berechtigungsvorschläge für das Launchpad

! Enterprise-Search: Berechtigungen zur Rolle

In Abbildung 5.13 sind Berechtigungsvorschläge für den Enterprise Search aufgeführt. Konkret sind dies ESH_SEARCH_SRV und ZESH_SEARCH_SRV_0001. In Abschnitt 5.6 erfahren Sie, wie Sie die Vorschlagswerte für die betroffenen Berechtigungsobjekte E_ESH_CONN und SDDLVIEW sinnvoll ergänzen.

5.5 Berechtigungen für die Personalisierung des Launchpads

Besitzt ein Benutzer die Standardrolle Z_FLP_USER oder z. B. die in Abbildung 5.13 gezeigte Rolle FIORI_MINIMAL_WIT_PERS, ist er in der Lage, das Layout des Fiori Launchpads individuell an seine Bedürfnisse anzupassen (Abbildung 5.14).

Abbildung 5.14: Personalisierung Launchpad

Die Funktion STARTSEITE BEARBEITEN ❶ erlaubt es u. a., vergleichbar mit dem Favoriten-Menü in SAP GUI, häufig verwendete Apps unter der Gruppe »Meine Startseite« zu sammeln. Zusätzlich ist es in Launchpad-Gruppen möglich, Apps zu entfernen ❷ bzw. neu aufzunehmen ❸ oder die Beschriftung der Kachel zu ändern ❹.

Die *Launchpad-Personalisierung* ist sicherlich eine interessante Option, stellt aber Support-Teams oft vor Probleme, wenn Anwender trotz gleicher Rollenzuordnungen mit unterschiedlichen Layouts des Launchpads arbeiten.

Grundsätzlich kann die Personalisierungsmöglichkeit deaktiviert werden, der Weg dazu ist aber recht ungewöhnlich: Es werden keine Berechtigungen aus den zugewiesenen Rollen entfernt; stattdessen wird der Launchpad-Katalog /UI2/CONFIG_PERS_OFF in einer Rolle eingetragen. Sinnvoll ist es, eine separate Rolle nur mit diesem Katalog zu definieren, die dann allen Benutzern zugeordnet wird, die keine Personalisierungsmöglichkeit haben sollen. Abbildung 5.15 zeigt eine geeignete Rolle.

Abbildung 5.15: Deaktivierung der Personalisierung

Der Launchpad-Katalog /Ui2/CONFIG_PERS_OFF ❶ deaktiviert (!) lediglich die Personalisierung. Die Rolle selbst verfügt über keinerlei Berechtigungen ❷. Die Funktion STARTSEITE BEARBEITEN steht nicht mehr zur Verfügung ❸, damit leider aber auch kein App-Finder! Apps müssen dann über die allgemeine Suchfunktion (Enterprise Search) des Launchpads gesucht werden.

5.6 Berechtigungen für Enterprise Search

Im Fiori Launchpad ist mit dem *Enterprise Search* ❶ eine leistungsfähige Funktion integriert, mit der Sie über frei eingebbare Begriffe z. B. nach allen Apps, Belegen, Stammdaten ❷ etc. suchen können, die diese Begriffe enthalten.

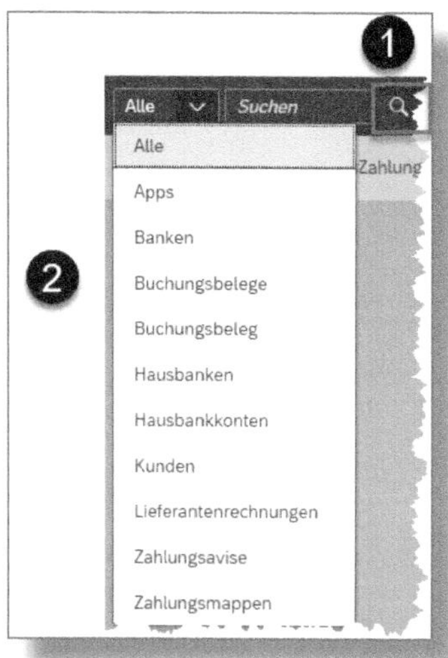

Abbildung 5.16: Enterprise Search

Die in der Dropdown-Box angebotenen Suchgebiete wie BANKEN, KUNDEN, ... werden technisch durch sogenannte *Suchkonnektoren* realisiert. Welche der Suchkonnektoren Ihnen zur Verfügung stehen, wird durch die Zuordnung von Berechtigungen beeinflusst. Eine Übersicht über alle verfügbaren Konnektoren liefert die Transaktion *ESH_COCKPIT* (❶ in Abbildung 5.17). Um einen bestimmten Konnektor zu finden, klicken Sie auf die Funktion KONNEKTOR SUCHEN ❷.

Die Abbildung zeigt die Definition eines Konnektors für die Suche von Buchungskreisen. Beachten Sie den KONNEKTORTYP ❸: Bei Auswahl des Typs *Enterprise Search* kann man mithilfe des Berechtigungsobjekts S_ESH_CONN den Konnektor für die Suche im Launchpad freischalten. Für das Berechtigungsfeld TEMPL_NAME des Objekts S_ESH_CONN muss der im Feld MODELL ❹ gezeigte Wert angegeben werden.

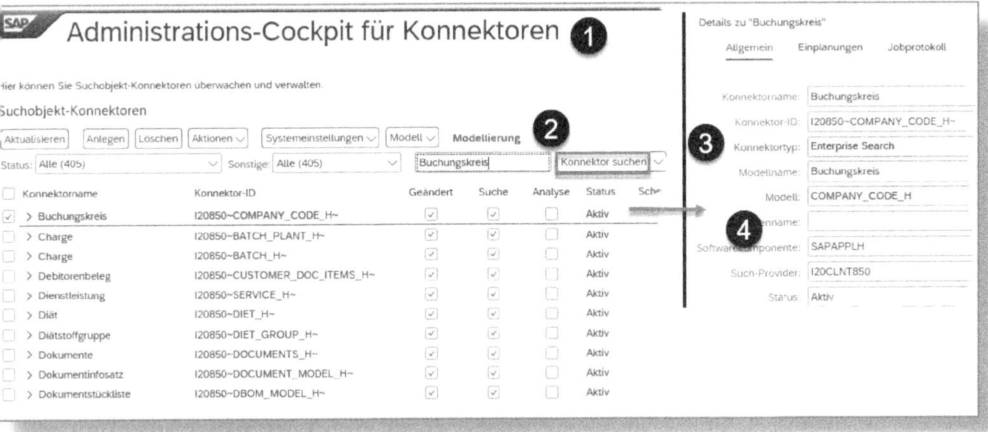

Abbildung 5.17: Beispiel für Konnektor zu »Buchungskreis«

Abbildung 5.18 zeigt das Beispiel für den Konnektor »Kostenstelle« ❶. Hier ist der KONNEKTORTYP *Suchfähige HANA-Sicht* ❷. Für diesen Typ erfolgt die Berechtigungsvergabe über das Berechtigungsobjekt SDDLVIEW. Im Feld DDLSRCNAME muss der Name der CDS-ENTITÄT ❸ eingetragen werden.

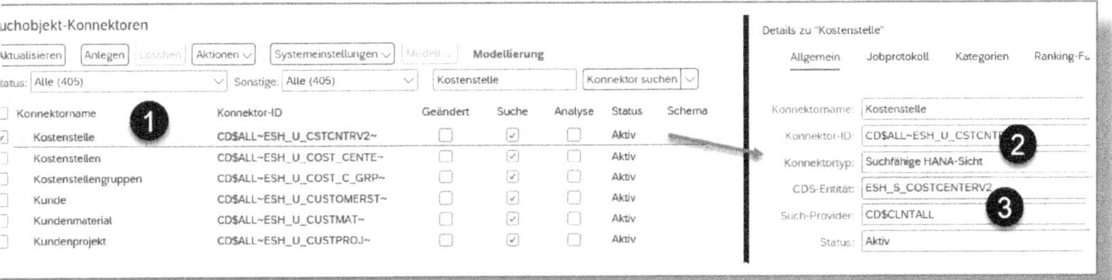

Abbildung 5.18: Beispiel Konnektor »Kostenstelle«

Eine Rolle, die beide Konnektoren berechtigt, könnte dann wie in Abbildung 5.19 aussehen. In das Menü der Rolle wird der Berechtigungsvorschlag vor den Enterprise Search, R3TR IWSV ESH_SEARCH 0001 ❶ eingefügt. Für das Berechtigungsobjekt SDDLVIEW ❷ legen wir für das Feld DDLSRCNAME den Wert ESH_S_COSTCENTERV2 ❸ fest. Dies ist die Berechtigung, die den Konnektor »Kostenstelle« vom Typ »Hana-Sicht« berechnet.

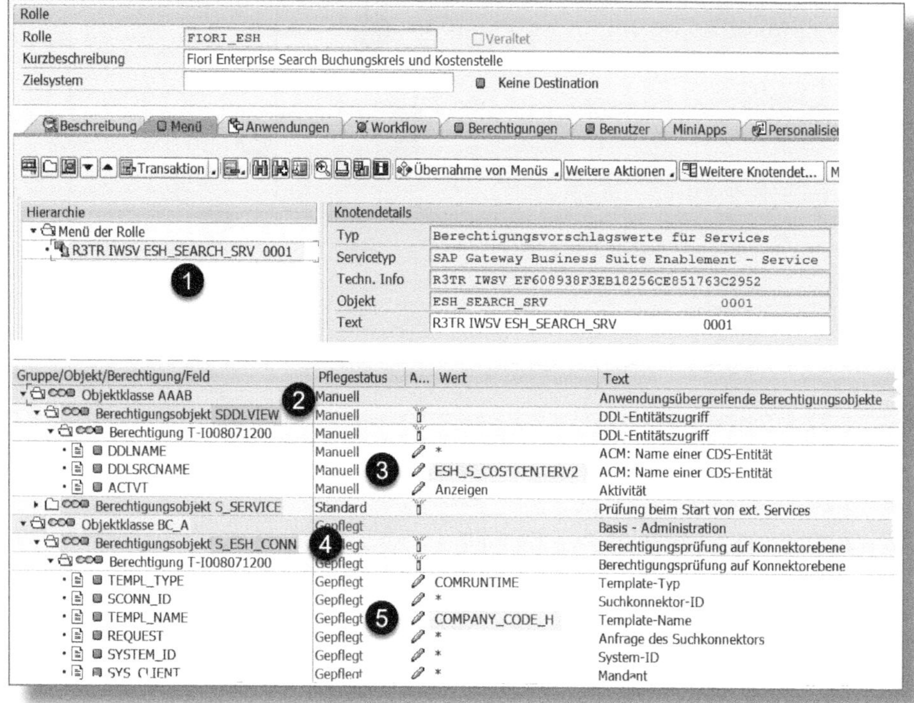

Abbildung 5.19: Musterrolle für Such-Konnektoren

Der Konnektor für das Suchen von Buchungskreisen wird durch das Objekt S_ESH_CONN ❹ berechtigt. Für das Berechtigungsfeld TEMPL_NAME ❺ geben wir den technischen Namen des Konnektors ein.

> **Berechtigungsprüfungen durch Konnektor**
>
> Suchkonnektoren führen meist automatisch zusätzliche Berechtigungsprüfungen aus. Damit wird etwa für den Konnektor »Kostenstelle« sichergestellt, dass in der Trefferliste keine Kostenstellen angezeigt werden, für die der Anwender keine Berechtigungen besitzt.

5.7 Rollen zu einer App finden

Wie finden wir zu einer App, die wir für einen Benutzer berechtigen möchten, eine bereits vorhandene Rolle, sodass wir dem Benutzer diese Rolle zuordnen können? Und wie finden wir zur selben App u. U. einen Launchpad-Katalog, den wir in eine (neue) Rolle aufnehmen können?

Beide Fragen lassen sich relativ einfach mit der Transaktion /UI2/FLPCM_CUST (*FLP-Content-Manager*) klären (Abbildung 5.20).

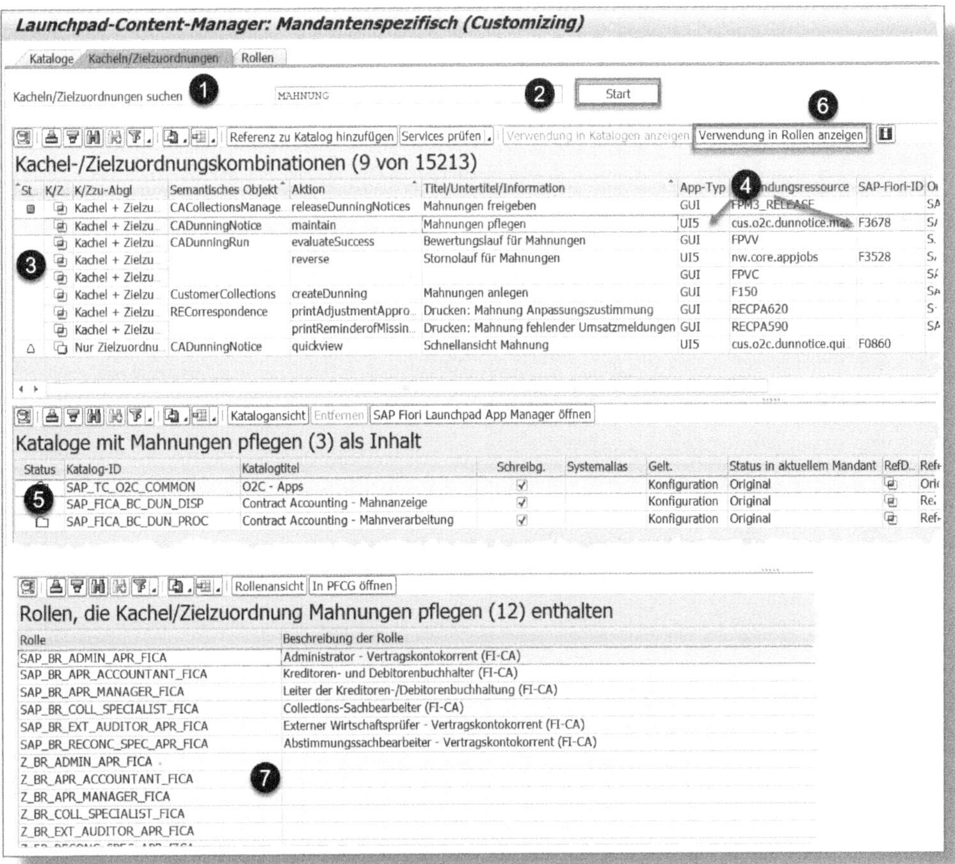

Abbildung 5.20: FLP-Content-Manager

Geduld bitte!

Der Start der Transaktion kann manchmal etwas Zeit kosten.

Lassen Sie uns z. B. nach Apps zum Thema »Mahnung« suchen:

1. Wählen Sie die Karteikarte KACHEL/ZIELZUORDNUNGEN.
2. Geben Sie den Suchbegriff »Mahnung« ein und starten Sie die Suche.
3. Die Trefferliste zeigt Ihnen alle Kacheln an, die im Titel das Wort »Mahnung« enthalten.
4. Wählen Sie eine App in der Liste aus. In der Spalte APP-TYP können Sie erkennen, ob über die Kachel tatsächlich eine Fiori-App (Typ UI5) oder lediglich eine Transaktion im Browser gestartet wird (Typ GUI). In der Spalte SAP-FIORI-ID finden Sie die App-ID zur jeweiligen Fiori-App, die Sie z. B. dafür nutzen können, um in der *SAP Apps Library* weitere Informationen zur App aufzurufen.
5. Im Bereich »Kataloge ...« sind die Kataloge aufgeführt, in denen die App als Kachel enthalten ist.
6. Mit der Funktion VERWENDUNG IN ROLLEN ANZEIGEN können Sie eine Liste aller Rollen aufrufen, die die App enthalten.
7. Angezeigt werden sowohl die Musterrollen der SAP als auch bereits vorhandene Kundenrollen.

6 Rahmenbedingungen für das SAP-Berechtigungswesen

In diesem Kapitel richten wir den Blick auf die organisatorischen und sonstigen Rahmenbedingungen für den Einsatz von SAP-Software zur Unterstützung der Geschäftsprozesse. Zunächst betrachten wir die Akteure im Berechtigungsprozess und gehen anschließend auf generelle Sicherheitsanforderungen und Konzepte für die IT-Sicherheit ein. Am Ende befassen wir uns mit Konventionen, die für die Transparenz und Effizienz des SAP-Berechtigungswesens eine entscheidende Rolle spielen können.

6.1 Akteure im SAP-Umfeld

Als *Akteure* bezeichnet man handelnde Personen. Im Umfeld eines SAP-Systems können Akteure zunächst grob in drei Gruppen eingeteilt werden:

1. Personen aus den Fachabteilungen,
2. Personen aus der Unternehmungs-IT,
3. externe Personen.

Innerhalb jeder dieser drei Gruppen ist im Kontext des Berechtigungsprozesses eine weitere Unterteilung möglich, wie in Abbildung 6.1 dargestellt. Die unterschiedliche Beteiligung der verschiedenen Akteure im Berechtigungsprozess wird in den folgenden Unterabschnitten kurz beschrieben.

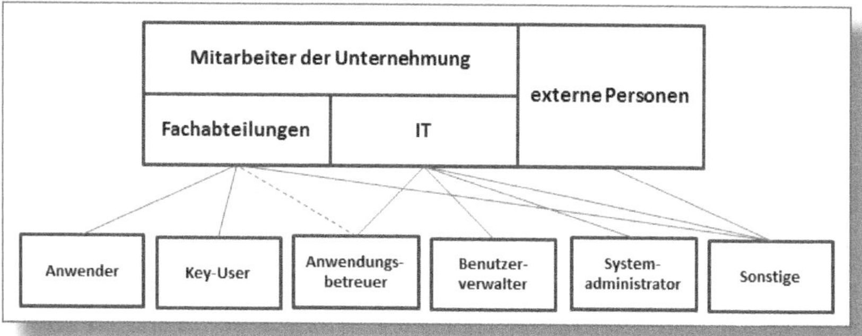

Abbildung 6.1: Akteure im SAP-Umfeld im Überblick

Da sich die Ausführungen in den folgenden Abschnitten nicht auf eine konkrete, reale Unternehmung beziehen, sind sie ein Stück weit verallgemeinernd. Bei der Lektüre werden Ihnen aber sicher direkt verschiedene Personen oder Abteilungen in Ihrer Unternehmung einfallen, die nachfolgend beschriebene Aufgaben erfüllen bzw. den jeweiligen Gruppen zugeordnet werden können.

6.1.1 Anwender

Die *SAP-Anwender* bilden die größte Gruppe unter den Akteuren im SAP-Umfeld. Es handelt sich i. d. R. um Mitarbeiter der Unternehmung in den verschiedenen Fachabteilungen, die zur Erledigung ihrer betrieblichen Aufgaben Transaktionen im SAP-System ausführen, um die verschiedenen Geschäftsprozesse systemunterstützt durchzuführen.

Die Gruppe der Anwender ist häufig sehr heterogen zusammengesetzt: Hier finden sich sowohl sogenannte »Power-User«, die viel mit dem SAP-System arbeiten und umfassend mit ihm und den Besonderheiten in dessen Handhabung vertraut sind, als auch »Gelegenheits-User«, die SAP-Funktionalitäten nur selten und sporadisch nutzen, eventuell nur für das gelegentliche Aufrufen eines Berichts. Entsprechend unterschiedlich ausgeprägt sind die technischen Kenntnisse der einzelnen Personen.

Eine wichtige Unterscheidung in der Gruppe der Anwender stellt die Reichweite der Befugnisse in der Unternehmung bzw. für die im SAP-System erfassten, verarbeiteten und gespeicherten Daten dar – häufig spricht man hier von zentralen und dezentralen Anwendern:

- *Zentrale Anwender* (ZEN) sind unternehmungsweit für einen fachlich eingegrenzten Bereich zuständig.
- *Dezentrale Anwender* (DEZ) sind für einen begrenzten organisatorischen Bereich zuständig, eventuell in verschiedenen fachlichen Domänen.

Die Unterscheidung zentral/dezentral ist manchmal etwas verwirrend, da zum einen eine Verwechslung mit Aspekten des Standorts möglich ist (zentrale Funktionen mit unternehmungsweitem Fokus können abseits der Unternehmungszentrale in einer Zweigstelle angesiedelt sein) und zum anderen für einzelne Personen abhängig vom Funktionsbereich beide Merkmale gegeben sein können.

Zentrale und dezentrale Anwender

Der SAP-Anwender Rainer Zufall (ZUFALL_R) ist Sachbearbeiter in der zentralen Finanzbuchhaltung der Unternehmung und in dieser Rolle ein *zentraler Anwender*. Seine Berechtigungen für die Aktivitäten in der Finanzbuchhaltung (einem fachlich eingegrenzten Bereich) sind unabhängig von den verschiedenen organisatorischen Bereichen unternehmungsweit ausgeprägt; er erfasst z. B. Belege für alle Organisationseinheiten.

Der SAP-Anwender Heiner Seitz (SEITZ_H) ist in verantwortlicher Position in der Logistik beschäftigt: Er leitet ein *Werk* (eine Produktionsstätte) der Unternehmung. In dieser Position ist er *dezentraler Anwender*: Seine Berechtigungen im SAP-System beziehen sich jeweils auf einen bestimmten organisatorisch abgegrenzten Bereich (das jeweilige Werk und alle zugehörigen Organisationseinheiten), betreffen allerdings verschiedene fachliche Domänen, z. B. Aktivitäten in der Logistik (Fertigung, Bestandsführung) und im Rechnungswesen (Berichte im Rechnungswesen für alle Kostenstellen, die organisatorisch jeweils dem eigenen Werk zuzuordnen sind).

> Andre Seitz, ein weiterer SAP-Anwender, leitet den zentralen Einkauf der Unternehmung. Seine Einkaufsorganisation ist dem Werk von Heiner Seitz zugeordnet, trotzdem ist er *zentraler Anwender* für den Bereich des Einkaufs. In allen anderen Funktionsbereichen, z. B. im Rechnungswesen, ist er *dezentraler Anwender* mit entsprechend eingeschränkten Berechtigungen.

Spezielle zentrale Anwender mit unternehmungsweit und modulübergreifend ausgeprägten Leserechten sind *interne Prüfer*, beispielsweise aus der Revisionsabteilung.

Im Berechtigungsprozess sind Anwender die häufigsten Auslöser für Fehlermeldungen. Sie werden zudem aktiv an Tests möglicher Lösungen in Form geänderter Berechtigungen beteiligt.

6.1.2 Key-User

Als *Key-User* bezeichnet man zentrale Anwender mit besonderen SAP-bezogenen Aufgaben. Im Rahmen eines *Key-User-Konzeptes* handelt es sich um speziell geschulte Mitarbeiter für eines oder mehrere der in der Unternehmung eingesetzten SAP-Module oder Teilmodule. Sie stehen als fachliche Ansprechpartner für die Anwendungs- und Systembetreuer zur Verfügung und bündeln in dieser Funktion die Interessen aller »normalen« Anwender der jeweiligen Module.

Bezogen auf SAP-Berechtigungen, wirken Key-User oftmals bereits grundlegend an der Erstellung des Berechtigungskonzeptes mit, indem sie z. B. die fachlichen Anforderungen an die Ausprägung von Rollen und Berechtigungen im SAP-System benennen. Ihre Mitwirkung bei der Beantragung/Bewilligung neuer SAP-Berechtigungen für einen SAP-Benutzer ist abhängig von ihren jeweiligen Zuständigkeiten/Kompetenzen in der Unternehmung.

6.1.3 Anwendungsbetreuer

SAP-Anwendungsbetreuer gehören i. d. R. zur *Unternehmungs-IT* (früher: EDV-Abteilung). Sie sind für die fachliche Betreuung eines oder mehrerer der in der Unternehmung eingesetzten SAP-Module zuständig. Idealerweise bilden Sie dabei eine Schnittstelle zwischen den Anwendern in den Fachabteilungen und anderen Mitarbeitern der IT und übersetzen in dieser Funktion fachliche Anforderungen in technische Lösungen und umgekehrt. Anwendungsbetreuer verfügen entsprechend über umfassende anwendungsbezogene Berechtigungen in den jeweiligen Modulen.

☛ Anwendungsbetreuung in kleinen Unternehmungen

In kleineren Unternehmungen ohne Key-User-Konzept und ohne zentrale SAP-Anwendungsbetreuung in der Unternehmungs-IT übernehmen Personen aus den jeweiligen Fachabteilungen die Betreuung der SAP-Module.

Die SAP-Anwendungsbetreuung ist in größeren Unternehmungen oft als *Customer Center of Expertise* (*CCoE*) organisiert und wird von der SAP SE zertifiziert (früher bezeichnete man CCoE als *Customer Competence Center*, abgekürzt *CCC*). Durch die Zertifizierung bescheinigt die SAP SE einer Unternehmung einen gewissen Qualitätsstandard in der Betreuung ihrer SAP-Systeme und räumt in diesem Zusammenhang Vergünstigungen bei der Benutzerlizensierung ein.

Anwendungsbetreuer verfügen über umfangreiche SAP-Berechtigungen in den jeweiligen Modulen. Wenn sie für die Anpassung von Systemeinstellungen zuständig sind, besitzen sie zudem Customizing-Berechtigungen im Entwicklungssystem der Unternehmung. Die Verantwortung für die im Produktivsystem erfassten/verarbeiteten Daten liegt jedoch nicht bei der Anwendungsbetreuung, sondern in den jeweiligen Fachabteilungen der Unternehmung.

Anwendungsbetreuer können einen Teil der Aufgaben im Berechtigungsprozess im Sinne des Vier-Augen-Prinzips (vgl. Abschnitt 6.2) übernehmen. Ihnen obliegt dabei die Erstellung und Bearbeitung der Rollen sowie die Pflege der Berechtigungsdaten. Für die Wahrung selbigen Prinzips ist es sodann erforderlich, dass eine Bearbeitung der eigenen Rolle (und somit der eigenen Berechtigungen) im Produktivsystem nicht möglich ist.

6.1.4 Benutzerverwalter

SAP-Benutzerverwalter gehören zur Unternehmungs-IT und sind zuständig für die Pflege der Benutzerstammdaten in den SAP-Mandanten der Unternehmung, insb. für die Administration der Zugangsdaten. Zu letzterer gehören das Anlegen neuer Benutzer, die Vergabe von Initialpasswörtern sowie das Setzen und Entfernen von Benutzersperren.

SAP-Benutzerverwalter können, ähnlich wie Anwendungsbetreuer, für einen Teil der Aufgaben im Berechtigungsprozess im Sinne des Vier-Augen-Prinzips (vgl. Abschnitt 6.2) hinzugezogen werden: Neben dem Anlegen von neuen Benutzern übernehmen sie insbesondere die Zuordnung von Benutzern zu Rollen. Zur Wahrung des Vier-Augen-Prinzips ist es wichtig, dass Benutzerverwalter keine Berechtigung für die Pflege von Rollen und deren Berechtigungsdaten haben.

6.1.5 Systemadministrator

SAP-Systemadministratoren sind ebenfalls Teil der Unternehmungs-IT. Man bezeichnet sie häufig als »SAP-Basis« (*Sapbasis*) oder »Basis-Team«. Die Aufgaben der Sapbasis umfassen insbesondere:

- Systeminstallation,
- Systemmonitoring,
- Jobverwaltung,
- Spoolverwaltung,
- Datenbank-Administration,

- Betriebssystem der SAP-Server,
- Backup und Recovery,
- Schnittstellen.

Die Berechtigungen der Sapbasis beinhalten viele grundsätzlich kritische Transaktionen (vgl. auch Abschnitt 6.5.1). Diese sollten nach Möglichkeit nicht SAP-Nutzern in den produktiven Mandanten, sondern z. B. im Auslieferungsmandanten 000 zugeordnet werden. Da die Basis-Funktionalitäten im SAP-System überwiegend mandantenunabhängig sind, stellt dieses im Hinblick auf alle Basis-Aufgaben keine nennenswerte Einschränkung dar.

! Datenbankbezogene Berechtigungen

Besonders kritisch im Hinblick auf das Einsehen oder Verändern produktiver Daten sind die Berechtigungen der Datenbank-Administratoren, da das SAP-System die Daten (bis auf wenige besonders kritische Ausnahmen) transparent bzw. unverschlüsselt in der zugrunde liegenden Datenbank ablegt.

6.1.6 Sonstige Akteure

Die sonstigen Akteure im SAP-Umfeld sind eine sehr heterogene Gruppe:

- *Externe Softwareentwickler* können z. B. Mitarbeiter von Projektpartnern oder Drittfirmen sowie Freelancer sein. Diese verfügen über umfassende und z. T. kritische Berechtigungen im Entwicklungssystem, jedoch nicht in produktiven Systemen/Mandanten.
- Externe Anwender mit umfassendem lesendem Zugriff (nur Anzeige von Daten, keine Änderungen) sind *externe Prüfer*, z. B. Wirtschaftsprüfer, die im Rahmen einer Kontrolle direkt auf die Daten des SAP-Systems zugreifen möchten, oder Mitarbeiter von Finanzbehörden, die auf Basis der *GoBD* (vgl. Abschnitt

6.3.1) umfassende Einsicht in die Daten im SAP-System bekommen.

- *Zentrale Administratoren* sind wichtige Akteure im SAP-Umfeld ohne (!) Berechtigungen im SAP-System: Sie sind zuständig für Infrastrukturkomponenten wie Netze und Firewalls, bei denen die unternehmungsweite Zuständigkeit zentral in der Unternehmungs-IT liegt.
- *Dezentrale Administratoren* sind ebenfalls wichtige Akteure im SAP-Umfeld ohne SAP-Berechtigungen: Sie sind zuständig für Hardware und Betriebssystem von Frontend-Komponenten (meist PCs oder Terminals, künftig zunehmend auch Tablets und Mobiltelefone) in der SAP-Systemlandschaft, für die es keine unternehmungsweite Zuständigkeit gibt. Sie installieren und aktualisieren Software (SAP GUI, Webbrowser usw.) und sind zuständig für lokale Zugriffsrechte auf den Frontend-Komponenten.
- Auch *Geschäftspartner* einer Unternehmung können Akteure im SAP-Umfeld sein, wenn sie als Benutzer im SAP-System aktiv an den systembasierten Geschäftsprozessen mitwirken. Die Berechtigungen sind in diesem Fall stark von den systemunterstützten Aktivitäten abhängig und hier schlecht zu verallgemeinern.

6.2 Das Vier-Augen-Prinzip

Der Begriff *Vier-Augen-Prinzip* bezeichnet allgemein eine Verteilung potenziell sicherheitskritischer Arbeitsschritte oder Aktivitäten auf zwei Personen, damit diese nicht von einer Person allein (unbeaufsichtigt, ohne Kontrolle) durchgeführt werden können. Das Vier-Augen-Prinzip kann sowohl als Sicherheits**anforderung** als auch als Sicherheits**maßnahme** betrachtet werden. Grundlage ist jeweils eine Analyse und Festlegung, welche Aktivitäten als sicherheitskritisch eingeschätzt werden.

Das Vier-Augen-Prinzip kann entweder technisch im SAP-System oder organisatorisch durch entsprechende bindende Vorgaben der Unternehmungsleitung umgesetzt werden:

- Eine **technische Implementierung** des Vier-Augen-Prinzips im SAP-System führt i. d. R. zu einer Aufteilung der systembasierten Arbeitsschritte in eine »Erfassung« und eine »Freigabe« bzw. »Änderung« und »Bestätigung«. Diese Sicherheitsmaßnahme hat präventiven Charakter, da eine Zuwiderhandlung systemseitig ausgeschlossen wird.
- Eine **organisatorische Umsetzung** des Vier-Augen-Prinzips führt zur Definition von Kontrollen, die nach bzw. vor bestimmten systembasierten Aktivitäten durchzuführen sind. Diese organisatorische Sicherheitsmaßnahme erhöht die Wahrscheinlichkeit, sicherheitsrelevante Vorfälle zu entdecken.

Zu den kritischen Funktionen im SAP-System gehört der Bereich »Benutzerverwaltung und Berechtigungsvergabe«: Ein SAP-Benutzer mit umfassenden Berechtigungen (z. B. über das Profil SAP_ALL, vgl. Abschnitt 2.3.3) ist theoretisch in der Lage, sich – etwa zur Verschleierung eines sicherheitsrelevanten Vorfalls – einen Benutzer mit umfassenden Rechten anzulegen. Um für diesen Fall systembasierte Vorkehrungen zu treffen, können die hierfür erforderlichen Berechtigungen in Produktivmandanten auf verschiedene Personenkreise aufgeteilt werden:

- *Benutzerverwalter* können SAP-Benutzer anlegen und ändern sowie Rollen zuordnen, jedoch keine Rollen bearbeiten und keinen Benutzerabgleich durchführen.
- *Berechtigungsverwalter* können Rollen und deren Berechtigungsdaten ändern sowie einen Benutzerabgleich durchführen, jedoch keine Benutzerstammdaten bearbeiten oder Rollen und Profile zuordnen.

Mit dieser Aufteilung der Aktivitäten im Berechtigungsprozess können weder der Benutzer- noch der Berechtigungsverwalter alleine einen Benutzer mit umfassenden Rechten erstellen oder die Berechtigungen eines bestehenden Benutzers ohne Freigabe durch eine andere Person erweitern.

Ein weiteres klassisches Feld für das Vier-Augen-Prinzip sind Aktivitäten im Zusammenhang mit ausgehenden Zahlungen.

! Zahlungen an Kreditoren oder Debitoren

Entgegen einer erstaunlich weit verbreiteten Annahme sind in der Finanzbuchhaltung nicht nur kreditorische, sondern genauso debitorische Prozesse im Hinblick auf ausgehende Zahlungen sicherheitskritisch.

Ausgehende Zahlungen können durch Zahlungsläufe in den Modulen FI (klassischer Zahllauf), FI-CA (Zahlungslauf im Vertragskontokorrent) oder HR-PY (Personalabrechnung) ausgelöst werden. Mögliche Aktivitäten, die berechtigungstechnisch auf (mindestens) zwei Personen aufgeteilt werden können, sind die

- Erstellung eines Zahlungsvorschlags,
- Bearbeitung des Zahlungsvorschlags,
- Durchführung des Zahlungslaufs und das Erstellen eines Zahlungsträgers für die Hausbank der Unternehmung,
- Versendung des Zahlungsträgers.

Die Möglichkeiten, diese Trennung systembasiert abzubilden, sind modulbezogen unterschiedlich. Die Berechtigungen für das Zahlprogramm im Modul FI sind z. B. in Abschnitt 4.2.1 beschrieben.

! Zahlungslauf ohne Zahlungsvorschlag?

Die Trennung bzw. Aufteilung der Berechtigungen für einen Zahlungsvorschlag und einen Zahlungslauf auf zwei Personen ist für sich genommen nicht hinreichend zur Abbildung des Vier-Augen-Prinzips bei ausgehenden Zahlungen. Es ist durchaus möglich, dass das SAP-System anwendungsseitig das Erstellen eines Zahlungslaufes ohne vorherigen Zahlungsvorschlag zulässt.

Eine Möglichkeit, das Vier-Augen-Prinzip im SAP-System ohne Trennung von Benutzerberechtigungen zu realisieren, ist für die Bearbeitung von Zahlungspartner-Stammdaten vorgesehen. Hier kann durch Aktivierung der entsprechenden Funktionalität im Customizing ein Freigabemechanismus genutzt werden: Bei diesem müssen Änderungen an als zahlungsrelevant gekennzeichneten Stammdatenfeldern – welche vorab zu definieren sind (über eine der Transaktionen zur Bearbeitung von Zahlungspartnerstammdaten, z. B. *FK01*) – durch einen anderen Benutzer bestätigt werden (über Transaktion *FK08* oder *FK09*). Die Besonderheit besteht dabei darin, dass die hieran beteiligten Benutzer über dieselben Berechtigungen verfügen können. Anwendungsseitig wird in den Transaktionen zur Freigabe der Änderungen überprüft, welcher SAP-Benutzer diese erfasst hat, um eine Bestätigung einer selbst vorgenommenen Änderung auszuschließen.

6.3 Sicherheitsanforderungen und Konzepte für die IT-Sicherheit

Für das Thema »Berechtigungen in IT-Systemen« können verschiedene Rahmenbedingungen identifiziert werden, die innerhalb und außerhalb der jeweiligen Unternehmung festgelegt werden. Ausgangspunkt hierfür bilden aber stets Anforderungen auf Basis gesetzlicher Rahmenbedingungen, die im nachfolgenden Abschnitt kurz betrachtet werden.

Darauf aufbauend, sind individuelle Festlegungen der Unternehmung selbst zu berücksichtigen, die in einem Konzept für den SAP-Einsatz im Allgemeinen (*Betriebskonzept*) und das SAP-Berechtigungswesen im Besonderen (*Berechtigungskonzept*) festgehalten werden. Aufgrund der speziellen Bedeutung des Themas »Programmierung/Eigenentwicklungen im SAP-Umfeld« werden am Ende dieses Abschnitts noch Festlegungen zu diesem Aspekt des SAP-Betriebs in einer Unternehmung aufgegriffen.

6.3.1 Gesetzliche Rahmenbedingungen für den SAP-Einsatz

Die gesetzlichen Rahmenbedingungen haben rechtsverbindlichen Charakter sowohl für eine zu betrachtende Unternehmung als auch für ihre Wettbewerber bzw. Konkurrenten im gleichen Markt. Als Beispiele sind zu nennen:

- Rechtsquellen des Gesellschaftsrechts (z. B. Aktiengesetz [AktG], Bürgerliches Gesetzbuch [BGB]),
- Gesetze und Vorgaben zur Rechnungslegung und Unternehmensbesteuerung (z. B. Handelsgesetzbuch [HGB], Abgabenordnung [AO], Umsatzsteuergesetz [UStG], Umsatzsteuerdurchführungsverordnung [UStDV]),
- Gesetze und Verordnungen zu Außenhandel (z. B. Außenwirtschaftsverordnung [AWV]) und Umweltrecht,
- branchenbezogene Rechtsquellen,
- EU-Richtlinien.

Auch nicht oder nur teilweise kodifizierte Regelungen mit verbindlichem Charakter sind zu berücksichtigen, beispielsweise die *Grundsätze ordnungsgemäßer Buchführung (GoB)*. Besondere Erwähnung verdienen außerdem die *Grundsätze zur ordnungsgemäßen Führung und Aufbewahrung von Büchern, Aufzeichnungen und Unterlagen in elektronischer Form sowie zum Datenzugriff (GoBD)*. Vor Inkrafttreten dieser Verwaltungsvorschrift im Jahr 2015 waren Grundsätze zum Datenzugriff und zur Prüfbarkeit digitaler Unterlagen (GdPdU) sowie Grundsätze ordnungsmäßiger DV-gestützter Buchführungssysteme (GoBS) zu berücksichtigen.

Spezielle Anforderungen ergeben sich zudem aus dem Datenschutzrecht. Als Rechtsquellen sind hier anzuführen:

- EU-Datenschutzrichtlinie,
- Bundesdatenschutzgesetz,
- Telekommunikations-Datenschutzverordnung.

Kern der gesetzlichen Regelungen zum *Datenschutz* ist der Schutz personenbezogener Daten. Hierbei geht es um die Vertraulichkeit der verarbeiteten Daten: Personenbezogene Daten dürfen nicht in die Hände Unbefugter gelangen, und sie dürfen nur eingeschränkt verarbeitet werden – entweder auf Grundlage gesetzlicher Bestimmungen oder einer Einwilligung der Betroffenen. Festgelegt ist zudem, dass möglichst wenig personenbezogene Daten erhoben und verarbeitet werden sollen (»Datensparsamkeit«) und dass für die Betroffenen transparent sein muss, wer welche personenbezogenen Daten wann verarbeitet und speichert. Es sind geeignete Maßnahmen zu treffen, um die Einhaltung der gesetzlichen Bestimmungen sicherzustellen.

Wichtige Anforderungen an die Sicherheit von IT-Systemen im Allgemeinen und von SAP-Systemen (bzw. SAP ERP) im Speziellen, die aus diesen gesetzlichen Grundlagen abgeleitet werden können, sind z. B.

- die Erstellung einer vollständigen und schlüssigen *Verfahrensdokumentation* (nach Bundesdatenschutzgesetz [BDSG] ein *Verfahrensverzeichnis*) unter Berücksichtigung organisatorischer und technischer Aspekte,
- Zugangs- und Zugriffskonzepte für die eingesetzten Verfahren (d. h. für die eingesetzten IT-Systeme),
- die Dokumentation der Funktionstrennung,
- die Dokumentation von Schutzmaßnahmen, insbesondere für personenbezogene Daten.

6.3.2 Betriebskonzept für den SAP-Einsatz

Wichtige Angaben für die gemäß den gesetzlichen Anforderungen erforderlichen Verfahrensbeschreibungen können im Rahmen eines Betriebskonzeptes bereitgestellt werden. Hier werden unternehmungsinterne Regelungen dokumentiert, die den organisatorischen Rahmen für den SAP-Betrieb determinieren.

Zu den in einem Betriebskonzept dokumentierten internen Regelungen einer Unternehmung gehören:

1. Organisation des SAP-Betriebs:
   - Verantwortliche Orgeinheit, verantwortliche Mitarbeiter, Ansprechpartner,
   - Kommunikationswege und Weisungsbefugnisse;

2. Aufbau der Systemlandschaft:
   - Überblick über die SAP-Systeme (Entwicklung, Test, Produktion),
   - Transportsystem,
   - Schnittstellen zu anderen IT-Systemen,
   - Infrastrukturkomponenten (z. B. Gateways und Router),
   - Klientensysteme;
3. technische Dokumentation:
   - Hardwareausstattung,
   - Netzwerk,
   - Betriebssysteme,
   - Datenbank,
   - Verschlüsselung;
4. Lizenzverwaltung;
5. Prozesse des Basisbetriebs:
   - Systeminstallation,
   - Monitoring,
   - Updates, Patches, Vorabkorrekturen,
   - Mandanten-/Systemkopien,
   - Backup und Recovery,
   - Behebung von Störungsfällen;
6. Prozesse der Benutzerverwaltung;
7. Prozesse der Berechtigungsvergabe;
8. Prozesse im Change Management:
   - Behebung von Fehlern, Support,
   - Entwicklungen,
   - Customizingänderungen;

9. Protokollierung;

10. Sicherheitskonzept:
    - Beschreibung von Sicherheitszielen,
    - Gefahrenanalyse,
    - Risikoanalyse,
    - Sicherheitsmaßnahmen;

11. Löschkonzept/Archivierungskonzept.

Art und Umfang der Dokumente und Dokumentationen zur Organisation des SAP-Betriebs können unternehmungsabhängig stark variieren.

6.3.3 Berechtigungskonzept

SAP-Systeme bieten den Systembetreibern mit dem Berechtigungswesen ein komplexes und sehr leistungsfähiges Werkzeug, mit dem die vielfältigen Sicherheitsanforderungen umgesetzt werden können. Es erlaubt die Steuerung der Zugriffsrechte in einem Detaillierungsgrad, der das benötigte Maß in vielen Bereichen übertreffen dürfte – entsprechend legen Unternehmungen, die SAP-Systeme einsetzen bzw. einführen, in ihren Berechtigungskonzepten fest, wie sie die zur Verfügung stehende Vielfalt sinnvoll und zielgerichtet einsetzen.

Im Rahmen eines *Berechtigungskonzeptes* werden die unternehmungsinternen Vorgaben, Regelungen und Verfahrensweisen dokumentiert, nach denen die Ausgestaltung der Berechtigungen von Benutzern in IT-Systemen erfolgt.

Bei einem SAP-Berechtigungskonzept für eine Unternehmung betrifft dieses vorwiegend die Ausgestaltung der Rollen, die sich an den Aufgaben von Personen/Personengruppen im Rahmen der betriebswirtschaftlichen Geschäftsprozesse orientiert. Der Prozess der Berechtigungsvergabe selbst sowie die Zuständigkeiten/Verantwortlichkeiten im Berechtigungsprozess können im Berechtigungskonzept dokumentiert werden oder Teil eines im vorigen Abschnitt beschriebenen Betriebskonzeptes sein.

Wichtige Aspekte eines Berechtigungskonzeptes sind:

- die Systematik der Rollen in den SAP-Systemen,
- Konventionen bzgl. der Namensgebung der Rollen,
- Aspekte der Funktionstrennung,
- die Orientierung am Minimalprinzip,
- Festlegungen zur Dokumentation von Berechtigungsänderungen,
- Dokumentation und ggf. Begründung zulässiger Abweichungen von den Konventionen.

Entscheidend für die Definition von Rollen ist die betriebswirtschaftliche Beschreibung von Aufgaben aus den zu unterstützenden Prozessen. Im SAP-Kontext basiert diese häufig auf den SAP-Transaktionscodes, die für die Aufgaben benötigt werden. Dabei gilt es, wie auch in Abschnitt 2.3.1 beschrieben, einen angemessenen Kompromiss aus Wiederverwendbarkeit und Komplexitätsreduktion zu finden und zu realisieren:

Erstellt man z. B. eine Rolle für alle Transaktionen, die ein bestimmter Benutzer ausführen darf, sind die über die Rolle verliehenen Berechtigungen kaum auf andere Benutzer übertragbar, abgesehen vom »Vertreter« des SAP-Benutzers. Es gilt vielmehr, eine sinnvolle Gruppierung von Berechtigungen in Rollen zu definieren, wobei eine übermäßig große Anzahl Rollen für einzelne Benutzer vermieden werden sollte.

Für die Systematik der Rollen in einem SAP-System kommt z. B. eine Unterteilung in Orgrollen, Funktionsrollen und (sofern nicht vermeidbar) Mischrollen in Betracht:

- *Orgrollen* sind Rollen, die nur organisationsbezogene Berechtigungsobjekte enthalten. Zu dokumentieren ist, für welche eingesetzten Module Orgrollen von Bedeutung sind.

- *Funktionsrollen* sind Rollen, die keine organisationsbezogenen Berechtigungsobjekte enthalten. Sie beinhalten insbesondere Transaktionsberechtigungen sowie darüber hinaus alle weiteren Berechtigungsobjekte, die nicht organisationsbezogen differenziert werden müssen.
- *Mischrollen* sind Rollen, die Berechtigungsobjekte mit und ohne Organisationsbezug enthalten. Sie werden vorwiegend in Modulen benötigt, in denen die Trennung von Funktions- und Orgrollen schwierig bis unmöglich ist.

Diese Konzeption der Rollen hat beispielsweise den Vorteil, dass aufgaben- bzw. prozessbezogene Transaktionsberechtigungen tatsächlich nur in einer Rolle vorgehalten (und bei Bedarf angepasst) werden müssen.

Alternativ ist eine Unterteilung der Rollen in Masterrollen und Childrollen (vgl. Abschnitt 2.3.2) möglich. Für jede Unternehmung muss eine spezifisch passende Systematik der Rollen gefunden werden.

Für das Berechtigungskonzept ist aber in jedem Fall das Minimalprinzip (vgl. Abschnitt 2.1.1) entscheidend – u. a., da die Autorisierung der Benutzer einen maßgeblichen Einflussfaktor für die Lizenzkosten des SAP-Einsatzes darstellt.

Dies gilt insbesondere, wenn aus Vereinfachungsgründen Sammelrollen (vgl. ebenfalls Abschnitt 2.3.2) für die gemeinsame Zuordnung inhaltlich zusammengehörender Einzelrollen verwendet werden. Keinesfalls sollen Benutzer über Sammelrollen Berechtigungen erhalten, die sie nicht benötigen. In der Praxis sind Benutzerberechtigungen überraschend oft nicht konsequent am Minimalprinzip ausgerichtet.

6.3.4 Entwicklungsrichtlinien

Die Programme im SAP-Standard unterliegen der SAP-internen Qualitätskontrolle und müssen den entsprechenden Grundanforderungen genügen, bevor sie Kunden zur Verfügung gestellt werden. Das schützt nicht grundsätzlich vor Fehlern bei der Konzeption oder Realisierung von Programmen, senkt jedoch (auch begünstigt durch die weite Verbreitung der Software, verbunden mit der Vielzahl an Kunden bzw. Anwendern, die Fehler bemerken können) das Risiko und die Wahrscheinlichkeit für schwerwiegende Fehler.

Eine potenzielle Schwachstelle im Berechtigungskonzept einer Unternehmung sind eigene Entwicklungen im SAP-System. Wie Sie bereits an verschiedenen Stellen im Buch erfahren haben, werden Berechtigungen eines SAP-Benutzers nur dort geprüft, wo eine Berechtigungsprüfung explizit im Quellcode eines Programms steht. Viele Programmierer verlassen sich jedoch bei Zusatzprogrammen aus Vereinfachungsgründen auf die nicht zu umgehenden Start-Berechtigungsprüfungen (vgl. Abschnitte 4.1.1 und 4.1.2), nach dem Motto: »Wer Zugriff auf die Transaktion bekommt, soll die darin programmierte Funktionalität schließlich auch nutzen können.« Dies vereinfacht die Entwicklung und die Tests kundeneigener Programme beträchtlich – greift jedoch unter Sicherheitsaspekten zu kurz.

Über Entwicklungsrichtlinien werden Standards und Konventionen für alle Programmierer festgehalten, die Aufgaben der Systementwicklung für eine Unternehmung im SAP-Umfeld erfüllen. Sie gelten gleichermaßen für unternehmungsinterne Programmierer wie für Externe (Berater, Projektpartner, Freelancer o. Ä.).

Im Hinblick auf das Berechtigungswesen sollte in den Entwicklungsrichtlinien Folgendes festgehalten sein:

- Alle selbst entwickelten Programme müssen zumindest im Produktivsystem über einen Z-Transaktionscode gestartet werden, da Programmaufrufe über die Transaktion *SA38* o. ä. nicht vorgesehen sind.
- Programminterne Aufrufe von anderen Transaktionen müssen über eine Berechtigungsprüfung für S_TCODE realisiert werden (vgl. Abschnitt 4.1.1). Beim Aufrufen eines anderen Programms müssen Berechtigungsprüfungen für S_PROGRAM und ggf. S_PROGNAM erfolgen (vgl. Abschnitt 4.3.1).

- Berechtigungsprüfungen über alternative Verfahren (vgl. Abschnitt 4.5.3) sind nur in begründeten Ausnahmefällen zulässig, ein geeigneter `AUTHORITY CHECK` (vgl. Abschnitt 4.1.4) im kundeneigenen Programm ist grundsätzlich vorzuziehen.
- Für alle im Programm verarbeiteten Daten aus den Tabellen des SAP-Systems ist zu prüfen, ob geschützte Objekte/Felder enthalten sind. Die diesbezüglichen Ergebnisse sind schriftlich festzuhalten. Für alle geschützten Objekte/Felder sind Berechtigungsprüfungen zu implementieren und für Berechtigungsfehler aussagekräftige Fehlermeldungen auszugeben.
- Sind Berechtigungsprüfungen für Strukturparameter erforderlich, sollen die entsprechenden Felder nach Möglichkeit im Selektionsbild berücksichtigt werden, da dieses eine direkte Ausgabe von Berechtigungsfehlermeldungen ermöglicht.
- Sind Zugriffe auf Dateien auf einem Applikationsserver erforderlich, ist vor dem Zugriff eine Berechtigungsprüfung für das Berechtigungsobjekt S_DATASET (vgl. Abschnitt 4.3.2) einzubauen, um einen Programmabbruch aufgrund fehlender Berechtigung zu verhindern.

Wichtig für die Systementwicklung im SAP-Umfeld sind zudem präzise Festlegungen zu Art und Umfang der technischen Dokumentation, um die Programmlogik von Eigenentwicklungen nachvollziehen und insbesondere berechtigungstechnische Aspekte jederzeit möglichst einfach überprüfen zu können.

6.4 Rollen- und Namenskonventionen

Das SAP-Berechtigungswesen ist ein sehr mächtiges, aber gleichzeitig auch sehr komplexes Werkzeug. Zu den kritischen Erfolgsfaktoren eines Berechtigungskonzeptes gehören daher zum einen eine frühzeitige Festlegung auf eine Konvention zur Ausgestaltung und Benennung der Rollen, die produktiv eingesetzt werden, sowie zum anderen eine kontinuierliche Überprüfung der Einhaltung dieser Namenskonventionen. Erfahrungsgemäß ist es sehr schwierig und aufwendig, Abweichungen von Konventionen im Nachhinein wieder in den Griff zu bekommen –

und es wird tendenziell umso schwieriger, je länger eine Abweichung praktiziert wird.

Durch eine einheitliche Namenskonvention sollen wesentliche Kriterien, die zur Ausprägung der Rolle geführt haben, bereits im Rollennamen erkennbar sein. So sollten auch verschiedene Rollenarten (vgl. Abschnitt 2.3.2) bereits im Rollennamen unterscheidbar sein.

! Ändern von Rollennamen ist nicht möglich

Ein Grund für die Schwierigkeit, Abweichungen von Namenskonventionen bei Rollen im Nachhinein zu korrigieren, liegt darin, dass das Ändern von Rollennamen nicht möglich ist, da der Name die Rolle eindeutig identifiziert (im Sinne einer ID bzw. eines Schlüsselfeldes).

Aber wie so häufig gibt es auch dafür einen Workaround: Eine zu ändernde Rolle muss auf einen neuen Namen kopiert werden. Danach sind die Benutzerzuordnungen auf die neue Rolle zu übertragen, was aufgrund des Vier-Augen-Prinzips häufig andere Personen durchführen müssen. Anschließend können die Benutzerzuordnungen in der alten Rolle und schließlich die alte Rolle selbst gelöscht werden.

Aber Achtung: Da die umbenannte Rolle technisch eine Kopie der Originalrolle war bzw. ist, sind zurückliegende Änderungen an der (alten) Rolle nicht über den neuen Rollennamen auswertbar!

Für die Benennung von Rollen lässt sich keine Konvention finden, die für alle Berechtigungskonzepte ideal ist. Jede Unternehmung muss situativ die für sie am besten geeignete Konvention finden und festlegen. Exemplarisch möchten wir zunächst zwei Vorschläge aus der aktuellen Fachliteratur anführen, um verschiedene gängige Möglichkeiten aufzuzeigen und anschließend einen eigenen Vorschlag zu beschreiben.

Lehnert et al. schlagen folgenden Aufbau für Rollennamen vor (Lehnert et al. 2016, S. 180 ff., vgl. Abschnitt 7.1):

1. Rollentyp
2. Modul
3. Art des Zugriffs
4. Orglevel
5. Beschreibung
6. Kritikalität

Klüppelberg empfiehlt nachfolgende Namensbestandteile (Klüppelberg 2014, S. 33 ff., vgl. Abschnitt 7.1):

1. Mandant
2. Rollentyp
3. Buchungskreis
4. Modul
5. Kritikalität
6. Beschreibung

Punktuell abweichend von diesen beiden Beispielen, schlagen wir Ihnen eine Namenskonvention nach Bestandteilen in folgender Reihenfolge vor:

1. **Unternehmung** (optional): Falls sich das Berechtigungskonzept auf mehrere Unternehmungen bezieht, können diese im Rollennamen durch ein Präfix unterschieden werden, z. B. in Form einer gebräuchlichen Abkürzung oder (sofern möglich) durch die Nummer des Produktivmandanten der Unternehmung. Werden Rollen grundsätzlich unternehmungsübergreifend auf Basis einer Vorlage, eines Templates oder eines Referenzmodells definiert, würde dessen Abkürzung das Präfix bilden. Auch die von der SAP ausgelieferten Rollen fügen sich in die Systematik ein, da sie i. d. R. mit »SAP« als Präfix beginnen.

2. **Modul**: Das Modulkürzel soll dazu dienen, Rollen nach den verschiedenen Anwendungsbereichen zu trennen. Vereinen Rollen modulüberreifende Berechtigungen, können die betroffenen Mo-

dule entweder einzeln aufgeführt oder ein Oberbegriff kann verwendet werden (z. B. »LO« für Logistik statt »MMSD« oder »MM-SD«).

3. **Rollentyp**: Hier können Einzelrollen (»E«) und Sammelrollen (»S«) sowie Funktionsrollen (»F«) und Orgrollen (»O«) (ggf. auch Mischrollen [»M«]) usw. durch eine entsprechende Abkürzung im Rollennamen unterschieden werden.

4. **Orglevel**: Aus dem Rollennamen sollte deutlich hervorgehen, ob die Rolle ausschließlich für den »zentralen« Bereich gedacht ist (z. B. »ZEN«), also umfassenden Zugriff auf alle Orgobjekte des jeweiligen Moduls gewährt, oder ob über sie Personen/Gruppen Berechtigungen nur für (modulweise) definierte Teilmengen der Orgobjekte bzw. Strukturparameter (z. B. »DEZ«) bekommen.

5. **Beschreibung**: Im Rollennamen sollte grob beschrieben und abgekürzt ersichtlich sein, was enthalten ist, z. B. »Zahlungsvorschlag« oder »Stammdaten«.

6. **Zugriffsart** (optional): Als Suffix zum Rollennamen bietet sich die Zugriffsart an: z. B. »_ANZEIGE« für lesenden Zugriff (oder »_INFO«, »LESER«, »_SHOW«, »_READ«, ...). Die Zugriffsarten sollten mandantenweit und modulübergreifend einheitlich verwendet werden. Nicht jede Rolle benötigt ein Suffix für die Zugriffsart: Lautet der Namensbestandteil ‚Beschreibung' z. B. »Stammdatenpflege«, sind keine zusätzlichen Hinweise zur Zugriffsart erforderlich. Genauso könnte die Konvention vorsehen, dass bei Rollen ohne Suffix von keiner Einschränkung der Zugriffsarten auszugehen ist.

Eine wichtige Festlegung betrifft zudem die Frage, ob zur Trennung dieser einzelnen Bestandteile eines Rollennamens Bindestriche oder Unterstriche verwendet werden – eine unsystematische Mischung aus beiden ist unbedingt zu vermeiden. Die Rollen, die von der SAP SE ausgeliefert werden, weisen Unterstriche zur Trennung von Namensbestandteilen auf.

☛ Reihenfolge der Namensbestandteile

Die Reihenfolge der Namensbestandteile ist insofern wichtig, als die Sortierung der Rollen i. d. R. nach Rollennamen erfolgt. Durch das Modul an vorderster Stelle haben Sie alle Rollen der jeweiligen Unternehmung direkt modulweise gruppiert, d. h., ähnliche Rollen bzw. disjunkte Rollen desselben Moduls stehen sehr übersichtlich in der Liste nahe beieinander. Diese Vorteile der Sortierung würde eine uneinheitliche Verwendung von Bindestrichen und Unterstrichen negativ beeinträchtigen.

6.5 Kritische und unkritische Berechtigungen

In jedem produktiven SAP-System lassen sich kritische und unkritische Berechtigungen identifizieren: Bestimmte Rechte sollten keinem Benutzer im Produktivmandanten zugeordnet sein (z. B. Debugging-Rechte, vgl. Abschnitt 6.5.2), andere Rechte müssen bestimmten Benutzern bzw. Benutzergruppen vorbehalten bleiben (z. B. Passwörter anderer Benutzer ändern). Andererseits lassen sich auch Berechtigungen festlegen, die jeder Benutzer bekommen darf (z. B. Ändern des eigenen Passwortes). Um welche Berechtigungen es sich handelt, ist in vielen Fällen abhängig vom Berechtigungskonzept der Unternehmung.

6.5.1 Kritische Transaktionsberechtigungen

Listen mit Transaktionscodes aus SAP-Systemen findet man an vielen Stellen: im Internet genauso wie in der Fachliteratur, in Schulungsunterlagen, Checklisten und Leitfäden. Auch über das SAP-Menü kann jeder Anwender problemlos eine Vielzahl potenziell interessanter Transaktionen im System finden. Aufgrund des Minimalprinzips der Berechtigungsvergabe (beschrieben in Abschnitt 2.1.1) kann man diese i. d. R. allerdings nicht einfach ausprobieren: Berechtigungen für Transaktionen müssen explizit vergeben werden, und diese Vergabe erfolgt nur im Rahmen der definierten Aufgaben eines Mitarbeiters zur Erledigung dienstlicher Aktivitäten für die Geschäftsprozesse der Unternehmung.

In SAP ERP werden derzeit deutlich mehr als 120.000 Transaktionscodes im Standard ausgeliefert (ermittelt im Juli 2022 über die Tabelle TSTC unter Ausschluss von Transaktionen im Kundennamensraum). Da es zudem häufig mehrere Transaktionscodes gibt, die dieselben oder ähnliche Programme aufrufen, speziell im Bereich der Auswertungen/Berichte, ist die Gesamtheit der Transaktionen und Programme schwer überschaubar – übrigens ein weiteres gutes Argument für das Minimalprinzip der Berechtigungsvergabe.

Eine Liste kritischer Transaktionen kann entsprechend niemals den Anspruch auf Vollständigkeit erheben. Sie finden solche Listen trotzdem in vielen Publikationen zum Thema »Sicherheit von SAP-Systemen« – so auch in diesem Buch: Denn selbst eine lückenhafte Liste, die man für sicherheitsrelevante Fragestellungen als Anhaltspunkt oder für Vergleiche heranziehen kann, ist besser als keine Liste, solange man sich stets der Unvollständigkeit bewusst ist und sich nicht in falscher Sicherheit wiegt.

Kritisch zu hinterfragen ist zudem, für wen (für welche Akteure, vgl. Abschnitt 6.1) und in welchem Kontext eine Transaktion als kritisch zu bewerten ist.

Eigene Liste kritischer Transaktionen

Es ist uneingeschränkt zu empfehlen, dass jede Unternehmung eine eigene Liste kritischer Transaktionen erstellt, diese durch Anmerkungen möglichst präzise beschreibt – und sie im Tagesgeschäft sowohl verwendet als auch aktualisiert, beides keine Selbstverständlichkeit. Einen tragfähigen Kompromiss aus gewünschter Präzision und erforderlicher Handhabbarkeit bietet möglicherweise die Auflistung der Transaktionen mit folgender Struktur:

- Transaktionscode,
- Bezeichnung/Beschreibung,
- Angabe dazu, wer die Berechtigung bekommen darf,

- ggf. Beschränkung auf Mandanten,
- Anmerkungen (z. B. Begründungen oder alternative Transaktionscodes für bestimmte Akteure).

Einträge in einer »produktiv eingesetzten« Liste kritischer Transaktionen müssen aktuell und fehlerfrei sein. Wichtig ist zudem eine Feststellung bzw. Regelung, was es bedeutet (und was ggf. zu prüfen ist), wenn für eine Transaktion kein Eintrag in der Liste steht: Dies heißt (aufgrund des Unvollständigkeitsvorbehalts) keinesfalls, dass die Transaktion als unkritisch zu bewerten ist!

In Tabelle 6.1 sind einige kritische Transaktionen beispielhaft aufgelistet, die in unternehmungsspezifischen Listen sicher Berücksichtigung finden. Zugunsten einer besseren Übersicht sind hier nur der Transaktionscode, eine Kurzbeschreibung und wenige Anmerkungen aufgeführt.

Tcode	Beschreibung	Anmerkungen
AL11	SAP-Verzeichnisse	Up- und Download von Dateien für Anwender nur über spezifische Transaktionen ohne generischen Zugriff auf die Verzeichnisse auf dem Applikationsserver.
SA38	ABAP-Programmausführung	Nur für Anwendungsbetreuer (generische Programmausführung: Gefahr ungewollten Ausführens von Programmen ohne Berechtigungsgruppen, systemweite/mandantenübergreifende Auswirkungen) und Systemadministratoren. Alternative: Erzeugen eines eigenen Tcodes im Kundennamensraum für alle erforderlichen Reports (insb. für externe Prüfer anhand vorgegebener Checklisten).
SE16N	Data Browser	Anwender dürfen Tabelleninhalte nicht direkt über *SE16N* (oder *SE16*) einsehen, sondern immer nur über spezifische Transaktionscodes gemäß dem jeweiligen Berechtigungskonzept.

Tcode	Beschreibung	Anmerkungen
SE38	ABAP Editor	Nur für Anwendungsbetreuer und Systemadministratoren: ermöglicht analog *SA38* die generische Programmausführung.
SE80	Object Navigator	Nur für Anwendungsbetreuer und Systemadministratoren: ermöglicht analog *SA38* die generische Programmausführung.
SHD0	Transaktions- und Screenvarianten	Nur für Anwendungsbetreuer und Systemadministratoren. Diese Transaktionsberechtigung steht häufig in der *SU53*-Auswertung, wird von Anwendern jedoch nicht benötigt.
SM30	Tabellenpflege	Anwender dürfen Daten nur über spezifische Transaktionen im Rahmen des dort spezifizierten Funktionsumfangs eingeben oder ändern, nie über generische Tools wie die *SM30*.
SM37	Jobübersicht	Nur für Anwendungsbetreuer und Systemadministratoren (systemweite/mandantenübergreifende Auswertung!). Alle Benutzer bekommen *SMX* zur Anzeige der **eigenen** Jobs.
SP01	Ausgabesteuerung: Spoolaufträge	Ermöglicht die Anzeige fremder Spoolaufträge. Anwender können über *SP02* Zugriff auf ihre eigenen Spoolaufträge bekommen.
SP11	TemSe-Objekte	Zugriff nur für Administratoren (TemSe ist ein temporärer Speicherort für die Datenausgabe, z. B. Spoolaufträge, Jobprotokolle und Dateien.)
SU01	Pflege Benutzerstammsatz	Nur für Benutzerverwalter. Anwendungsbetreuer können alternativ über die *SU01D* zur Anzeige von Benutzerstammsätzen zugreifen. Alle Benutzer erhalten *SU3* für die eingeschränkte Anzeige des eigenen Benutzers und Pflege **eigener** Festwerte/Parameter.

Tabelle 6.1: Auswahl kritischer Transaktionen

6.5.2 Kritische Berechtigungsobjekte

Neben den kritischen Transaktionen sind bei der Berechtigungsvergabe auch kritische Berechtigungsobjekte besonders zu berücksichtigen. Eine differenzierte Berechtigungssteuerung auch unterhalb des Detaillierungsgrades von Transaktionen ist ja gerade der Kern (und eine wesentliche Stärke) des Berechtigungswesens im SAP-System. Listen wie die nachfolgende sind aus naheliegenden Gründen seltener »frei verfügbar«: Der darin enthaltene Detaillierungsgrad setzt ein grundlegendes Verständnis der technischen Hintergründe von Berechtigungen im SAP-System voraus.

Für eine Liste kritischer Berechtigungsobjekte, wie die in Tabelle 6.2 gezeigte, gelten dieselben Rahmenbedingungen wie für Listen kritischer Transaktionen: Sie können niemals vollständig sein, dienen entsprechend nur als Anhaltspunkte für Überlegungen im Zusammenhang mit dem Thema »SAP-Sicherheit« und müssen (wenn sie produktiv eingesetzt werden) unbedingt aktuell gehalten werden.

Eigene Liste kritischer Berechtigungsobjekte

Analog zur Liste kritischer Transaktionen ist es jeder Unternehmung zu empfehlen, eine auf die unternehmungsspezifischen Besonderheiten abgestimmte Liste kritischer Berechtigungsobjekte zu erstellen, diese im laufenden Betrieb als wichtigen Anhaltspunkt im Berechtigungsprozess zu verwenden sowie fortwährend zu aktualisieren.

Berechtigungs-objekt	kritische Felder/ kritische Feldwerte	Anmerkungen
S_DATASET	FILENAME, PROGRAM	Pfad und Dateiname sowie Programmname müssen so spezifisch wie möglich sein; möglichst keine generischen Einträge (vgl. Abschnitt 4.3.2).
S_DEVELOP	OBJTYPE=DEBUG	Debugging-Berechtigungen, hochgradig kritisch in Produktivsystemen (insb. in Kombination mit ACTVT=02)
S_TABU_DIS	TABLE	keine generischen Einträge für Tabellennamen (vgl. Abschnitt 4.3.3)
S_TABU_NAM	DICBERCLS	keine generischen Einträge für Tabellenberechtigungsgruppe (vgl. Abschnitt 4.3.3)
S_TCODE	Verwendung von »*«	Transaktionscode-Berechtigungen werden bei Verwendung des Profilgenerators PFCG vom System automatisch auf Basis der im Rollenmenü zugeordneten Transaktionen eingefügt. S_TCODE kann allerdings auch manuell in die Berechtigungsdaten einer Rolle hinzugefügt werden – und ist bei Verwendung des Berechtigungswertes »*« sehr kritisch (z. B. erlaubt S_TCODE = Z* pauschal das Ausführen aller Transaktionen im Kundennamensraum).

Tabelle 6.2: Beispiele kritischer Berechtigungsobjekte

Abhängig vom Einsatzszenario können von einer Unternehmung auch vermeintlich harmlose Berechtigungsobjekte als potenziell kritisch angesehen werden, beispielsweise dann, wenn dezentrale Anwender Standardlayouts für unternehmungsweit genutzte Berichte verändern und damit u. U. kurzfristig viel Wirbel verursachen können (z. B. durch das Setzen von Filtern in einem Bericht – erfahrungsgemäß eine kleine Änderung, die bei der Fehlersuche auf den ersten Blick schnell mal übersehen werden kann).

Einige Berechtigungsobjekte sind jedoch pauschal als kritisch zu bewerten, wie etwa S_DEVELOP aufgrund der in Tabelle 6.2 aufgeführten Debugging-Berechtigungen.

Debugging

Der Begriff »Debugging« geht auf eine Technik zur Fehlerdiagnose zurück, bei der es möglich ist, ein Computerprogramm schrittweise ablaufen zu lassen bzw. im Programmablauf anzuhalten. Dabei besteht die Gefahr, dass Daten während des Debuggens verändert werden, um das Verarbeitungsergebnis zu beeinflussen.

6.5.3 Auswertung kritischer Berechtigungen

Für die Auswertung der Berechtigungen von Benutzern steht im SAP-Standard ein umfangreiches Set an Berichten zur Verfügung: Dieses wird als *Benutzerinformationssystem* bezeichnet und kann über die Transaktion *SUIM* aufgerufen werden. Aufgrund der weitreichenden benutzerbezogenen Auswertungen ist unternehmungsbezogen zu prüfen, ob außer den Benutzerverwaltern weitere Akteure den Zugriff auf diese Auswertungen benötigen. Die hier enthaltenen Berichte können zudem einzeln über das SAP-Menü oder die individuellen Transaktionscodes gestartet werden, sodass eine SUIM-Berechtigung für **alle** benutzer- und berechtigungsbezogenen Berichte vermeidbar ist.

Abbildung 6.2 zeigt das Einstiegsbild der Transaktion *SUIM*, das eine Navigation durch die möglichen Auswertungen über eine Baumstruktur ermöglicht.

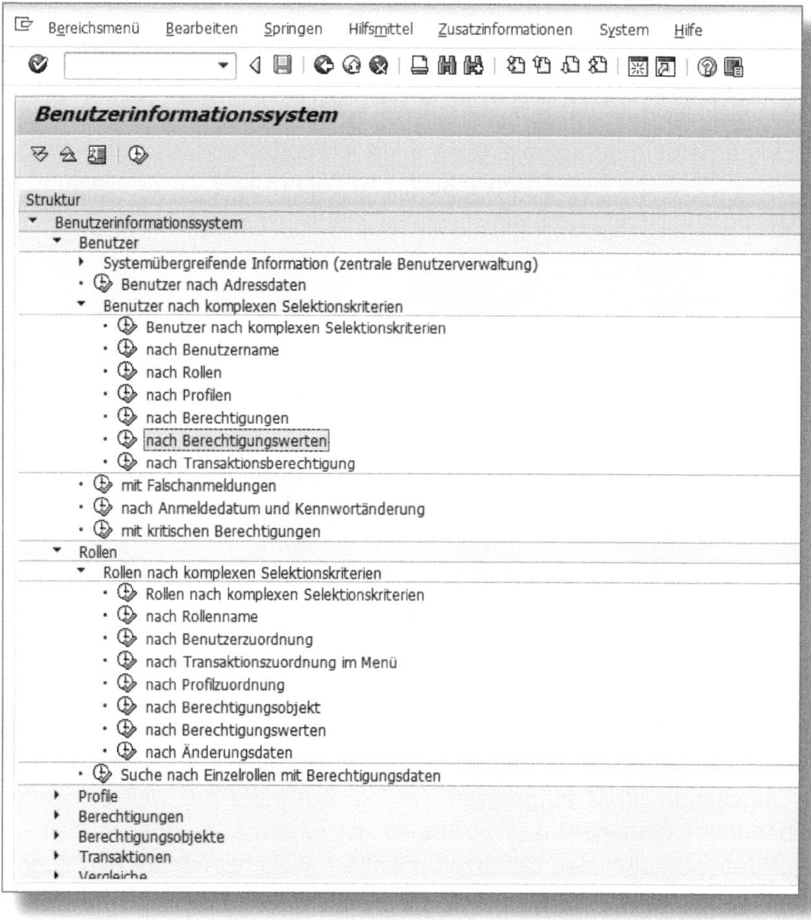

Abbildung 6.2: Benutzerinformationssystem über Transaktion SUIM

Der in Abbildung 6.2 exemplarisch markierte Bericht, der eine Auswertung von Benutzern *nach Berechtigungswerten* im System ermöglicht, ist in Abbildung 6.3 im Detail dargestellt. Er kann außerhalb der *SUIM* direkt über den Transaktionscode *S_BCE_68001397* gestartet werden.

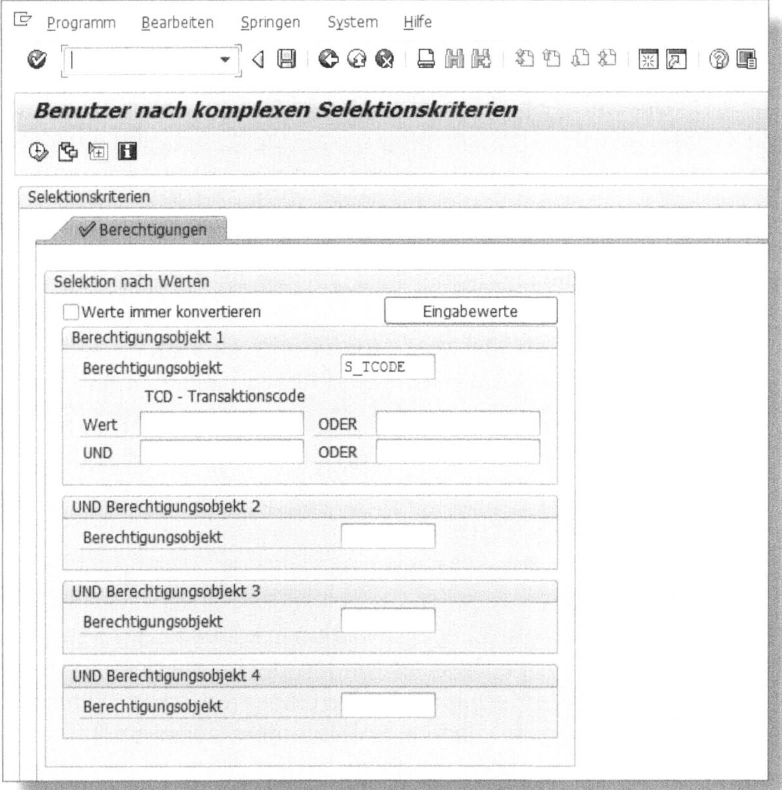

Abbildung 6.3: Bericht zur Auswertung von Benutzern nach Berechtigungswerten

Auswertung von Transaktionsberechtigungen

Im SAP-Standard stehen verschiedene Berichte zur Verfügung, die Auswertungen von Rollen oder Benutzern nach Transaktionsberechtigung ermöglichen:

- Benutzer nach Transaktionsberechtigung,
- Rollen nach Transaktionsberechtigung im Menü.

Zu beachten ist hierbei, dass die Auswertung »Rollen nach Transaktionsberechtigung im Menü« nicht alle Rollen auflistet, für die die selektierte(n) Transaktion(en) ausführbar sind. Durch manuelle Zuordnung des Berechtigungsobjekts S_TCODE mit dem entsprechenden Berechtigungswert in den Berechtigungsdaten der Rolle kann eine entsprechende Berechtigung erzeugt werden, ohne dass ein korrespondierender Eintrag im Rollenmenü existiert. Um dieses Problem zu umgehen und eine auf jeden Fall vollständige Auswertung zu erhalten, bietet es sich an, für das Berechtigungsobjekt S_TCODE sicherheitshalber eine Auswertung nach Berechtigungswerten vorzunehmen, so wie es z. B. in Abbildung 6.3 zu erkennen ist.

6.5.4 Unkritische Berechtigungen

Parallel zu einer Liste kritischer Transaktionen können selbstverständlich auch Transaktionen aufgelistet werden, die für die Unternehmung als »unkritisch« identifiziert wurden. Hierunter sind Transaktionen zu verstehen, die theoretisch jedem SAP-Benutzer zugeordnet werden könnten. Vorrangiges Ziel einer solchen Liste wäre es, eine durchgeführte Überprüfung unkritischer Berechtigungen und deren Ergebnis zu dokumentieren.

Da das Minimalprinzip der Berechtigungsvergabe theoretisch auch bei unkritischen Berechtigungen berücksichtigt bleiben sollte, ergibt es keinen Sinn, Benutzern grundlos (weil nicht benötigt) unkritische Transaktionen zuzuordnen, da dieses die Übersichtlichkeit in einem ohnehin schon komplexen Arbeitsbereich unnötig einschränkt.

Unkritische Transaktionen, die von allen Benutzern benötigt werden, sollten allerdings jedem über eine modulunabhängige Rolle zugeordnet werden. Zu den hierfür aus unserer Sicht sinnvollen Transaktionen gehören:

- *SMX* (Jobübersicht): Anzeige eigener Hintergrundjobs,
- *SP02* (Ausgabesteuerung): Übersicht eigener Spoolaufträge (Druckaufträge),
- *SU3* (Pflege eigener Benutzervorgaben): eingeschränkte Anzeige des eigenen Benutzerstammsatzes, Pflege eigener Festwerte und eigener Parameter,
- *SU53* (Anzeige Berechtigungsdaten): Auswertung fehlgeschlagener Berechtigungsprüfungen.

Rolle SAP_BC_ENDUSER

Die SAP SE liefert eine Rolle mit unkritischen Basis-Berechtigungen für alle Benutzer aus: *SAP_BC_ENDUSER*. Diese Rolle enthält (nur) die Transaktionen *SU3* und *SU53* sowie eine Web-Dynpro-Anwendung »Help Center«.

Es ist zu empfehlen, die SAP-Rolle nicht direkt zu verwenden, da sie von SAP durch Auslieferungen (Hinweise oder Patches) geändert werden kann: Stattdessen sollte eine unternehmungsbezogene Rolle mit unkritischen Berechtigungen für alle Nutzer definiert werden. Die Rolle *SAP_BC_ENDUSER* kann dabei als Kopiervorlage dienen.

7 Weiterführende Informationen

7.1 Literatur

Die im Handel erhältlichen Bücher zum Thema SAP-Berechtigungen richten sich i. d. R. an einen Personenkreis mit vergleichsweise großem technischem Hintergrundwissen, häufig an Administratoren oder Systembetreuer – nicht jedoch an Anwender und SAP-Einsteiger. Wie in der Einleitung beschrieben hoffen wir, diese Lücke mit dem vorliegenden Buch ein Stück weit geschlossen zu haben.

Falls Ihr Interesse nun geweckt ist und Sie mehr technische Details erfahren, vertiefende Kenntnisse oder weiterführende Tipps und Tricks rund um das Thema »SAP-Berechtigungen« erwerben möchten, empfehlen wir Ihnen gern die nachfolgend genannten Werke anderer Autoren und Verlage:

- Thomas Tiede: *SAP HANA – Sicherheit und Berechtigungen*. Rheinwerk Verlag, Bonn 2019.
- Anna Otto/Katharina Stelzner: *Berechtigungen in SAP – Best Practices und Tipps für Administratoren*. Rheinwerk Verlag, Bonn 2019.
- Marcel Schmiechen: *Berechtigungen im SAP ERP HCM – Einrichtung und Konfiguration*. Espresso Tutorials, Gleichen 2017.
- Volker Lehnert et al.: *SAP-Berechtigungswesen. Konzeption und Realisierung*. Rheinwerk Verlag, Bonn 2016.
- Anna Otto/Katharina Stelzner: *Berechtigungen in SAP – 100 Tipps & Tricks*. Galileo Press, Bonn 2014.
- Bernd Klüppelberg: *Techniken im SAP-Berechtigungswesen*. Espresso-Tutorials, Gleichen 2014.
- Mario Linkies/Frank Off: *Sicherheit und Berechtigungen in SAP-Systemen*. Galileo Press, Bonn 2006.

Spezialthemen aus dem direkten Umfeld des SAP-Berechtigungswesens können in folgenden Monografien vertieft werden:

- Thomas Tiede: *Sicherheit und Prüfung von SAP-Systemen*. Rheinwerk Verlag, Bonn 2021.
- Maxim Chuprunov: *Handbuch SAP-Revision*. Rheinwerk Verlag, Bonn 2019.
- Volker Lehnert/Anna Otto/Katharina Stelzner: *Datenschutz in SAP-Systemen. Konzeption und Implementierung*. Galileo Press, Bonn 2011.

Für allgemeine Informationen zur Sicherheit von technischen und nichttechnischen Systemen, die nach wie vor von Relevanz sind, verweisen wir an dieser Stelle noch auf ein Buch, das inzwischen zwar nicht mehr im Buchhandel erhältlich ist, aber in gut sortierten Fachbibliotheken im Bestand oder per Fernleihe verfügbar sein dürfte:

- Gabriela Hoppe/Andreas Prieß: *Sicherheit von Informationssystemen. Gefahren, Maßnahmen und Management im IT-Bereich*. Verlag Neue Wirtschafts-Briefe, Herne/Berlin 2003.

Falls Sie sich für Hintergründe zur SAP SE, ihre Geschichte und/oder die unterschiedlichen Softwareprodukte interessieren, finden Sie (abgesehen von der Internet-Präsenz *www.sap.com*) vermutlich hier, was Sie suchen:

- Gerd Meissner: *SAP, die heimliche Software-Macht. Wie ein mittelständisches Unternehmen den Weltmarkt eroberte*. Heyne Business, 1999.

Interessante aktuelle (aber auch einige historische) Informationen können Sie dem Geschäftsbericht der SAP SE entnehmen, der über die SAP-Homepage zum Download angeboten wird. Bedenken Sie dabei, dass dieser ein Instrument der Öffentlichkeitsarbeit ist. Trotzdem uneingeschränkt hilfreich sind beispielsweise die Erläuterungen zu den meisten SAP-Produkten und vielen Begriffen im umfangreichen Glossar am Ende des Dokuments: Eine direktere Quelle findet man hierfür kaum.

7.2 SAP-Onlinehilfe

Im Internet steht allen an der SAP-Technologie Interessierten die vollständige Onlinehilfe für SAP-Systeme zur Verfügung. Sie können diese unter folgender URL aufrufen: *help.sap.com*. SAP hat diese Seite in den letzten Jahren mehrfach umfassend umgestaltet. Abbildung 7.1 zeigt den aktuellen Startbildschirm des SAP Help Portals, der zunächst nur in englischer Sprache angeboten wird.

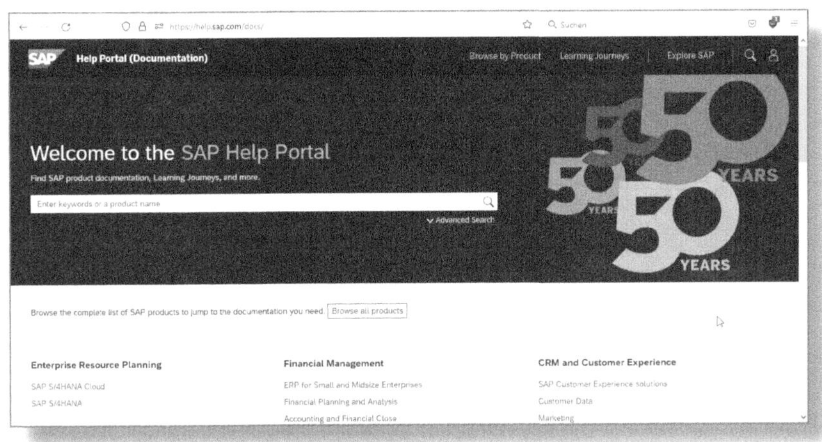

Abbildung 7.1: Startbildschirm des SAP Help Portals

Wir empfehlen, die Suche im ersten Schritt direkt auf das relevante SAP-Produkt einzuschränken: Dies erhöht nicht nur die Relevanz der Suchergebnisse, sondern ermöglicht im zweiten Schritt zudem das Umschalten der Sprache auf Deutsch. Zur Auswahl des SAP-Produkts kann entweder die Schaltfläche BROWSE ALL PRODUCTS genutzt werden, z. B. um »SAP ERP« auszuwählen, oder Sie klicken aus der Schlagwortliste unterhalb der Schaltfläche das passende Produkt direkt an, z. B. »SAP S/4HANA«.

Die Suche nach »SAP ERP« liefert eine Liste mit derzeit 92 Treffern, da die Zeichenfolge erp auch im Wort Enterprise enthalten ist, wie Abbildung 7.2 zeigt. Das Produkt SAP ERP steht ungefähr in der Mitte dieser Trefferliste. Im November 2022 werden insgesamt Informationen und

Dokumente zu 1212 Produkten der SAP frei zugänglich zur Verfügung gestellt.

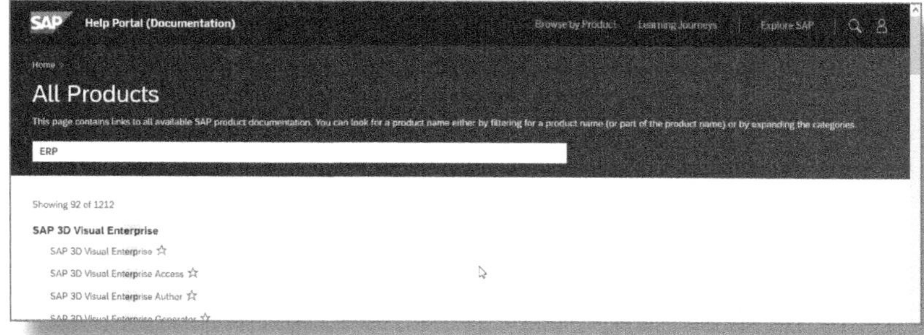

Abbildung 7.2: Suche nach SAP ERP auf help.sap.com

Nach Klick auf das gesuchte Produkt (im Beispiel in Abbildung 7.3 »SAP ERP«) befinden Sie sich auf der Produktseite, die Ihnen neben dessen Bezeichnung automatisch die aktuelle Version anzeigt. Über einen Klick auf das kleine Dreieck rechts daneben können Sie auch ältere Releasestände auswählen. Darüber hinaus können die verfügbaren Sprachen ausgewählt werden: Für die Abbildung ist *Deutsch* bereits als Sprache eingestellt. Das Suchfeld erlaubt nun die Suche durch alle Dokumente auf dieser Seite inkl. der vollständigen Onlinehilfe zum gewählten Release, wie in Abbildung 7.3 ebenfalls zu erkennen ist.

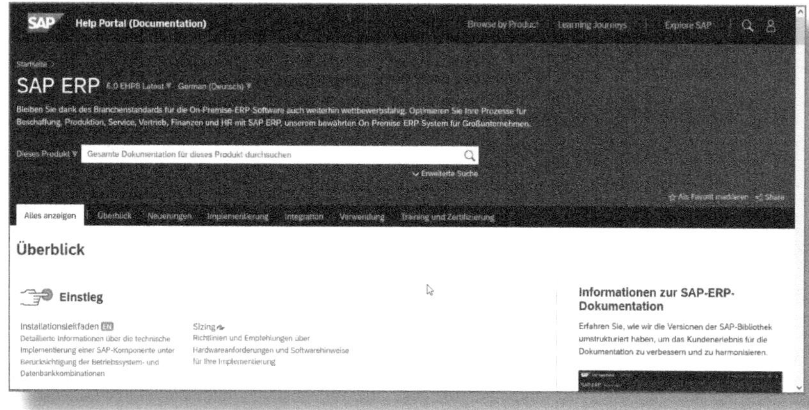

Abbildung 7.3: SAP ERP im SAP Help Portal

7.3 SAP Support Portal

Das SAP Support Portal steht allen Kunden und Partner-Unternehmen der SAP SE zur Verfügung, um z. B. nach Lösungen für Programmfehler zu suchen, Fehler an die SAP zu melden (in der Erwartung, eine Problemlösung oder Hinweise zur Problemlösung im Rahmen der Systemwartung zu bekommen), Zugangsschlüssel zu erhalten, Softwareupdates herunterzuladen o. ä. Es kann über die URL *support.sap.com* aufgerufen werden.

Für gelöste Probleme werden von der SAP sogenannte *Hinweise* bereitgestellt, die auch als *Notes* (das englische Wort für Hinweis) bzw. *SAP Notes* oder *Sapnotes* bezeichnet werden. Das SAP Support Portal basiert auf einem Fiori Launchpad und UI5-Apps und stellt registrierten SAP-Kunden diverse Informationsquellen und Funktionalitäten inkl. einer übergreifenden Suchfunktion zur Verfügung. Neben SAP-Hinweisen werden hier auch offizielle Dokumentationen (Knowledge Base Articles bzw. KBA) sowie verschiedene Entwicklerforen, Blogs usw. angeboten. Abbildung 7.4 zeigt die Startseite des SAP Support Portals vor der Anmeldung, auf der bereits entweder Suchbegriffe zum Auffinden von Hinweisen/Dokumentationen oder eine spezifische Nummer zu einem gezielt aufzurufenden Hinweis bzw. einer Dokumentation eingegeben werden können.

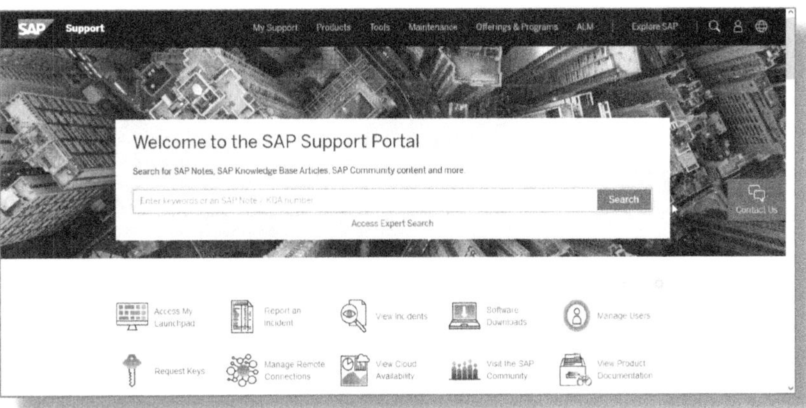

Abbildung 7.4: Startseite des SAP Support Portals

Nach Eingabe eines Suchbegriffs oder einer Nummer (oder der Auswahl einer anderen Funktionalität) wird der Besucher des Portals aufgefordert, sich zu authentifizieren. Im Unterschied zur frei verfügbaren Onlinehilfe wird hier sichergestellt, dass nur SAP-Kunden und Partnerunternehmen Zugriff auf die bereitgestellten Dokumente und Funktionalitäten erhalten.

In Abbildung 7.5 ist beispielhaft das Ergebnis für eine Suche nach *S_PROGNAM* zu sehen – gefunden werden hier z. B. *414 Hinweise und KBA* sowie *361 Foren*-Einträge, die sortiert nach Veröffentlichungsdatum angezeigt werden.

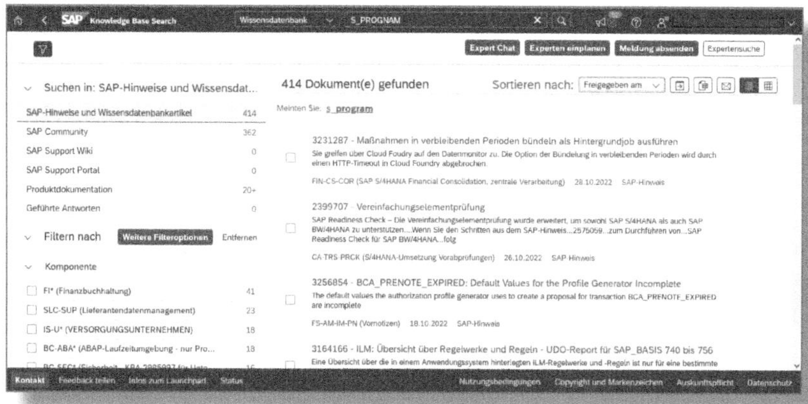

Abbildung 7.5: Suche nach S_PROGNAM im Support Portal

8 Fazit

Am Ende dieses Buches angelangt, haben Sie einen kompakten und hoffentlich hilfreichen Schnelleinstieg in das komplexe Thema des SAP-Berechtigungswesens absolviert. Sicher sind nicht alle Ihre Fragen beantwortet, zumal sich während der Lektüre möglicherweise auch neue Fragestellungen ergeben haben. Zu deren Beantwortung steht Ihnen im Zweifel nun das weite Feld ausgezeichneter Fachliteratur zum Thema offen, von dem wir Ihnen in Kapitel 7 eine Auswahl vorgestellt haben. Am Ende des Buches finden Sie außerdem weitere, bei Espresso Tutorials erschienene Titel zum Thema.

Wir hoffen, dass es uns gelungen ist, Ihnen einen anschaulichen Überblick über die Zusammenhänge der vielen technischen und organisatorischen Fragestellungen rund um dieses spannende Thema zu geben. Für die zweite Auflage sind mit der Erweiterung um einige Abschnitte zudem Themen hinzugekommen, die unter S/4HANA auch für erfahrenere Anwender neu sind oder mit den aktuellen SAP-Produkten eine größere Relevanz bekommen haben als in früheren SAP-Versionen. Möglicherweise konnten wir einiges von dem, was Sie bereits vor der Lektüre dieses Buches wussten, miteinander verknüpfen und um das eine oder andere interessante Detail ergänzen.

ESPRESSO
TUTORIALS

A Die Autoren

Dr. Andreas Prieß beschäftigt sich seit mehr als 20 Jahren mit SAP-Software und Aspekten der IT-Sicherheit. Er ist Leiter des Niedersächsischen Hochschulkompetenzzentrums für SAP (CCC) an der Leibniz Universität Hannover. Nach einem Studium der Wirtschaftswissenschaften, Studienrichtung Wirtschaftsinformatik, begann er im Jahr 2000 in der gerade neu gegründeten Einrichtung mit der Anwendungsbetreuung im Bereich Finanzwesen. Seine langjährigen Erfahrungen mit der Beratung von Akteuren im SAP-Umfeld an der Schnittstelle von IT einerseits und Fachabteilungen andererseits bilden die Grundlage dieses Buches.

Der Diplom-Mathematiker **Manfred Sprenger** ist seit 1992 als SAP-Trainer und -Berater tätig: Zunächst war er bei Siemens Nixdorf und Siemens Business Services angestellt, seit 2005 arbeitet er selbstständig. Zu seinen Themenschwerpunkten gehören ABAP-Entwicklung, SAP-Systemadministration und der SAP Solution Manager.

Manfred Sprenger ist Mitglied des Trainernetzwerks TOBA-Team e. V.

B Index

C

D

E

F

G

H

I

P

Q

R

S

T

U

C Disclaimer

Die in diesem Werk wiedergegebenen Gebrauchsnamen, Handelsnamen, Warenbezeichnungen usw. können auch ohne besondere Kennzeichnung Marken sein und als solche den gesetzlichen Bestimmungen unterliegen. Sämtliche in diesem Werk abgedruckten Bildschirmabzüge unterliegen dem Urheberrecht der SAP SE, Dietmar-Hopp-Allee 16, 69190 Walldorf.

In dieser Publikation wird auf Produkte der SAP SE Bezug genommen. SAP, R/3, SAP NetWeaver, Duet, PartnerEdge, ByDesign, SAP BusinessObjects Explorer, StreamWork und weitere im Text erwähnte SAP-Produkte und -Dienstleistungen sowie die entsprechenden Logos sind Marken oder eingetragene Marken der SAP SE in Deutschland und anderen Ländern. Business Objects und das Business-Objects-Logo, BusinessObjects, Crystal Reports, Crystal Decisions, Web Intelligence, Xcelsius und andere im Text erwähnte Business-Objects-Produkte und -Dienstleistungen sowie die entsprechenden Logos sind Marken oder eingetragene Marken der Business Objects Software Ltd. Business Objects ist ein Unternehmen der SAP SE. Sybase und Adaptive Server, iAnywhere, Sybase 365, SQL Anywhere und weitere im Text erwähnte Sybase-Produkte und -Dienstleistungen sowie die entsprechenden Logos sind Marken oder eingetragene Marken der Sybase Inc. Sybase ist ein Unternehmen der SAP SE. Alle anderen Namen von Produkten und Dienstleistungen sind Marken der jeweiligen Firmen. Die Angaben im Text sind unverbindlich und dienen lediglich zu Informationszwecken. Produkte können länderspezifische Unterschiede aufweisen.

Der SAP-Konzern übernimmt keinerlei Haftung oder Garantie für Fehler oder Unvollständigkeiten in dieser Publikation. Der SAP-Konzern steht lediglich für SAP-Produkte und -Dienstleistungen nach der Maßgabe ein, die in der Vereinbarung über die jeweiligen Produkte und Dienstleistungen ausdrücklich geregelt ist. Aus den in dieser Publikation enthaltenen Informationen ergibt sich keine weiterführende Haftung.

Weitere Bücher von Espresso Tutorials

Maxim Chuprunov:

SAP® GRC. Governance, Risk und Compliance im Dienste der Korruptions- und Betrugsbekämpfung

- Risikomanagement und Internes Kontrollsystem (IKS)
- Automatisierungstreiber und Mehrwert von GRC
- Konzeptionierung und Umsetzung einer Antikorruptionsinitiative
- Aufdeckungsszenarien mittels SAP Fraud Management

http://5113.espresso-tutorials.de

Martin Metz & Sebastian Mayer:

Schnelleinstieg in SAP® GRC Access Control

- Analyse und Simulation von Berechtigungsrisiken
- Privilegierte Berechtigungen und Notfallzugriffe
- Herzstück »Access Risk Analysis«: Regelwerke erstellen
- Mindernde Kontrollen für unvermeidbare Risiken

http://5164.espresso-tutorials.de

Julian Harfmann Sabrina Heim Andreas Dietrich

Compliant Identity Management mit SAP® IdM und GRC AC

- Vorteile eines Compliant Identity Managements
- Stärken und Schwächen von SAP IdM und GRC AC
- Integrierte Rollen- und Berechtigungsverwaltung
- Gemeinsame Benutzeroberfläche über SAP Enterprise Portal

http://5222.espresso-tutorials.de

Bianca Folkerts:

Praxishandbuch für die Risikoanalyse mit SAP® GRC Access Control

- Design und Ausprägung eines Risikokatalogs
- Wartung und Erweiterung des Regelwerks
- Risikoanalysen interpretieren
- Best-Practice-Ansätze zur Risikobereinigung

http://5292.espresso-tutorials.de